百年风华——中国共产党理论与实践研究丛书

人类命运共同体

深刻改变世界发展趋势和格局

程美东　张伟　孙佩　著

中央文献出版社

中共党史出版社

图书在版编目（CIP）数据

人类命运共同体：深刻改变世界发展趋势和格局 /
程美东，张伟，孙佩著 . — 北京：中共党史出版社：
中央文献出版社，2023.9
（百年风华：中国共产党理论与实践研究丛书）
ISBN 978-7-5098-5772-4

Ⅰ．①人… Ⅱ．①程… ②张… ③孙… Ⅲ．①国际关
系－研究 ②中外关系－研究 Ⅳ．① D81 ② D822

中国版本图书馆 CIP 数据核字（2021）第 067530 号

书　　名：人类命运共同体——深刻改变世界发展趋势和格局
作　　者：程美东　张伟　孙佩

出版发行：**中共党史出版社**
责任编辑：赵雨　安胡刚（特约）
责任校对：申宁
责任印制：段文超
社　　址：北京市海淀区芙蓉里南街 6 号院 1 号楼　邮编：100080
网　　址：www.dscbs.com
经　　销：新华书店
印　　刷：北京盛通印刷股份有限公司
开　　本：720mm×1000mm　1/16
字　　数：260 千字
印　　张：19.25
版　　次：2023 年 9 月第 1 版
印　　次：2023 年 9 月第 1 次印刷
书　　号：ISBN　978-7-5098-5772-4
定　　价：50.00 元

总　序

习近平总书记指出："中国共产党立志于中华民族千秋伟业，百年恰是风华正茂！"

2021年是伟大的中国共产党成立100周年。1921年，在中华民族内忧外患、社会危机空前深重的背景下，在马克思列宁主义同中国工人运动相结合的进程中，中国共产党诞生了。这一开天辟地的大事变，深刻地改变了近代以后中华民族发展的方向和进程，深刻地改变了中国人民和中华民族的前途和命运，深刻地改变了世界发展的趋势和格局。

从建党的开天辟地，到新中国成立的改天换地，到改革开放的翻天覆地，再到党的十八大以来党和国家事业取得历史性成就、发生历史性变革，中国特色社会主义进入新时代，中国共产党的百年奋斗换来了中华民族伟大复兴的飞跃发展。在中国共产党领导下，党的十八大以来，以习近平同志为核心的党中央领导全国各族人民砥砺前行，为实现中华民族伟大复兴提供了更为完善的制度保证、更为坚实的物质基础、更为主动的精神力量。中国共产党和中国人民以英勇顽强的奋斗向世界庄严宣告，中华民族迎来了从站起来、富起来到强起来的伟大飞跃，迎来了伟大复兴的光明前景。作为走过百年光辉历程、在最大的社会主义国家执政70多年、拥有9500多万党员的世界上最大的马克思主义执政党，中国共产党"始终以马克思主义基本原理分析把握历史大势，正确处理中国和世界的关系，善于抓住和用好各种历史机遇"，坚定立于时代潮头，历经磨砺依然风华正茂。

历史充分证明，中国共产党的一百年，"是矢志践行初心使命的一百年，是筚路蓝缕奠基立业的一百年，是创造辉煌开辟未来的一百年。"

中国共产党团结带领人民百年接续奋斗，中华民族伟大复兴曙光在前、前途光明。同时，必须清醒认识到，中华民族伟大复兴绝不是轻轻松松、敲锣打鼓就能实现的。世界正经历百年未有之大变局，我们正在进行具有许多新的历史特点的伟大斗争，前进道路上，还有更多挑战等待我们去面对，还有更多胜利等待我们去夺取，还有更大使命等待我们去完成。

"历史，总是在一些特殊年份给人们以汲取智慧、继续前行的力量。"在庆祝伟大的党百年华诞的重大时刻，在"两个一百年"奋斗目标历史交汇的关键节点，回望我们党的百年征程，用好党的历史这部最生动、最有说服力的教科书，从党的理论与实践入手，深入研究和充分展示中国共产党在领导革命、建设、改革进程中为国家和民族建立的丰功伟绩、积累的宝贵经验、形成的优良传统和作风，从中汲取继续前进的智慧和力量，对于牢记初心使命、推进中华民族伟大复兴历史伟业，坚定信仰信念、在新时代坚持和发展中国特色社会主义，推进党的自我革命、永葆党的生机活力，具有重大的历史意义、理论意义和实践意义。

中共天津市委深入学习贯彻习近平新时代中国特色社会主义思想，认真学习领会习近平总书记关于党的历史的重要论述，始终胸怀"国之大者"，立足于提高政治判断力、政治领悟力、政治执行力，增强"四个意识"、坚定"四个自信"、做到"两个维护"，以高度的思想自觉、政治自觉、理论自觉、历史自觉，组织开展党的历史、党的创新理论的研究阐释。自2018年策划启动了"中国共产党建党100周年研究计划"，组织专家深入研究百年来党的理论与实践，深入研究总结党的百年奋斗历史和经验，努力把中国共产党一百年来的光辉历程、伟大贡献和历史经验研究明白、阐释清楚,形成一套集政治性、思想性、学术性、可读性为一体的党史党建权威丛书,为党的百年华诞献上一份厚礼。

中共天津市委宣传部、南开大学牵头组织,汇集中央党史和文献研究院、中国社会科学院、教育部社科中心、北京大学、中国人民大学、北京师范大学、南京大学、南开大学、中共天津市委党校等高校和社科研究机构专家学者百余名,涵盖马克思主义哲学、马克思主义中国化、中共党史、党的建设、中国近现代史、中华人民共和国史、政治学理论等相关学科,组成21个课题组,深入研究百年来中国共产党的理论与实践。

在课题研究和丛书编写中,总体把握了以下原则:

一是坚持科学理论指导。研究中国共产党的百年历史,发挥党史研究以史鉴今、资政育人的作用,坚持以科学理论为指导,坚持正确的党史观,至关重要。在研究和编写过程中,始终坚持以马克思列宁主义、毛泽东思想、邓小平理论、"三个代表"重要思想、科学发展观、习近平新时代中国特色社会主义思想为指导,特别是深入学习贯彻习近平总书记关于党的历史的重要论述,以我们党关于历史问题的两个决议和党中央有关精神为依据,把党的创新理论的最新成果运用于其中,充分体现新时代的特点与要求,形成高质量高水平的研究成果。

二是坚持宏大历史视野。研究中国共产党历史,要坚持"大历史观"。既要深入研究百年来党领导革命、建设、改革的历史,也要把党的百年历史放到马克思主义诞生170多年、中国近代以来180多年、世界社会主义500多年、中华文明5000多年等构成的时间坐标轴里,全面把握中国共产党的历史方位和时代使命,着力讲清楚中国共产党带领人民进行革命、建设、改革的伟大实践,实现中华民族由近代不断衰落到根本扭转命运、前所未有接近中华民族伟大复兴目标的历史逻辑;讲清楚中国共产党勇于推进实践基础上的理论创新,实现了马克思主义中国化的历史性飞跃,不断开辟马克思主义发展新境界的历史逻辑;讲清楚中国共产党领导人民开创中国特色社会主义事业，在世界上高高举起中国特色社会主义伟大旗帜，让科学社会主义在21世纪中国焕发强大生机活力的历史逻辑；讲清楚中国共产党坚持"中国应当对人类有较大的贡献"，努力打破对西方国家现代化道路的路径依赖，给世界上那些既希望加快发展又希望保持自身独立性的国家和民族提供全新选择，为解决人类问题贡献中国智慧和中国方案的历史逻辑。

三是坚持观照现实、回应关切。中国共产党成立百年来，不断回应问题与挑战，在实践中学习成长壮大。研究中国共产党的百年历史，要着力回答好中国共产党成功的奥秘所在。中国共产党作为一个百年大党，为什么能够始终经受实践考验、走在时代前列、成为中国人民和中华民族的主心骨？就在于我们党指导思想正确，并不断与时俱进、创新发展；理想信念坚定，不忘初心、牢记使命，立党为公、执政为民；团结统一、高度一致，坚决维护党中央权威和集中统一领导；从严管党治党，勇于自我革命，始终保持党的先进性和纯洁性。通过研究深刻阐明中国特色社会主义道路、理论、制度、文化形成的历史必然性，不断坚定"四个自信"，不断增强历史定力。

四是坚持政治性与学理性统一。在丛书编写中，牢牢把握正确政治方向，准确把握党的历史发展的主题主线、主流本质，通过研究加强辨析引导，正本清源、固本培元。坚持政治性、思想性与学理性相统一，强化学理支撑，坚持论从史出，创新话语体系，注重研究的客观严谨，注重表述的规范准确，通过全面、立体、深入、规范开展研究，以透彻的学理分析，深刻揭示中国共产党为什么能、马克思主义为什么行、中国特色社会主义为什么好。

在丛书编写过程中，天津市委宣传部和南开大学先后组织四次工作推进会。书稿全部完成后，组织三轮统稿和审改，邀请王伟光、陈晏清、赵剑英、张政文等专家提出意见。经过三年的深入研究，最终形成了"百年风华——中国共产党理论与实践研究丛书"。

本丛书的出版工作，得到了中央党史和文献研究院的有力指导和支持。

中共党史出版社、中央文献出版社抽调精干力量,成立工作专班,全力推进丛书出版工作。天津市财政拨付专项资金予以支持。应该说,这套丛书能够与广大读者见面,离不开方方面面的大力支持。

百年的时空跨越是一个宏大叙事。正是所有参与编写工作的同志都怀着为党研究、为党立言的神圣使命感,倾注心力、精益求精,书稿始成。对所有参与本丛书编写和出版工作的专家学者的辛勤付出、各级领导的悉心指导、有关部门的宝贵支持,表示衷心感谢和诚挚敬意!

"百年风华——中国共产党

理论与实践研究丛书"编委会

2021年6月

目　录

第一章

世界文明进程中的人类命运

一、古代世界的人类命运

（一）人类起源与人类文明诞生

关于人类的起源，世界各地的人们有不同的说法，在现代科学产生之前，各种宗教和神话传说都有关于人类起源的传说。比如最为人熟知的就是《圣经》里面关于上帝造人的传说，上帝第一天造白天黑夜；第二天创造空气和天；第三天造了大地、大海，山川平原、花草树木；第四天造天上的星辰；第五天上帝创造了鱼、鸟等各种动物；第六天上帝创造了人。这个传说影响了直至今天的基督教世界和犹太教世界，在近代科学诞生之前更是欧洲世界最主流的不可置疑的人类起源理论。中国东汉时期的《风俗通》有女娲造人的传说："俗说天地开辟，未有人民。女娲抟黄土作人，剧务，力不暇供，乃引绳于泥中，举以为人。故富贵者，黄土人；贫贱凡庸者，引緪人也。"女娲造人可以说是中国家喻户晓的神话故事，也可以说是古代中国人对于人类起源的一种朴素的解释。上帝造人和女娲造人可以说代表了中西方在现代科技没有形成之前对于人类起源的一种渴望认知的心态，中西方都不约而同地借助于超自然的"神灵"来解释自己的起源，虽然用现代科学的眼光来看，这种人类起源完全不符合事实和逻辑，但无疑是现代进化论形成之前人类有限认知水平下对于自己起源的一种普遍感性的解释。世界各民族、各宗教几乎都有有关人类起源的传说，而且几乎都是横空出世、无须逻辑自证而自在的超自然的神所创造出来的。在古希腊神话中，大地女神盖亚创造了人类。在古印度神话中，巨神普鲁沙创造了人类。1859年，达尔文出版《物种起源》一书，提出了生存斗争、自然选择对于生物从低级到高级、从简单到复杂的影响。从此，进化论主导下的人类从古猿进化而来的观点逐渐成为19世纪后期以来科学界的主流，虽然这个进化的具体过程目前科学界尚有不同观点,但对于这个理论的基本观点大家是认可的。

按照进化论的观点,目前西方科学界对于古猿进化到现代人类有一元起源说,也有多地起源说。一元起源说的代表性观点是"非洲起源说",这个观点最早是由达尔文在1871年《人类由来及性选择》一书中推测得出的,认为人类起源于非洲东部,"在世界各地,每个地区生活的哺乳动物和这个地区已经灭绝的物种有着密切的关系。非洲曾经生活着业已灭绝的猿,它们和大猩猩、黑猩猩是近亲。因为大猩猩和黑猩猩是现代人类最直系的近亲,因此我们最早的祖先极有可能生活在非洲"[①]。对于该学说进行更加科学论证的是美国科学家提出的"夏娃理论"。该"理论"依据现代分子生物学,人们发现了细胞中的线粒体;1963年,科学家又发现线粒体中也有DNA。人类的线粒体DNA共有441个限制性切点,其中63%个位点是恒定的;37%个位点则是可变的。全人类的线粒体DNA基本相同,差异很少,平均歧异率为0.32%左右,而线粒体DNA又是严格的母系遗传,现代世界各种族居民的线粒体DNA最终都是从一个共同的女性祖先那儿遗传下来的。1987年,美国加利福利亚大学伯克利分校的澳大利亚生化学家艾伦·威尔逊和合作人员发表了关于人类线粒体多样性的研究成果,它们首次利用吝啬原理处理人类DNA多态性数据,从中推断出人类的共同祖先、人类起源的时间。该文认为:"可以设定所有这些线粒体DNA,共同起源于一个20万年前生活在非洲的女人"[②]。现代东亚人与10万年前后的非洲人的遗传信息相同,所以这些科学家们认为现代人类起源于非洲20万年前某一个非洲女性,从非洲逐渐扩散到欧洲、亚洲等地[③]。1999年,中国学者宿兵等人对包括中国各省份的汉族和少数民族,以及东北亚、东南亚、非洲、美洲和大洋洲总共925个个体的不同人群,利用19个Y染色体单核苷酸多态位点构成

① [美]斯宾塞·韦尔斯:《人类前史》,杜红译,东方出版社2006年版,第53页。
② [美]斯宾塞·韦尔斯:《人类前史》,杜红译,东方出版社2006年版,第50—51页。
③ 龚缨晏:《现代人类起源的"夏娃"理论》,《生物学通报》1994年第29卷第5期。

的一组Y染色体单倍型,系统地研究了包括中国各人群在内的现代东亚人的起源和迁徙。结果显示,现代东亚人全部来自于非洲的某个古代类型。2001年,中国上海复旦大学的科学家金力、柯越海等带领的研究小组对东南亚、大洋洲、东亚、西伯利亚和中亚细亚12127个男性Y染色体上的单核苷酸多态位点进行了分析。根据研究结果,他们认为,东南亚、大洋洲、东亚、西伯利亚和中亚细亚的现代人群全部源自非洲,这些地区早期生活的直立人和早期智人均已被非洲的现代人类取代,且没有留下任何基因[1]。

一元起源说中还有主张人类起源于亚洲的,认为古人类起源于亚洲南部,这个论点最早是由德国著名进化论者海克尔在《自然创造史》(1868年)中提出来的。

与人类一元起源说相对立的是"多地区进化说",这个观点最早是20世纪德国人类学家魏敦瑞在研究北京周口店山顶洞人化石后提出的。他认为,人类的种族是由各地的古代直立人独自演化为今天的智人。1984年,中科院的吴新智博士和美国、澳大利亚等国科学家通过对比分析世界各地区古人类化石,一起提出了"多地区进化假说",认为现代人类并非起源于同一个祖先,而是各自起源于中国、非洲等四个地区。

无论是"一元起源说",还是"多地区进化说",现在都缺乏绝对充分的理论依据,两种理论都存在或多或少的疑点。虽然这个争议可能会长期存在下去,但它的存在表明今天的人类对于自己共同性历史了解的一种期盼、一种愿望,今天的人类迫切想了解古代世界里五大洲的人类是怎样形成的?他们之间存在如何的关系?这对于我们人类的现实和未来的发展都具有重要的意义。

现代意义上的人类历史不到1万年,而人类有文字确切记载的历史也就在5000年左右。对于远古时代人类的历史我们最多是根据考古发现来加以推测,我们无法知道古代人类是如何交往的,古代人类是如何形成共同体

---

[1] 格日乐图:《关于现代人类起源地的历史研究》,内蒙古师范大学硕士学位论文,2012年。

的。人类目前所知道的最早文字——古代两河流域的楔形文字，成熟于公元前3000年前，但是它对于古代世界的记载极其有限。古埃及的象形文字虽然在公元前3100年前就已经形成，但是并没有留下多少系统的严格的历史记载，所以，古代埃及的真实历史和具体情况现代人缺乏细致的了解。殷商甲骨文至少出现在公元前17世纪，但是这些发现才120年的文字，中国文字记载的历史从公元前841年的国人暴动开始，至于英国晚至公元1066年才开始，美国的历史在1492年之后（虽然此前印第安人已经在美洲存在很长时间，但没有确切的文字记载）才开始。所以，要确切地梳理古代人类的交往历史实在是不可能。当然，我们依据现代科学逻辑推理，可以很肯定地说，古代世界的人类也是在不断地加大交往的范围和交往的程度的，"非洲起源说"就是人类迁移交往的直接证据。而欧亚大陆内部和相互之间的族群、种群的交往、接触的历史，已经有文字记载，更不用说依据考古发现就能证实得了。

（二）各大洲相对封闭中的人类命运

在公元1500年前，人类虽然有相对空间范围内的交往，但是就五大洲来说，总体上处在相对封闭的状态。在这期间，交往和接触比较多的是亚欧大陆，其次是欧非大陆，再次是亚非大陆，总体上看，在这个时间段人类处于比较封闭的状态各自发展，主要在各自的大陆内部发展。但是各个大陆内部不同地区、不同部族之间的交往冲突是随着人类活动范围的不断扩大、文明程度的不断加深、人口的不断增加而不断加深的。

1.古代欧洲人的社会交往

就欧洲来说，在公元1500年前的古代世界也不知诞生过多少民族，大的方面来看有日耳曼人、斯拉夫人、凯尔特人、希腊人、拉丁人，如果细化那就不计其数了，仅仅日耳曼人就分为东哥特、西哥特、法兰克、勃艮第、汪达尔、盎格鲁、萨克森等族。这些民族在漫长的古代通过战争、迁徙、贸易、婚姻、文化艺术等各种方式实现交往，使得各个民族、群体、个体之间越来越走出互相隔绝的状态。一部古代欧洲人互相交往的历史过程，从总体上看就是古希腊文明和古罗马文明的发展历程，我们把古希腊和古罗马的形成和发展过程了解了，才能知晓古代欧洲人之间交往的基本轮廓。

古希腊文明存在于公元前8世纪至公元前323年这个时间段，该文明起源于约公元前2850年—前1450年克里特岛的克里特文明（也叫米诺斯文明）和公元前1420年至公元前1050年伯罗奔尼撒半岛上的迈锡尼文明。古希腊文明的核心区域是雅典和斯巴达，该文明不仅深刻影响了古代欧洲，对于今天的欧美以及全世界都产生了无与伦比的广泛和深远的影响，共和民主制度、公民选举制度、奥林匹克体育精神、音乐戏剧、美术、重视商贸、敢于冒险，等等，都为今天世界所发扬光大。希腊文明存在的1200年时间其实就是欧洲各个民族、地区交往不断加深的过程，也可以说是战争、冲突不断的过程。

古希腊文明可以说一直伴随着战争而成长发展，范围直跨亚非欧三大洲。仅就欧洲范围内的战争来说，就没有消停过。公元前431年—前404年雅典和斯巴达之间的伯罗奔尼撒战争，把希腊半岛、爱琴海岛屿、地中海沿岸很多地区都卷入进去了，战争给这个地区人们的生活带来了巨大的影响，土地荒芜，小农经济与手工业者破产，瘟疫流行，死难者无数，工商业停滞倒闭。可以说，这场战争是人类的一场灾难，无数家庭破产，无数生灵涂炭，但是这场战争也可以说是欧洲史上因为一场巨大的战争而把人类连接在一起的最大事件，是人类悲剧命运共同体的历史展现，而且这不仅仅是希腊史小小的浪花，在欧洲史上也是一朵小小的浪花。伯罗奔尼撒战争后不久，斯巴达人获得了短暂的胜利，但公元前338年，希腊北部的马其顿在喀罗尼亚大败希腊联军，取得了对整个希腊的控制权。到公元前323年，古希腊历史结束，直到公元前30年，希腊半岛、地中海东部流域进入到希腊化时代。在这个时代，古希腊的语言、文字、风俗、政治制度、音乐、美术等被广泛继承和传播,可以说古希腊文化是古代欧洲很早将欧洲人的命运连在一起的纽带。"希腊世界不仅包括雅典和它的爱琴海的从属,而且也包括数以百计的其他希腊城市,其中有许多在希腊半岛、黑海沿岸、西西里岛、意大利南部、甚至还有少数远在法兰西和西班牙的地中海沿岸"①。可以说,一部古希腊历史就是欧洲中南部地区尤其是地中海流域的人类交往扩大的历史。

古罗马文明与欧洲社会交往。谈到古罗马,总体看公元前8世纪到公元1453年,具体来说分为罗马王政时代(前753—前509年)、罗马共和国(前509—前30年)、罗马帝国(前30—476年/1453年)三个时期。而我们现在讲古罗马文明,主要是从罗马共和国时期开始讲起,从这个时期开始的1000年是欧洲逐渐由很多部落、民族分割隔绝的状态逐渐融入到欧洲范围内的过程,是古罗马文化深入到欧洲的很多地区和人群的时期,是欧洲民族、宗教、政权交互影响、不断融合的时期,尤其是基督教形成并逐渐成为统治欧洲的超国教。罗马帝国时期幅员辽阔,被称为"世界帝国",地域广阔,包括了亚非欧很多地方,如今天的意大利、英国、法国、葡萄牙、西班牙、瑞士、奥地利、希腊、前南斯拉夫、阿尔巴尼亚、保加利亚、罗马尼亚、土耳其、叙利亚、伊拉克、埃及、利比亚、突尼斯②。

在古罗马时期对于欧洲的民族、种族交往,乃至对于全世界的人类交往产生了深刻影响的是基督教。基督教起源于犹太教,诞生于公元1世纪中期的巴勒斯坦地区的犹太人当中,公元135年从犹太教中分离出来。保罗最早在非犹太人地区开始传教,叙利亚的安提阿、埃及的亚历山大、罗马、君士坦丁堡等地比较早地建立了教会组织。早期基督徒受到罗马帝国的十次大迫害,经过传教士的不断传播,基督教的影响越来越大,并且基督教教

---

① [美]海斯、穆恩、韦兰:《世界史》,冰心、吴文藻、费孝通译,天津人民出版社2006年版,第72页。
② 任宪宝:《全球通史》,中国商业出版社2017年版,第335页。

义与罗马统治有了越来越多的契合，终于在公元392年被罗马帝国当局确定为国教，使得基督教获得合法的身份从罗马帝国不断扩散，在几百年时间就风靡整个欧洲。公元5—6世纪，爱尔兰人和苏格兰人皈依基督教。公元7世纪，盎格鲁—撒克逊人接受了基督教；公元8世纪，生活在欧洲大陆上直到易北河畔的日耳曼人改信基督教；公元9—10世纪，斯拉夫人皈依基督教；公元10—11世纪，基督教传入斯堪的纳维亚①。基督教诞生后用了1000年时间，基本上占据了欧洲社会，成为欧洲2000多年来最主要的宗教，基督教也成为欧洲最重要的文化载体，它大大地促进了欧洲各个民族、地区之间的交流融合，对于欧洲走出互相隔绝、迈向文化政治逐渐共同化起到了重要作用。

当然，古代欧洲的交流融合绝对不是简单的和风细雨的布道那样，其中充满了战争、冲突，各种自然和人为的灾难伴随着整个过程。在古罗马帝国时期，基本上是战争不断，公元前264—前146年与迦太基之间的3次布匿战争是其中的一个明显的实例，每一次战争都给双方带来了巨大的损失。第一次布匿战争发生于公元前264年到公元前241年。战争使得罗马失去700艘船；迦太基失去500艘船，每艘船大约有100名水手，罗马失去了5万公民，这个数字不包括没有公民权的军人。第二次布匿战争发于公元前218年至公元前201年。这次战争迦太基的军事首领直接打到意大利半岛，给意大利以沉重打击。第三次布匿战争发生于公元前149年至公元前146年，迦太基被消灭，25万公民仅约5万人幸存并被卖为奴隶。公元前58年至公元前49年罗马执政官恺撒发动的高卢战争使得罗马的疆土大大扩大，几乎占领了相当于今天法国的领土，但是他屠杀了高卢100万人，俘虏了100万人②。在基督教传播史上也充满了血腥，最为著名的惨烈的实例就是公元1096—

---

① [美]约翰·斯蒂文森：《欧洲史》，李幼萍、刘嘉琪、郭敬译，南京日报出版社2018年版，第214—215页。

② 任宪宝：《全球通史》，中国商业出版社2017年版，第310页。

1291年持续近200年的十字军东征。这种通过战争手段客观上来实现民族、地区的政治经济文化交流,产生人类互相联系,其过程是十分残忍的,这也可以说是古代人类交往历史的惨痛一页。

2. 古代亚洲人的社会交往

亚洲是全世界人口最多的一个洲,同时是人口密度最大的洲。它的名字也最古老,相传亚细亚的名称是由古代腓尼基人所起。腓尼基在今天的突尼斯,地处非洲北部、地中海沿岸要道,他们在公元前1100—前800年间商务活动发达,西出地中海到达英国、德国等西欧国家,东则通过陆路到达阿拉伯及美索不达米亚、印度。他们以爱琴海和黑海为根据地,把此地以东的地方称为"亚苏"(Acu),意思是"太阳升起的地方",以西的地方称为"意列布"(Ereb),意思是"太阳下落的地方"①。亚洲的历史和文化都非常悠久。世界四大文明古国中的中国、印度和古巴比伦都位于亚洲大陆,埃及虽然在非洲,但从地理位置和社会历史来看,埃及跟亚洲的关系千丝万缕。古代亚洲的经济和文化水平曾经在世界上长期居于领先地位,中国的四大发明,印度人发现了"0"、发明阿拉伯数字,等等,都曾经居于世界前列。亚洲绝大部分地区位于北半球和东半球。亚洲与非洲的分界线为苏伊士运河。苏伊士运河以东为亚洲。亚洲与欧洲的分界线为乌拉尔山脉、乌拉尔河、里海、大高加索山脉、土耳其海峡、地中海和黑海。乌拉尔山脉以东及大高加索山脉、里海和黑海以南为亚洲。

按照"夏娃理论",亚洲人起源于非洲。但是,这种生物意义的起源和我们人类文明历史记载所确定的祖先并不是对等的,我们在研究亚洲历史的时候还是从文明史的人类社会开始着手,研究古代亚洲人的交往就得从两河流域文明、印度文明、中华文明开始,在这个基础上我们再展开东亚、西亚、南亚、东南亚国家的古代交往的历史发展过程。

---

① 洪涤尘:《亚洲各国史地大纲》,正中书局1935年版,第1页。

西亚。从地中海东岸一直往东到高加索，南到亚丁湾、波斯湾，地跨亚非欧、连接大西洋和太平洋的广大地区，即是我们今天所说的西亚。它包括美索不达米亚平原、伊朗高原、阿拉伯半岛、高加索山区，有20个国家。西亚是亚洲文明也是世界文明开化最早的地区之一，古代地中海沿岸地区文明、两河流域文明、小亚细亚地区的赫梯文明，对于亚非欧文明都产生过深远影响。西亚地区文明的发展也是这个地区人类互相交往不断加深的结果，仅仅从西亚地区来看，这里的人们在古代就开始了连绵不绝的交往，形成了绵延不绝、错综复杂的关系史。

就古代两河流域来看，至少从公元前4000年开始一直到公元前后，不同的民族、种族就在此生息、交往、繁衍，诞生过无数个政权。公元前4000年左右到公元前24世纪，苏美尔人在此生活，并建立了城邦，形成苏美尔文明。从公元前2334年—前2191年阿卡德帝国统治了两河流域。公元前2191年苏美尔人建立了乌尔第三王朝，重新统一了两河流域。公元前2006年埃兰人和阿摩利人推翻乌尔第三王朝，阿摩利人在公元前1894年建立起巴比伦城邦，并在公元前18世纪—前16世纪建立起古巴比伦王国。公元前1595年古巴比伦王国被赫梯灭亡，赫梯帝国统治两河流域1000多年。公元前8世纪，赫梯王国被亚述帝国所灭，两河流域被亚述帝国统治。公元前612年亚述帝国为米底和巴比伦所灭，两河流域被新巴比伦王国统治。公元前539年，波斯王居鲁士二世率军灭掉新巴比伦王国，统治两河流域。公元前326年马其顿的亚历山大击败波斯大军，建立亚历山大帝国，首都为巴比伦。公元前312年来自马其顿的塞琉古帝国占领波斯地区，公元前64年塞琉古王国被罗马帝国所灭，两河流域长期处于罗马帝国统治之下，直到公元7世纪伊斯兰教的兴起。伊斯兰教形成后，两河流域长期为阿拉伯王朝所统治，直到公元14世纪，虽然在这期间曾经被突厥人和蒙古人所控制和占领。

一部古代西亚历史就是人类互相冲突、交流、交融的历史，一部人类从孤立的个体、部落、族群一步步发展到互相联系的群体社会的过程，人类的社会联系的范围和程度不断扩大和加深的历史。

东亚。东亚包括中国、日本、韩国、朝鲜、蒙古五国。这五个国家山水相依、隔海相望，从历史上看很早就有互相往来的历史，而且在古代社会由于这种交往密切的因素而形成了文化上共同性——信守儒家文化。中国、韩国、朝鲜、日本相互之间的交流、来往有3000年以上的历史，中国的历史文化深深影响了朝鲜半岛和日本的历史文化，同样日韩的文化也传入到了中国。据中国史书记载，商朝纣王的故臣箕子在周朝建立后被分封到了朝鲜①，《后汉书·东夷传》中也记载了这方面的内容："昔武王封箕子于朝鲜，箕子教以礼仪、田蚕，又制八条之教。其人终不相盗，无门户之闭。妇人贞信，饮食以笾豆。""昔箕子违衰殷之运，避地朝鲜。始其国俗未有闻也，及施八条之约，使人知禁，遂乃邑无淫盗，门不夜扃，回顽薄之俗，就宽略之法，行数百千年，故东夷通以柔谨为风，异乎三方者也。苟政之所畅，则道义存焉。"②虽然在有关箕子留驻朝鲜问题的具体史料的真实性和可靠性上中朝学术界并不完全一致，但对于箕子的存在是一致的。这个至少说明，在3000年前中国中原地带就已经跟朝鲜有交流的历史了。公元前194年，燕王卢绾部下卫满率千余人进入朝鲜，推翻箕子朝鲜，建立卫满政权，公元前107年，卫满朝鲜被汉武帝所灭，汉武帝在朝鲜设置了乐浪、真番、玄菟、临屯四郡。公元5世纪初，高句丽建都平壤，隋唐时期，中国中央政权曾经多次派兵征剿高句丽，可以说冲突不断，最终在668年被唐朝灭亡。唐灭高句丽后，在收复的土地上建置行政区划，"分高丽五部、百七十六城、六十九万户，为九都督府、四十二州、百县，置安东都护府于平壤以统之，……以右威卫大将军薛仁贵检校安东都督，总兵二万人以镇抚之"③。唐朝时期在朝鲜半岛中南部统治的新罗曾经自居为唐朝诸侯，宋元时期朝

① 班固：《汉书·理志下》卷二十八下，中华书局1962年版，第1658页。
② 范晔：《后汉书·东夷传》卷八十五，中华书局1965年版，第2817、2822—2823页。
③ 苗威：《试论古朝鲜与中原王朝的关系》，《博物馆研究》2008年第2期。

鲜跟中国的联系从没中断，基本上对于中国中央政权称臣纳贡。1392年后统治朝鲜半岛500余年的李氏王朝一直与中国保持密切联系，明清两代朝鲜都是中国的藩属国。

可以说，古代东亚地区的人们一致保持着频繁的联系，这种生活上的联系极大地促进了文化上的共融，这个也许是现代东亚地区总体经济社会发展在亚洲领先的一个重要因素吧！

南亚。古代南亚地区基本是一个比较松散的共同体，从领土上来看包括今天的印度、巴基斯坦、孟加拉国、斯里兰卡、尼泊尔、不丹、锡金等，这个地区的人类社会交往、相互活动的历史非常悠久了。印度、巴基斯坦、孟加拉国、斯里兰卡在二战前本来就是英国殖民者所统治的一个政治共同体，二战后才各自独立。南亚的古代历史可以说是一个逐渐交融的整体，不仅在地理上是交融的，在文化上也是不断交替更新的，而其复杂的民族和种族关系更是复杂。

南亚文明的起源目前可以追溯到公元前3000年的印度河流域文明的哈拉帕文化，而这个文化的中心遗址就在今天巴基斯坦西边的旁遮普省。在公元前1500年前后，来自中亚的雅利安人入侵印度，取代了哈拉帕文化，形成了今天广为人知的古典印度文化——吠陀文化的起源，形成了至今影响深远的种姓制度，在公元前5世纪前后诞生了佛教文化。佛教诞生于尼泊尔，盛行于整个南亚，并以此为中心，传播到世界各地。公元前4世纪初，亚历山大帝国曾经侵占了印度西北部一带，公元前4世纪20年代到约前185年，摩揭陀国的旃陀罗笈多建立的孔雀王朝逐渐统一印度，在印度半岛建立了空前统一的王朝。孔雀王朝灭亡后的1000多年，印度半岛上出现了多个王朝，且基本没有统一，呈现出群雄割据的状态，这个期间曾经出现过几个比较大的王朝：贵霜帝国（公元2—3世纪）、笈多王朝（公元320—540年）、拉其普特时期（大约7世纪中叶直到12世纪末）、德里苏丹国（公元1206—1526年）、莫卧儿帝国（1526—1857年的印度王朝）。

可以说，在1757年沦为英国殖民地前的古代印度土地上，有无数个民族生活在其中，人们在相互交融中生活，出现过不同的民族政权。古印度人、马其顿人、大月氏人、中亚塞人、安息人、突厥人、蒙古人，等等，还有各种宗教在这块土地上或诞生或繁衍，婆罗门教、佛教、伊斯兰教等，都出现在南亚大陆中。毫无疑问，古代南亚就是一个人类不断流动、冲突、交往、融合的发展史，充分体现了那个时代人类互相依存的民族发展历史。

东南亚。位于中南半岛和马来群岛的东南亚，今天共有11个国家：越南、老挝、柬埔寨、泰国、缅甸、马来西亚、新加坡、印度尼西亚、文莱、菲律宾、东帝汶。越南、老挝、柬埔寨、泰国、缅甸都位居中南半岛，历史上的政治边界不是很清楚，往往隶属于同一个王朝统治。自公元1世纪至7世纪的扶南国的统治范围就包括今天柬埔寨全部国土以及老挝南部、越南南部和泰国东南部。公元9世纪至15世纪中南半岛出现的吴哥王朝，版图包括今天柬埔寨以及泰国、老挝、越南的部分地区。所以，生活在古代中南半岛上的人们一直以不同的方式进行着交往。

总体上来说，古代亚洲各国交往不断，尤其是亚洲大陆国家的人们相互交往、相互影响不断，这其中的历史过程错综复杂，很难用简短的文字加以描述。仅仅以古代中西方交往的丝绸之路沿线亚洲国家的参与情况，就可以看出当时亚洲国家互相影响的具体情况。

3.古代非洲人的社会交往

非洲大陆由来已久，地域广袤，有北非、东非、西非、中非、南非。非洲是人类的发源地之一，虽然这种起源影响世界的轨迹在今天我们尚无法获得确切的情形，但现代科学技术无疑给我们提供了可靠的答案。古代非洲各部分人类的交往是如何进行的，目前世界除了对于古埃及为代表的北非地区有所了解外，由于缺乏文字记载，对于其他非洲地区的了解基本是空白。"黑非洲有蚊子记载的历史较短，称为近代研究的对象也较晚。……在15世纪以前，在一个广袤的地区，那里没有蚊子记载，阿拉伯语文资料对于马格里布来说是第二等资料,但对尼日尔盆地来说,却是最重要的。研究阿拉伯文文献的黑非洲史学家对待文献的态度不像马格里布的史学家那样,更不像一般研究伊斯兰教的史学家那样"①。北非在公元7世纪以前与欧洲的联系很多,曾经在很长时间内是古希腊、古罗马帝国、拜占庭帝国的版图,公元7世纪后随着阿拉伯人进入北非,伊斯兰教在非洲影响逐渐扩大,成为主要的文化宗教。可以说,北非在很早就跟欧洲有深度交往,在政治、经济、文化等多方面和欧洲联系密切,跟西亚、南亚的联系也很密切。古代非洲各个部分之间的交往主要是北非与非洲其他部分的交往,但现在的文字记载几乎没有。

现代人类学、考古学都把非洲与人类起源联系在一起。生活在250万年至200万年前的人类祖先——能人化石,发现在非洲;190万年前的东非直立人冒险前往世界各地,直到亚洲,160万年前的爪哇直立人就是起源于非洲迁移过来的直立人。有专家认为,在上百万年前的远古时代,撒哈拉沙漠的扩大和缩小,使得各种生物只在潮湿时期进入干燥时期被迫逃离这个沙漠,因此,在更新世的冰河期,处于干涸过程中的撒哈拉沙漠可能迫使第一批探险者离开了非洲,直立人通过某条路线扩散到了非洲以外。不管是哪种情况,到100万年前的时候直立人肯定成功地进入了亚洲的很大地区……直立人还要很久以后才扩张到欧洲。欧洲直立人的最早年代估计是大约80万年前②。

虽然古代非洲人的活动缺乏文字记载,但是通过考古,还是能够发现他们的一些活动轨迹。比如,居住在今天赤道非洲和南部非洲的班图人(占今天非洲人口三分之一),在公元1世纪以前居住在喀麦隆高原,1世纪

---

① [上沃尔特]J.基—泽博主编:《非洲通史第一卷:编史方法及非洲史前史》,中国对外翻译出版有限公司2013年版,第52—53页。

② [美]吉尔伯特·乔纳森·T.雷诺兹:《非洲史》,黄磷译,海南出版社、三环出版社2007年版,第11—13页。

后在北方民族的压力下,分为三路向赤道以南、以东迁徙①。

古代埃及不仅文明程度高,而且与毗邻的亚欧外部世界的联系也很广泛,更不用说其本身所在的北非内部的交流十分广泛了。阿拉伯人在公元9世纪前后进入撒哈拉沙漠以南地区。总体上看,非洲在近代世界地理大发现之前,除了北非外,非洲大多数地区跟其他大陆的联系有限。远古时代的欧洲人除了埃及、努比亚、埃塞俄比亚以及北非地区外,不知道非洲是个大陆,直到1498年,葡萄牙航海者穿越非洲西南的好望角,环绕非洲大陆之后,"非洲"一词才出现在地图上,用于指称整个非洲大陆②。当然,近代欧洲对于非洲的关注更早一点,可以从1415年葡萄牙占领休达算起,从这个时候起,欧洲的基督教政治势力开始对阿拉伯伊斯兰教对于北非的影响发起了挑战,也从某个程度上标志着近代欧洲列强开始进行对非洲殖民统治。

古代非洲内部和外部的社会交往、联系相比较同时期的亚洲和欧洲,其总体的深度和广度要小得多,这也在一定程度上制约了它的经济和社会的发展。但是,它不是绝对封闭和静止的,否则它也不会进化发展到人类文明,只是那种交往的主动性远远不如亚欧同时期,交往的深度和广度也比不上同时期的亚欧大陆。

4. 古代美洲人的社会交往

在近代世界历史中,美洲是一块新大陆。这个新大陆之所以新,主要是相对于当时世界的认知范围而言,15世纪以前的西方不知道有这个大陆的存在。500年后的美洲早已成为世界重要的一块大陆,不仅生活着超过世界13%的人口,而且北美已经成为世界发达的地区。

---

① [法]凯瑟琳·科克里-维德罗维什:《非洲简史》,金海波译,民主与建设出版社2018年版,第15页。

② [法]凯瑟琳·科克里-维德罗维什:《非洲简史》,金海波译,民主与建设出版社2018年版,第6—7页。

无论从文字记载的历史还是考古发现来看，美洲的人类史比较亚非欧要年轻得多。在美洲没有发现过猿人或直立人等原始人类的化石，更没有发现类人猿以及其他古灵长目动物的化石，所有的出土古人类遗骸已是完全的智人，经碳14测定后确定，他们生活在2.5万—5万年前。这一情况说明，古代美洲的最早居民不是土生土长的，因为从欧亚非三个大陆人类的进化发展史来看，古人类的起始年代要早许多。再从比较人类学来看，大部分美洲古代先民的体态、毛发、眼睛、颧骨、皮肤和东北亚的蒙古人种相同；而小部分南美人则与玻利尼西亚、澳大利亚等南太平洋岛屿上的人种最为接近。考古学和人类学研究认为，美洲最早居民绝大部分来自亚洲东北部蒙古人中的一支，一小部分则来自南太平洋上的岛屿人。蒙古人大约4万年前后由堪察加半岛和阿留申群岛，通过结冰的白令海峡进入北美阿拉斯加，然后呈扇形状态慢慢南下，向美洲大陆和周围岛屿迁移。到1.2万年前，这些原始美洲人已经遍布美洲大陆和四周岛屿。他们在美洲有1500万到2500万人，部落很多，语言有2000多种，生产和生活方式也不一样，有的达到了高度的古代文明水平，有的很原始落后。在15世纪末，哥伦布到达美洲后，以为这是印度，才把他们叫作"印第安人"。当时的印第安人部落在美洲呈现如下分布情况：在北极和格陵兰岛，是爱斯基摩人；在阿拉斯加内陆，是阿留申人和阿塔巴斯干人；在今天加拿大境内，有阿尔贡根人；美国境内有易洛魁人、平原印第安人、克里特人、部埃普洛人和西部海岸人；在今墨西哥和中美洲地区，有托尔特克人、阿兹特克人、查波特克人和玛雅人；在加勒比海，有加勒比人；在今哥伦比亚、委内瑞拉等地，有奇布查人；在今厄瓜多尔、秘鲁、玻利维亚等安第斯高原地带，有印加人；在今亚马孙河流域，有阿拉瓦克人、土皮人；在今巴拉圭、阿根廷西部和巴西西南部，有瓜拉尼人；在今智利，有阿老家诺人；在今阿根廷东部，有恰鲁亚人。这些部落民族总体处于氏族社会阶段①。这个说明美洲印第安人在古代社会也是

---

① [美]特伦斯·M.汉弗莱：《非洲史》，民主与建设出版社2004年版，第2—4页。

呈现出一定程度的交往的，否则不可能从亚洲一直迁移、散布到整个美洲大陆。

古代美洲的社会交往和社会合作集中体现在其所形成的印第安文明上，这个文明由一系列文化所组成。奥尔梅克文化，诞生于美洲大陆中部墨西哥高原、尤卡坦半岛一带，兴盛于公元前8世纪—公元前5世纪，它最为突出的成就就是创造了宏伟巨型石雕像、祭坛、石碑，精美的玉石小雕像和黏土金字塔。玛雅文明，形成于公元前1500年—300年左右墨西哥南部和中美洲一些地区。玛雅文明的农业发达，培育了玉米、番茄、甘薯、马铃薯、菜豆、可可、烟草、棉花、龙舌兰、凤梨等作物，还饲养火鸡、狗、蜜蜂等动物，发明了象形文字，形成了手工业和商业，尤其是建筑业发达，建起了100多个城市，建立了成千上万的金字塔，发明了太阳历和太阴历（一年354天零8小时）。托尔特克文化，公元前4世纪—3世纪形成于墨西哥峡谷和普埃布拉峡谷之间的托尔特克人所发展而成，以特奥蒂瓦坎为中心城市，鼎盛时期面积达到22平方公里、人口20万，是当时中美洲最大的城市，公元350—650年最为兴盛，农工商都很发达，直到1060年后被灭亡。阿兹特克文化，公元1069年阿兹特克人首领墨西率领部落人员南迁到特斯科科湖畔的查普尔特佩克地区定居，1325年墨西卡人首领特诺奇开始兴建特诺奇蒂特兰城，后来变成了墨西哥城，这个文明农业发达，种植多种农作物，他们的手工业和商业发达。印加文化，其主要形成于15—16世纪早期，位于南美洲安第斯高原，分布于厄瓜多尔、秘鲁、玻利维亚、智利北部及阿根廷的一部分，中心在秘鲁南部的库斯科地区，南北长约3000公里，东西由太平洋沿岸深入到亚马孙森林，人口600万，面积80多万平方公里，它是一个奴隶制国家，农业、建筑工程、交通运输发达，采矿、冶金、纺织和手工艺发达。但是，它没有文字，主要靠结绳记事。1532年西班牙入侵印加帝国，不久该帝国灭亡，但是其文化影响深远[1]。

---

① ［美］特伦斯·M.汉弗莱：《非洲史》，民主与建设出版社2004年版，第27—44页。

文化是社会共同体的象征，是社会得以交往、如何交往的精神基础，这种文化是社会成员共同体的纽带。文化是社会交往的指南针和润滑剂，社会交往又是社会文化不断升华的实践基础，古代印加文化的发展完全证明了这个时代的人类已经习惯于劳动分工协作，习惯于从个体与集体关系角度来处理部落内的一些事务，这就说明古代印第安人在社会交往和社会分工上已经达到了一定文明的程度，没有这种交往就不会形成分工，没有分工就不会有生产力的提升，就不会往更高的文明发展。印加文化表明美洲的印第安人是在社会交往中实现持续发展的，它的发展趋势跟古代亚非欧在某个时期具有一定相同的发展节奏。

通过上面四大洲古代社会发展情况的分析，我们可以发现，虽然在古代世界人类由于科学水平的限制，由于地理知识的缺乏，由于交通手段的限制，人类总体被几个大陆之间分界线所阻隔，但是这种阻隔很多时候和地方不是完全决绝的，而是有直接和间接的交流的，这种交流、接触哪怕是以血腥残暴的方式进行，也都在催使这个社会要集合多数人的智慧和力量为多数人的利益服务。古代的人类之所以能够一点点走出蒙昧、一步步走向文明进步，靠的就是不断扩大和深化的社会交往，不断克服个体和小群体的局限性，而使得自己在这种不断加大加深的交往中得到持续不断的进步，人类才获得了向近代和现代永恒迈进的动力。

二、近代文明融合加速发展与全球化格局的形成

从15世纪末哥伦布开启了世界航行，发现了新大陆以来，以欧洲为中心的国家在追逐财富的欲望驱使下，开始了疯狂的世界范围的殖民主义征服活动。在这场前所未有的欧洲人探索新空间、攫取财富的活动中，人类结束了几大洲在古代世界相对隔绝的状态，尤其是美洲、大洋洲以及非洲撒哈拉沙漠以南的地区第一次进入到了欧洲人的认识视野，使得人类的活

动空间迅猛增加。无数欧洲的海盗、冒险家、贵族甚至国王在无限憧憬着新世界财富的欲望刺激下，绵延不绝地组织各色人等漂洋过海去这些新大陆。新大陆给欧洲资本主义送来了源源不断的黄金白银、农作物，甚至提供了最为廉价的人力资源——黑奴。可以说，从16世纪开始，人类开始了现代意义全球化的过程，人类命运呈现出加速融合的趋势。

（一）世界地理大发现

1492年8月3日，一个叫哥伦布的意大利航海家受西班牙国王的资助，率船3只，水手90名，率领3艘百十来吨的帆船，从西班牙巴罗斯港出发，沿着大西洋往西远航，寻找他心目中的印度群岛。

哥伦布生于意大利热那亚犹太人后裔的工人家庭[①]，信奉基督教。他"接受了很好的教育。在写作、语法和几何方面，克里斯托弗·哥伦布都获得了良好的指导，而且精通拉丁语，擅长绘画和设计。在帕维亚大学，他还学习了几何学、地理学、天文学和航海学，均取得了优异的成绩"，"他勤奋好学，思维缜密，不喜交谈，笃信基督教。……性格简单，谦虚敏感又宽容大度。他是一位天生的绅士，行为举止谦恭有礼。没有流露一丝虚荣。他智商超群，走在当时哲学领域的前列"[②]。他从少年时代就接触航海，成年后长期在船队服务，是一名技术娴熟的航海家。他相信地球是圆的，热爱航海冒险，相信从大西洋可以找到通往东亚的航海路线。哥伦布曾经游说过英国、法国、意大利和葡萄牙，但都被拒绝，最后得到西班牙女王伊莎贝拉的支持。

1492年10月12日凌晨，他率领的船队发现了属于中美洲加勒比海中的

---

① 哥伦布的出生日期史学界有争议。据[美]约翰·S.C.阿伯特著《哥伦布、大航海时代与地理大发现》（周琴译，华文出版社2019年版，第3页）一书记述，哥伦布出生于1435年左右。而[英]戴维·阿诺德所著《地理大发现》（上海译文出版社2003年版，第20页）一书认为，哥伦布公元1451出生于热那亚。所以，本书无法确定哥伦布的确切出生日期。

② [美]约翰·S.C.阿伯特：《哥伦布、大航海时代与地理大发现》，周琴译，华文出版社2019年版，第3、8页。

巴哈马群岛的圣萨尔瓦多，随后到达今天的古巴、海地等地。此后在1493年、1498年、1502年他又三次西航，抵牙买加、波多黎哥诸岛及中美、南美洲大陆沿岸地带。哥伦布在当时并不知道这是一片新大陆，还以为是东印度群岛，但是他客观上真正发现了欧洲人以前根本不知道的新大陆——美洲！美洲的名称是以另一个探索者阿美利哥·维斯普西命名的。他在1499—1502年间曾经两次从西欧向新大陆航行，他写了最重要的两篇文章：《新大陆》和《第四次航行》，首次认为新发现的大陆不是印度而是新大陆。德国地理学家马丁·瓦尔德塞弥勒读到这两篇文章后，在1507年出版的《世界地理概论》中，以阿美利哥名字的拉丁文写法将这块大陆标为"阿美利加"。马丁·瓦尔德塞弥勒不久后在一张全球地图上首次使用了这个名称，此后这一用法约定俗成，美洲大陆的名字就这样传开了。

哥伦布之后，葡萄牙航海家瓦斯科·达·伽马1497年7月8日受葡萄牙国王派遣，率船在里斯本出发，通过寻找印度的海上航路，船经过加那利群岛，绕过好望角，驶进了西印度洋的非洲海岸，经过莫桑比克等地、非洲中部赞比西河河口、肯尼亚的蒙巴萨、马林迪。在马林迪，他的船队在当地阿拉伯航海家的帮助下，利用印度洋海上只有每年上半年才特有的西南季风，往印度海岸行驶，并于1498年5月20日抵达了印度西南海岸的港口城市卡利卡特。葡萄牙人终于找到了一条从欧洲绕道非洲好望角、穿越印度洋到达他们心中久久向往的东方富庶天堂——印度大陆！

瓦斯科·达·伽马在1502—1503年和1524年两次率领更为强大的出船队到达印度，还被任命为印度总督，并且病死在这个总督岗位上。达·伽马开启的这条自大西洋、绕道好望角、穿过印度洋到达印度的航线，极大地便利了葡萄牙和欧洲其他国家在亚洲从事殖民活动，此后的几百年时间内印度洋沿岸各国以及西太平洋各国相继沦为殖民地和半殖民地。古老的非洲东部和亚洲、太平洋地区国家逐渐被纳入到欧洲的思想文化体系甚至政治管理体系之中，也可以说极大地促进了世界的全球化进程，虽然其手段是残忍、卑鄙的。

麦哲伦船队完成环球航行。1519年，在西班牙国王的支持下，麦哲伦组织了一支五艘船组成的船队开始了横跨大西洋、太平洋的航行，这次航行经历了1082天，历经种种磨难，多数人死亡，队员由出发时的265人到最后返回西班牙只剩下18人。但是这次航行的历史意义非常巨大，它是世界上第一次有意识地主动全球化航行，经历了欧亚非美四大洲，证明了地球的水域相通且面积远远大于陆地，这标志着全球化交通完全成为可能，此后的欧洲人源源不断地往来于亚非美洲等地，逐渐把全球各地的物种和人种送到各个角落，世界一体化的时代真正开始了！

"1400年时的世界，实际上分别是数十个各自封闭的社会和文明，批次之间没有什么接触和交流。这些文明中的一部分，如居住在中美洲和南美洲的人群，他们与其他大陆毫无往来；另一部分文明，如中国和印度，这两个位居亚洲的伟大文明国家主要通过贸易建立起广泛的对外联系，而外来影响仍不足以改变它们自成一体的文化和自给自足的经济的这些基础"①。地理大发现直接促进了世界航运新道路的开辟，为欧洲资本主义时代的到来增加了威力无比的助产剂。马克思在《资本论》中指出："美洲金银产地的发现，土著居民的被剿灭、被奴役和被埋藏于矿井，对东印度开始进行的征服和掠夺，非洲变成商业性地猎获黑人的场所；这一切标志着资本主义生产时代的曙光。"资本主义的大发展把全球联系在了一起，使得人类进入到了空前联系频繁紧密的历史阶段！

（二）殖民主义的扩张

地理大发现使得世界迈入到全球化时代，伴随着全球化的是为了寻找财富而进行新大陆、新世界探索的西方国家，对于他们来说是新的地理空间的殖民主义侵略和掠夺，这一过程持续了400多年，其遗留问题甚至一直

① [英]戴维·阿诺德：《地理大发现》，上海译文出版社2003年版，第4—5页。

持续到今天。殖民主义是以一种另类的方式体现出人类全球化时代命运的关系，是一种强势力量对于弱势力量的征服，是人类交往过程中的一种非正义、非正常的状态。

近代西方殖民主义的首创者是西班牙和葡萄牙。西班牙在哥伦布发现美洲后就不断派遣军事和一般人员去征服美洲、开发美洲、攫取美洲，对土著民族实行血腥的奴役、镇压政策，最终在中美洲、南美洲建立了庞大的殖民帝国——西班牙帝国。1519年，埃尔南·科尔特斯在几个土著部落的支持下，战胜了强大的阿兹特克人，占领了首都铁诺第兰这座有宫殿、庙宇、花园以及约10万人口的城市。佛朗西斯科·皮萨罗战胜了印加帝国，夺去了首都库斯科及大量珍宝。佩特罗·佛拉迪维亚占领智利，佩特罗·门多萨于1536年勘察了拉普拉塔河地区，建立了布宜诺斯艾利斯城。这些征服者把当地人的偶像当作恶魔进行摧毁，霸占他们的财富。西班牙人在殖民地实行领地制度。国王为了吸引殖民者，向他们转让土地，允许他们迫使印第安人劳动，但必须用基督教信仰教育印第安人。此外建立了一种简化制度，即印第安人必须居住在保留地，以提供劳动力。后来黑人奴隶取代了印第安人。西班牙不仅将巨大的财富引入欧洲，而且在拉丁美洲创立了一种以西班牙语为主的独特文化[①]。土著人口大量减少，由西班牙人最初到达时的几千万人锐减到17世纪的400万人。

葡萄牙在达·伽马发现印度洋之后开始了大规模的殖民活动。在此之前的1490年，葡萄牙航海家已经到达东非的埃塞俄比亚海岸。16世纪70年代，弗朗西斯科·巴雷托和瓦斯科·奥雷姆远征津巴布韦。此外，葡萄牙人的势力也伸展至阿拉伯海一带，他们在1506年侵吞了阿拉伯海的索科特拉岛，同年到达印度洋上的锡兰，随后在锡兰建立了科伦坡城，1521年葡萄牙人又控制了巴林。葡萄牙人控制了印度洋上的一些国家，成为印度洋上的霸主。

---

① [法]J.阿尔德伯特、[英]德尼兹·加亚尔、[法]贝尔纳代特·德尚等：《欧洲史》，海南出版社2014年版，第239—240页。

在东南亚,1511年葡萄牙夺取了马六甲王朝的首都马六甲城,从此长期将此地据为殖民地。

在东亚,1553年葡萄牙人开始居住于澳门,1557年正式获得澳门租借权。在美洲,葡萄牙人1500年登陆巴西的塞古罗港,并以之作为巴西红木的贸易站。在非洲,1578年6月,葡萄牙国王塞巴斯蒂昂率军2.5万人开始了对摩洛哥的战争,摩洛哥投降。

从15世纪开始,葡萄牙先后在亚、非、美洲通过枪炮征服了很多部落和国家,建立了一个强大的帝国。比如在非洲,它占领了安哥拉、阿尔金、阿克拉、卡奔达、佛得角、休达、艾美拉、毕尔科岛、黄金海岸、几内亚比绍、马达加斯加、梅斯卡尼群岛、马林迭、蒙巴萨、摩洛哥、莫桑比克、基尔瓦·基西瓦尼、圣约翰堡、圣多美和普林西比、丹吉尔、桑给巴尔、济金绍尔。在美洲,它殖民统治了亚速尔群岛、巴西、乌拉圭、法属圭亚那、马德拉、萨克拉门托。在亚洲,它殖民统治了班达群岛、巴林、缅甸、锡兰、弗洛瑞斯岛、阿巴斯港、拉克沙群岛、澳门、霍尔木兹、加锡、马六甲、马尔代夫、摩鹿加群岛、马斯喀特、长崎市、葡属印度、索科特拉岛、东帝汶。紧跟葡萄牙、西班牙这两个殖民国家后尘的是英国。在300多年的时间,英国通过殖民方式在全世界建立了横跨东西、竖跨南北的日不落大英帝国。1914年英国在全世界的殖民地面积达到3350万平方公里,人口达到3.93亿。

在美洲的殖民。英国的瓦尔特·雷利在1587年就在美洲建立了移民点,取名为弗吉尼亚,以纪念英国女王伊丽莎白。1620年一批英国移民乘坐"五月花号"帆船来到美国,此后在英国受到迫害的新教徒们源源不断地来到美洲,到1733年,英国在北美东岸共建立13个殖民地。

在亚洲的殖民。1600年东印度公司创立,这是英国在东方的殖民机构。1757年普拉西一役,奠定了英国在印度斯坦的统治地位。通过在印度的不断扩张,到1876年,英国将印度更名为印度帝国。1840年、1856年通过两次鸦片战争逐渐将中国一些地方强行占为殖民地。1878—1879年将阿富汗

攫取为自己的殖民地，1886年将缅甸占领为殖民地，1874年从荷兰手中夺得苏门答腊和马六甲，逐渐将东南亚国家攫为自己的殖民地。

在大洋洲的殖民。1668—1711年英国到达澳大利亚东岸和新西兰，不断向该地移民，使之成为自己的殖民地。后来它又占领斐济、巴布亚、所罗门、汤加、吉尔伯特、库克、埃利斯和菲尼克斯群岛等地。

在非洲的殖民。1808年、1843年、1861年和1874年，英国先后将塞拉里昂、纳塔尔、尼日利亚和黄金海岸抢占为自己的殖民地。埃及、津巴布韦、赞比亚，以及东非的索科特拉岛、索马里、乌干达、肯尼亚、桑给巴尔岛等都先后成为英国的殖民地。

荷兰、法国、德国、俄国等国家在国外都拥有大小不等的殖民地。可以说，伴随着地理大发现，全球化时代的来临，殖民主义这个带着侵略扩张的血腥和财富攫夺的丑恶行径就被西方殖民者无情地带到了世界各地，虽然这个过程充满了贪婪、阴谋、欺骗、血腥等种种罪恶，但不可否认，它对人类走出农牧业社会时代的相对封闭的状态转而促进世界的互相交流、加深各方面的了解和加强各方面的合作无疑起到了积极的作用，而且这个互相接触、互相维护、互相支持的命运共同体的关系越来越强烈。

（三）世界市场的发展 [①]

西方殖民者之所以冒着巨大风险进行地理大发现的探索，直接的动因就是出于对金钱财富的向往。所以，一旦这个通向新世界的航线被开辟之后，他们就迫不及待地采取各种方式去攫取财富，在武力掠夺、殖民侵略之外，他们运用了商贸手段来获取财富。西方殖民者的商贸活动在几百年的时间内逐渐触及到了全世界，形成了巨大的市场，这个市场极大地克服了地理大发现之前的区域局限性，尤其是在工业革命后，随着交通工具的不

[①] 此节关于世界市场发展的内容主要参阅、引用了沈汉的《论世界市场的形成》一文，《贵州社会科学》2008年第6期。

断革新、迅捷，世界产业链分工的不断扩大、完善，商业内容的不断增加，世界范围内人口流动的不断加速，世界市场范围越来越大，世界市场的规则也越来越多。这种本来是出于掠夺财富性质的活动却由于其满足了人类经济活动、社会活动的内在需求，所以世界上没有被卷入其中的国家和地区的人们都自觉不自觉地被广泛卷入，这也可以说在客观上促进了世界的交往，不断加深着世界范围内人们互相依存的社会关系。

16世纪初到18世纪中叶是世界市场形成的初步阶段。西班牙、葡萄牙、荷兰、英国等西方国家在那些文明没有充分发展的地区采取移民、建立庄园、禁闭甚至掠杀土著人、设立管理机构等手段和方式进行殖民统治，掠夺当地的矿产、金银、农作物，甚至贩卖奴隶，这个罪恶的过程客观上拉近了世界的联系，世界市场开始初步酝酿。

18世纪中叶到20世纪初，是世界市场基本形成阶段。工业革命的兴起使得以英国为代表的欧洲资本主义国家和地区的生产力得到迅猛的发展，蒸汽动力的普及，铁路、蒸汽轮船的出现使得交通更加便捷，人类的活动空间大大增加；机器生产使得工业品的产量和质量都得到极大的提高，欧洲国家把这些工业品大量销售到亚洲、美洲还有非洲，同时从这些落后的国家和地区获取大量廉价的原材料和人力资源。19世纪后期，随着俄国、德国、日本等新兴资本主义国家的发展，帝国主义各国兴起了世界范围内抢占势力范围、瓜分殖民地的狂潮，并且把世界范围的市场贸易活动推向了新的阶段。在这种强大的商业活动过程中，世界市场形成了。

这个世界市场的形成是渐进的过程，是以欧洲为中心的贸易市场渐次推进的过程。比较早的是地中海市场的形成，这个市场在地理大发现之前就已经存在。这个市场在公元12世纪前后就有西欧人、希腊人、东方基督徒和犹太人、阿拉伯人和各地教派的穆斯林商人摩肩接踵。在西西里的货栈里，既有来自远东的奢侈品，如珍珠和宝石、印度铁器、稀有染料、香料、中国丝绸、胡椒和香料，也有埃及棉织品、波斯和土耳其地毯，从非洲来的

象牙、驼鸟羽毛、狮子皮和豹皮①。

北海和波罗的海市场的形成。这个市场把北欧和中南欧的市场连成一片。在16世纪初，波罗的海地区也成为西欧工业产品最重要的市场区。荷兰和英格兰的纺织品能够向这个地区出口，是两国工业得以发展的重要原因。16世纪至17世纪，荷兰进口波罗的海的谷物并与波罗的海展开其他贸易，是荷兰经济迅速发展的重要原因，它使得尼德兰能从谷物生产转向发展专门化的奶制品业、酿造业、蔬菜种植业和种植亚麻、烟草等工业作物。它促进了乡村纺织业和农村中资本主义的发展。

波罗的海地区为西欧提供了大量的食品和原材料，16世纪至17世纪，波罗的海商业贸易的重要性增强了。在尼德兰和英格兰工商业经济发展起来以后，波罗的海地区作为它的后方，通过海上贸易源源不断地用粮食和原材料供给这些经济发展的核心地区，形成了一个地区性的经济区。欧洲南北两个基本点地区市场联系在一起，形成一个欧洲大市场②。

亚洲市场与欧洲市场的形成。1517年，西班牙人占领马尼拉，把该城作为他们的殖民总部所在地。西班牙人在占领马尼拉几年后便与福建当局有了交往。1575年，西班牙从墨西哥出发，到菲律宾群岛定居下来，随后，西班牙人首次来到一个中国的港口。马尼拉很快成为中国货物的集散地，大批中国移民来到马尼拉。中国的大帆船运载中国产品从福州、厦门和泉州来到马尼拉，从这里改装其他船只运出。当时西班牙帝国规定西班牙与菲律宾之间的运输都要经过墨西哥。这样，墨西哥就成为中国与西班牙贸易的中介。17世纪后期英国在印度展开殖民和商业活动后，从东印度各地购买的商品主要是棉布、丝织品、棉纱、生丝。印度布匹出口增长了5倍到6倍。17世纪70年代，荷兰商人仅在马尔达地区每年就收购5万卢比的布匹。英国公司在比贾普尔收购由大约5万名手工

① 沈汉：《论世界市场的形成》，《贵州社会科学》2008年第6期。
② 沈汉：《论世界市场的形成》，《贵州社会科学》2008年第6期。

业者所织造的优质棉布。这使得印度本地商业资本由独立的活动转入为欧洲人组织的商业服务。18世纪30年代到50年代，印度大量出口使纺织手工业生产大大发展。大片地区的整个乡村和城市的很大一部分居民，以织布为主要职业。英国东印度公司则通过印度包买商收购纺织品。到了18世纪60年代到80年代，印度商人被排斥在收购手工业商品的活动范围。东印度公司规定，印度织布工人在未完成公司订货之前，不得为其他人和其他市场工作。印度成为英国所需廉价棉纺织品和原料的生产和供应基地。印度经济已深深地卷入资本主义世界市场。但是，印度在卷入世界市场后，正值英国的工业革命完成和棉纺织业的兴起，英国政府为了给本国资产阶级的商品打开销路，海关采取低关税政策奖励英国。

从1832年到1857年，印度进口英国商品额增长了15倍，在19世纪50年代棉纺织品占英国对印度输出品的三分之二。印度手工业者受到英国工业资本的沉重打击，印度变成英国商品的销售市场和原料供应地。

（四）大西洋市场的形成

地理大发现以后，大西洋市场在1500年到1800年间逐渐形成。大西洋市场把老的发达资本主义国家与广阔的正在开发中的美洲联系起来，形成了横跨东西两半球的严格意义上的世界市场。在16世纪20年代，西班牙每年有100艘船装载货物穿越大西洋。到16世纪末，1年有150艘至200艘船参与对西印度群岛的贸易。1520年以后，船只数翻了一番，货物运输量也翻了一番，其货物总量提高至4倍。

从17世纪中期起，美洲的可可开始大量出口。在18世纪60年代至70年代，可可出口达到高峰。从西班牙所属西印度群岛出口的烟草在17世纪迅速增长，1676年到1680年平均每年出口到西班牙为367阿罗巴，1681年到1685年平均每年出口1289阿罗巴，1686年到1690年平均每年出口3314.5阿罗巴,1691年到1695年平均每年出口2843阿罗巴。从17世纪后期起,西班牙输入美洲的铁制品包括犁、铧和锄头的数量迅速增加,输往美洲的纸和蜡也越来越多。

英国与美洲的贸易开始于16世纪中叶,在整个17世纪,殖民地出口的80%是输往到英格兰。从1700年到1780年,英属北美殖民地的中转贸易在英国经济中占据了核心地位。到1772—1774年,美国殖民地提供了英国进口商品的40%,其中几乎全是农产品。而北美殖民地接受了英国国内出口的40%,其中几乎全是制造业产品。

1780年以后,英国跨大西洋贸易出口商品主要是近代制造业产品,其中首先是棉纺织品;而进口商品则有糖和其他食品,其中进口原材料特别是棉花所占的比例大大增长。

三、共产主义运动的勃兴

以1848年《共产党宣言》的发表作为马克思主义诞生的标志,共产主义运动在世界范围内开始兴起。以马克思、恩格斯为代表的共产主义导师所掀起的共产主义运动在世界范围内掀起了持续至今170多年的革命运动,极大地改变了世界的发展走向,使得全世界范围内劳苦大众在这一思想和实践的影响下获得了启蒙,由自在的阶级状态转向自觉的阶级状态,也使得人类的社会制度文明进入到新的发展阶段。虽然共产主义运动在20世纪后期出现了挫折,但是共产主义运动作为影响全世界的一场运动把全世界劳苦大众的命运拧在一起,使得人类在全球化的进程中以更理想的方式往前前进了一大步。"世界五大洲先后建立了70多个共产主义政党。党员总人数约达400多万"[1],到20世纪80年代"社会主义各国最繁荣时,其领土面积占世界陆地面积1/4以上,人口约占世界总人口的1/3,工业产值约占世

---

[1] 肖枫主编:《社会主义向何处去》,当代世界出版社1997年版,第31页。

界的2/5，国民收入约占世界的1/3"①。

共产主义运动可以从如下这几个阶段来加以审视：

其一，共产主义者同盟时期。1847年6月2日至9日在伦敦召开了第一次代表大会，提出了"全世界无产者联合起来"的口号，同年11月29日—12月8日在伦敦举行的第二次代表大会，提出了共产主义同盟的奋斗目标：推翻资产阶级，建立无产阶级统治，消灭旧的以阶级对立为基础的资产阶级社会和建立无阶级、无私有制的新社会，尤其是大会委托马克思、恩格斯起草同盟纲领——《共产党宣言》。《共产党宣言》的发表标志着马克思主义的诞生，标志着科学社会主义运动的真正开始。在《共产党宣言》发表后不久，欧洲就爆发了1848年革命，很多同盟成员参加到这场革命当中。1852年11月17日，共产主义者同盟宣告解散。

其二，第一国际时期。1864年9月28日，英国、德国、意大利、波兰、爱尔兰等国家的工人代表以及一些资产阶级民主人士在伦敦圣马丁堂召开群众大会，决定建立国际工人协会，这就是第一国际。第一国际建立了自己的组织机构，颁布了宣言和临时章程。1876年在美国费城的大会上正式解散。第一国际推动了马克思主义在欧美国家工人中的传播，推动了这些国家工人运动的发展，尤其是推动了巴黎公社革命行动的发生，使得这些国家无产阶级的思想水平和组织程度在无产阶级思想的统领下得到了很大提高，推进了各国无产阶级独立政党、开展共产主义运动的进程。

其三，第二国际时期。1889年7月14日，有22个国家的393名代表参加在巴黎召开的国际社会主义者代表大会，成立了第二国际，后人一般也称之为"社会主义国际""社会党国际"。第二国际组织比较松散，长时期没有常设领导机构、共同规章，没有机关报。但是，第二国际对于加强国际工人团结、进一步唤醒工人阶级的集体意识，维护工人权利，争取阶级平等，起到了很大的推动作用。1914年一战爆发后，由于欧洲各国社会党纷纷支持本

---

① 肖枫主编：《社会主义向何处去》，当代世界出版社1997年版，第45页。

国政府的战争,使得第二国际停止了活动,实际上解体了。

其四,第三国际时期。1919年3月第三国际成立,1943年解散。第三国际是以十月革命作为政治运动的模式,即武装推翻现反动政权,以列宁主义为主要指导思想,以严格集中的党组织来领导共产主义运动。第三国际在世界范围内领导过65个共产主义政党和组织,很多国家的共产党和工人党是在共产国际和苏联的支持下而成立和发展起来的,尤其是共产国际使得共产主义革命在广大殖民地半殖民地国家得到了大发展。

其五,冷战时期及之后国际社会主义的发展。二战后的世界进入到苏美争霸的冷战时期,在这个时期,共产主义运动得到了空前的大发展,建立了社会主义制度的国家从一个国家发展到最多时的16个,东欧多数国家加入到社会主义阵营,亚洲的中国、朝鲜、越南、老挝、柬埔寨,美洲的古巴都变成了社会主义国家。还有很多亚非拉美国家在这个时期出现了共产党组织的长期共产主义革命活动,虽然他们的革命实践没有最终成功,但对于世界的影响实在是太大了。

冷战之后,中国、越南、北朝鲜、古巴、老挝五个社会主义国家,他们都在独立自主地探索适合本国国情的社会主义道路,其中,中国特色社会主义展示出勃勃生机。

共产主义运动可以说是近代以来把人类命运空前地系为一体的重大社会事件。在这场运动中,不同国家、不同民族、不同语言、不同肤色的人们基于共同的信仰和追求,超越了空间的距离,实现了互相学习、合作互助、共同奋斗,使得人类在文明道路的探索上增添格外耀眼的光芒。

四、两次世界大战与冷战格局下的人类命运

第一次世界大战和第二次世界大战,以战争的方式把全世界纳入到统一的发展轨道,使得人类的命运在世界范围内以联盟和敌对的状态紧密联

系在一起。一战参战的国家包括亚非欧美澳30多个国家,战争范围之广、参战人数之多、人类战争冲突之深可以说史无前例。第二次世界大战使得全球五大洲61个国家被卷入战争,20多亿人的命运因为战争连在了一起。

这场战争从一个侧面说明了全球化时代人类命运息息相关,哪一个国家、哪一个民族企图以绝对的强力让自己全身而退却能将灾难加诸对手,是不可能的妄想。

(一) 一战与人类命运

第一次世界大战把当时世界上的主要主权国家几乎都卷进去了,欧洲的主要国家几乎都参与了此战。同盟国方面有:德国、奥匈帝国、土耳其、保加利亚,协约国方面有:英国、法国、沙俄、意大利、美国、日本、中国、罗马尼亚、塞尔维亚、澳大利亚、新西兰、南非等国家,这些国家无疑是当时世界上最主要的国家。这一场战争是人类有史以来空前的全球范围内以战争的形式交织在一起的社会互系,是一场人类大范围的互相厮杀,其主战场在欧洲。这是一场改变了人类命运的战争!它一度曾经带来了世界的暗无天日,给人类文明带来了永恒的伤疤。

这场战争屠杀了无数的人类生命。一战大约有6500万人参战,协约国有4200万人服役,4个同盟国有约2200万人服役。协约国约有480万人阵亡,1200万人受伤,同盟国一方阵亡和受伤的人数分别是310万和840万,世界各国平民大约伤亡660万[①]。一战中仅仅几个重要战役死亡人数就在几百万以上。1914年9月的马恩河会战中,交战双方先后投入150万的兵力,伤亡人数将近50万以上。其中,法军损失25万人(其中阵亡81400人),英军损失26万人,德军损失20万人。1916年2—12月的凡尔登战役中,双方丧亡人数在100万,法军损失69个师,德军损失50个师,各师在战斗过程中损失兵

---

① [英]伊思·怀斯特威尔:《第一次世界大战》,尚亚宁、颜世云、张春红译,九州出版社2017年版,第349页。

员70%以上。同时消耗了大量的物资。仅从2月25日到6月15日，法军就消耗31450万炮弹，其中重炮和超重炮弹就达到200万发。1916年6月至11月的索姆河战役中，双方伤亡约134万人，其中英军45万余人，法军34万余人，德军53.8万人[①]。

一战给人类尤其是欧洲国家带来了巨大的灾难。在第一次世界大战中，有75万英国士兵阵亡，200多万人终身残废。工人阶级的生活水平大为降低，如果以1900年的实际工资指数为100的话，那么1914年则为90.7，到1917年只有62[②]。一战后的法国通货膨胀严重、失业严重、劳动力奇缺，经济严重萧条。1919年6月1英镑仅相当于26法郎，而到了20世纪20年代初，60多法郎才能换1英镑。战后的德国面临割地、赔款等惩罚，交出所有飞机和作战舰艇，只保留10万国防军，交出10万个火车头等，割让1/10的领土。1921年4月，协约国赔偿委员会于英国伦敦举行会议，会议规定德国的赔款总额为1320亿金马克（折合330亿美元）。可以说，这场战争也重创了欧洲各个交战国。

可以说第一次世界大战加重了世界性战争给予人类命运所带来的毁灭性危险，使得全世界的有识之士认识到了以战争的方式来解决世界争端问题的巨大副作用。所以一战结束后，在美国总统威尔逊等的推动下成立了国际联盟，企图以此来解决国际争端，尽量减少用战争的方式来解决国际争端问题。虽然国际联盟在后来的国际冲突中没有发挥多大的作用，但是它在一战后的迅速成立已然表明人类对于在国际化程度日益加深、国际矛盾与冲突日益尖锐的情况下，其命运已经息息相关，其每一个部分的存在都是对于其他部分社会存在的条件，如果想抱持以绝对优势的权力来征服对方、维护自己利益，其结果往往是两败俱伤。国际联盟的成立就是这种人

---

① [苏]И.И.罗斯图诺夫：《第一次世界大战史》，钟石译，上海译文出版社1982年版，第653—654、675页。
② 高岱：《第一次世界大战对英国社会政治的影响》，《世界历史》1992年第3期。

类命运利害攸关意识的产物，此后人类建立国际组织解决国际争端不断地成为了一个共识。

第一次世界大战也给大国决定世界秩序的一些做法提出了挑战。

第一次世界大战后战争胜利者处理失败者的思路与做法也表明一些国家开始以人类命运问题为视角考量国家政策的制定和具体措施的实施。凡尔赛会议上，法国一开始对德国提出了2000多亿美元的赔款要求，但是其他几个战胜国并没有积极响应，而是有所保留。此事居然在德国对于赔偿数额强烈保留的情况下，没有在会议中得到明确解决，后来的协约国对于赔偿数额不断减少，英美并对法国强行用武力开进德国以逼取战争赔款的行为表示了谴责和经济惩罚。这样的做法似乎违背了同一立场的战胜国利益同盟，但是实实在在地表明了英美对于德国的惩罚有限性的态度，这自然是出于保持欧洲国家实力均衡的目的考虑，而骨子里则是一种不自觉的国际命运共同体意识的反应。

（二）二战与人类命运

战争范围包括欧洲、亚洲、非洲、美洲、大洋洲，从大西洋到太平洋，先后有61个国家和地区、20亿以上的人口被卷入战争，作战区域面积2200万平方公里，除了南极洲之外，地球上有人口居住的地方都涉及了。据不完全统计，战争中军民共伤亡9000余万人，经济损失5万多亿美元，是人类历史上规模最大的世界战争[1]。

二战中亚洲国家大部分被卷入到战争当中。东亚的中国、日本、朝鲜、蒙古全部卷入其中，东南亚的越南、老挝、柬埔寨、泰国、缅甸、马来西亚、印度尼西亚，南亚的印度更是被卷入其中。西亚的伊朗、沙特阿拉伯、叙利亚、伊拉克、黎巴嫩也深深卷入到这场战争当中。

欧洲卷入的国家最多，几乎都卷入其中。法西斯阵营的有：德国、匈牙

---

① 中国人民解放军军事学院：《第二次世界大战》，世界知识出版社1983年版，第521页。

利、保加利亚、罗马尼亚、斯洛伐克、克罗地亚独立国。反法西斯阵营的有：苏联、英国、法国、挪威、丹麦、芬兰、荷兰、比利时、卢森堡、希腊、土耳其、南斯拉夫、波兰、捷克斯洛伐克、埃及、埃塞俄比亚、利比里亚。

大洋洲的澳大利亚、新西兰，非洲的有：南非联邦，美洲的有：美国、加拿大、墨西哥、巴西、阿根廷、智利、古巴、海地、巴拉圭、乌拉圭、哥伦比亚、委内瑞拉、秘鲁、哥斯达黎加、巴拿马、厄瓜多尔、多米尼加、萨尔瓦多、洪都拉斯、尼加拉瓜、危地马拉、玻利维亚。

可以说二战把人类空前地卷到了一起，使得人类史上最大范围和程度上受到了战争的摧残，尤其是这场战争第一次使用了毁灭性的战争武器原子弹。

第二次世界大战给人类带来的危害也是空前巨大，无论是在人员伤亡的数量上还是财产损失的数量上，对于人类文化和社会生活的破坏上都是空前的，中国军民牺牲3500万人，位于全世界之最。

据1990年5月7日，苏联国防部第一副部长卢舍夫大将公开数字，苏联在卫国战争中损失的军民总数为2700—2800万人。其中，在战斗中被打死、重伤致死和被俘未回的军人共866.6万人，还有1800万人受伤或患病死亡。

法国死亡58万人，英国死亡36万人，美国死亡30万人，波兰死亡人数多达600万。德国死了600万人，日本死亡263万人，其中195万为军人。战争给双方平民带来的牺牲无法准确估算。英国首都伦敦和位于英格兰中部的工业重镇考文垂市，在德军的空袭中遭到了严重的破坏。考文垂市的毁坏面积达80%，法国、荷兰、比利时约有10%的面积被夷为荒地。日本有25%的房屋被炸得面目全非。仅在1945年3月10日一天内，就有8.4万东京人死于轰炸。德国德累斯顿战役中，有2.5万至3.5万人死于非命，该市市区的75%被毁，72%的科隆市市区被化为瓦砾，柏林在二战后几乎成了一堆废墟。

二战虽然同盟国战胜了法西斯主义的轴心国，正义的力量战胜了邪恶的势力,公平、正义得到了伸张,但是战争给人类命运的整体摧残程度比起一战来更加严重是事实,这促使全世界的人们更深刻地思考如何继续避免这种严重破坏人类生产、生活秩序局面结果的再次出现,促使人们思考如何防止那些极端的思想和势力来控制人类命运的出现。为了解决这个问题,当时的世界政治家们开始谋划成立一个比国际联盟更实体、更有权威、组织系统更完善、执行能力更强大的国际组织来维护国际和平,以期保证人类不再遭受邪恶势力发动二战、改变世界秩序这样的厄运。可以说,联合国成立就是基于一战和二战这样以世界战争的形式来改变、影响人类命运的历史教训的深刻总结而产生的,可以说是当时的世界面对人类命运面临共同的毁灭性危机时的一种理性反应。虽然,民族主义、国家主义在二战后得到更广泛的认可和实施,但是这种民族主义国家意识已经和帝国主义、殖民主义时代的价值取向有了不同,那就是不能以侵犯和损害其他民族和国家的正常合法的权利为前提,以确保和维护二战后形成的世界秩序为前提。可以说,这个做法和意识,是对于弱肉强食时代的人类命运意识的一种升华和超越,虽然它有这样那样的局限性,尤其是它并没有完全做到按照公平、正义的理念去维护世界和平和促进人类共同发展、维护人类共同发展,但比较此前全球化时代开启后的几百年的殖民扩张为核心的国际间武力杀伐征服,其对人类命运发展的积极意义明显增加了不少。其所存在的局限性也恰恰是今天习近平总书记倡导的"人类命运共同体"意识所要超越的对象。

(三)冷战格局下的世界紧张局势

1945年5月二战在欧洲的结束,战前就存在的苏联社会主义制度与欧美的资本主义制度之间的矛盾就开始凸显。苏联红军解放东欧和占领柏林,英美盟军从诺曼底登陆,5月8日德国投降,欧洲战事正式结束。广义上可以说,冷战格局就此拉开。但现在一般说起冷战,都是从丘吉尔关于冷战

的演说开始谈起。

1946年3月5日，丘吉尔在美国富尔顿的演说中提出：从波罗的海边的什切青到亚得里亚海边的里雅斯特，一幅横贯欧洲大陆的铁幕已经拉下。他的这个演说可以说提出了冷战的概念。1947年3月12日，美国总统杜鲁门在致国会的关于援助希腊和土耳其的咨文中，宣称世界已分为两个敌对的营垒，一边是"极权政体"，一边是"自由国家"，每个国家都面临着两种不同生活方式的抉择；宣布"美国的政策必须是支持那些正在抵抗武装的少数人或外来压力的征服企图的自由民族"，即美国要承担"自由世界"守护神的使命，提出以"遏制共产主义"作为国家政治意识形态和对外政策的指导思想。杜鲁门所提出的这种反共产主义的意识形态，标志着冷战开始。冷战时期最主要的标志就是以美国为首的北约军事集团（1949年8月24日美国与西欧、北美主要发达国家为实现防卫协作而建立的一个国际军事集团组织，即北大西洋公约组织）和以苏联为首的华沙条约（1955年6月，苏联、捷克斯洛伐克、保加利亚、匈牙利、民主德国、波兰、罗马尼亚、阿尔巴尼亚八国在华沙签订了《友好互助合作条约》），这种格局以1991年12月苏联解体为结束的标志。

冷战时期世界最重要的特点就是以苏美为代表的社会主义阵营和资本主义阵营的对抗，在这个对抗中发生的主要事件有朝鲜战争、古巴导弹危机、越南战争、苏联入侵阿富汗，等等，这个时候表面上世界是分裂对立的两大部分，但骨子里是以一种改造对方为目的的思维来建构整体世界，其实这是以社会主义和自由主义意识形态为标准的另外一种关注人类命运的表现方式。

在这个时候，整个世界的交往是以意识形态为基础来划分的，社会主义国家基本上和资本主义国家没有来往，他们在政治生活、文化生活上差异巨大，很多方面严重对立，经济方面的相互隔绝也很严重。这个时候整个人类的命运处于二战后空前的危机状态，世界之间的交往和联系主要被限制于两个孤立的单元当中。这样的方式并不表明人类命运回到了前现代或者史前状态，它只不过是另外一种展现人类命运相关的方式而已。冷战时期的这种两大世界对抗似的隔绝与远古时代人类因为生产力的低下而形成的个体和部落、区域的隔绝是有原则区别的，那种低生产力水平的隔绝并不是起源于价值冲突、利益冲突，而是一种基于对自然世界和人类世界的无知而产生的隔绝，因而无法形成一种自觉的命运互系的意识。同时，这种冷战造成两大阵营隔绝的状态中的人类关系与正常条件下的人类交往状态也有着明显的不同。前者状态下的人类关系遵循着生产力和生产关系条件下人类自然交往过程形成的人类关系，而后者则是一种过于理性的自我遏制状态下的人类行为。从本质上来说，这种对抗恰恰是人类命运互系、共生的体现，只不过以一种排斥、对抗的方式表现出来。

冷战时期对立的双方都拥有了核武器，这种对抗给人类整体性生存带来了巨大的威胁。也正是因为出于对人类共同生存利益的考虑，所以冷战时期双方虽然都坚决对对方阵营的存在持有彻底的否定感，但是没有爆发全面的战争。即使在局部的战争中双方都保持了一定的克制态度，基本上以达到局部的利益目标为止。

从一战到二战再到冷战，人类在不断扩大的世界交往过程中因为利益、价值观的冲突而爆发日益剧烈的冲突、对抗，使得人类的命运联系得越来越紧密，越来越趋向于一体化，虽然这个过程是伴随着严重的冲突、流血，充满了血腥和暴力，但是内在的逻辑是人类共同地渴望世界的统一，只不过都企图以自己利益和价值观作为影响世界的着眼点。

第二章

古代和近代中国的人类命运意识

　　一个民族对世界秩序的认知是其世界图式—宇宙观—在现实世界的呈现。从可考据的资料来看，商和周的早期已经形成了四方—中心的宇宙观，它缘起于对自然神祇的信仰、对祖先的崇拜以及由氏族和部落社会延续而来的家父长制，既有宗教信仰，又有对大自然和地理的初步认知，既有家庭制度，又有政治现实。战国末期，阴阳五行学说改造了四方—中心的宇宙观，使之成为一个含括金、木、水、火、土五种元素，相生相克、生生不息的富含辩证性的世界图式。这一图式所塑造的"天朝上国"观念和朝贡制度一直延续到晚清，虽然由于战争的失败以及在科技、教育、军事等方面的巨大差异，古代中国的世界秩序观及其所塑造的世界秩序逐渐瓦解，但其所蕴含的崇尚和平、尊重文化差异、讲求仁德等，依然影响着中国近代以来国际战略的选择和国际关系模式的建构。因而，了解现代世界体系背景下的中国，需要了解在此之前的古代中国的世界秩序观及其所富有的人文性，通过历史的考察，明确古代中国的世界秩序观哪些因素在融入现代世界体系中发生转变，哪些因素仍然影响着融入现代世界体系的程度、方式、成就和不足，为今天中国积极参与全球秩序的塑造提供有益思考。

一、中国古代的"天下"意识

　　古代中国，国人的世界秩序观由其宇宙观延伸而来，其对世界秩序的认知，是宇宙观所内含的世界图式在现实世界中的呈现。古代中国的宇宙观建立在国人对当时的自然环境和地理环境的直观认知、宗教信仰以及由氏族社会所延续下来的家父长制等因素基础之上。这一宇宙观认为，自然神、诸侯、蛮夷等居于世界的四方，独占了祭祀"上帝"权力的王居于中央，前者要臣服于后者。战国末期，阴阳五行学说以其辩证性、关联性、系统性改造了四方—中心的宇宙观，赋予四方与中心以金、木、水、火、土属性，几者相克相生、循环往复。这一宇宙观一方面建构了国人以"天朝上国"为基本模式的世界秩序观,一方面塑造了世界秩序观中崇尚和平、讲求仁德、寻求大同的人文特色。

(一) 四方—中心宇宙观的形成

在商和周的早期,古人在"天圆地方"的空间秩序基本认知基础上,建构了四方—中心的宇宙观,四方既指代大自然的风、雨、雷、电等自然神祇,也指诸侯、外夷,中心则是由王的祖先及其后代"独占"了与"上帝"沟通所形成的神圣的中心地位。这一宇宙观是古人理解世界的图式,也基于此去塑造现实的世界秩序。

中国古代围绕宇宙、天地、人生、生死等,形成了特定的世界图式,其中起到决定性、基础性和统合性作用的是建立在对宇宙秩序认知和理解基础上的宇宙观。斯坦利·坦比亚认为宇宙观是,"概念和关系的构架,它视天地万物或宇宙为一个有序的系统,根据空间、时间、物质,以及运动来对其描绘,并且囊括神、人、动物、精灵、魔鬼等所有事物"[1]。列维·斯特劳斯将图腾制度、神话及魔术等各种分类系统视作一种思维模式,并称之为"'原始思维'或'具体的科学',与抽象的科学相对,成为两种并列的科学思想模式之一"[2],他提出,"这种分类符号系统的特点是将自然世界与人类世界的现象'直接关联'起来;它是有自己内在的逻辑及动力的思维架构,并独立于社会之外,自在发展。符号概念的逻辑主宰着社会生活及思想,是向秩序推进的内在及必然架构。相反,社会事件则形成混乱的外在及偶然力量。因此,符号系统的起源在于人类对理性秩序的渴求,符号系统的功能则是给社会提供组织和逻辑规范,而非维持一个前往的社会结构的

---

[1] 参见王爱和:《中国古代宇宙观与政治文化》,[美]金蕾译,徐峰译、校,上海古籍出版社2011年版,第2页。

[2] 参见王爱和:《中国古代宇宙观与政治文化》,[美]金蕾译,徐峰译、校,上海古籍出版社2011年版,第10—11页。

平衡"①。史华慈认为，中国的宇宙观是关联宇宙观，是"一种拟人化宇宙观，在其中，大自然与人类世界中发现之中的实体、过程和现象分类之间呈应出了对应或'匹配'的关系。"②也即通常所讲的以"天道"喻"人伦"。而葛兰言则认为中国关联宇宙观是"一个具有高度秩序性、逻辑性的先进系统。它基于数字的逻辑，是对应逻辑的展示。有这一宇宙观作为分类的基本架构及逻辑，中国文明悠久历史实则是宇宙架构原则的逐步展开，而少有创见出现"③。无论从哪一个角度而言，中国的宇宙观是一个含括宇宙、天地、人生、生死等万物的图式，这一图式将天地万物视为一个有机联系的整体，按照特定的规则有序运行，包括人类社会在内的一切都要遵循这一秩序。世界秩序只是这一秩序在人世间的现实呈现，是这一秩序在现实世界中的铺开和遵循这一秩序的结果。

理解中国的宇宙观，需要从中国古人对世界的空间秩序谈起。《商颂·殷武》云："商邑翼翼，四方之极"④，《大雅·下武》云："四方来贺"⑤，《大雅·江汉》云："四方既平"⑥。这里，四方不仅是一种表达空间秩序的方位，还与风、雨、雷、电等自然神祇有着密切联系。可见，在商代，四方与中心是商人对世界图式的理解。在这一秩序内，上帝是主宰宇宙的全能之神，通过四方之物，影响商人的福祸、利益、存亡，等等。商人与上帝沟通的基本方式是祭祀。王爱和认为，商人神学观念中，"上帝同无数自然力量以及异族神灵在四方宇宙结构中被紧紧联系在一起。这些力量和神灵并非来自偶然的、无法预见的上帝意愿，而是按时空顺序，通过四方结构

---

① 参见王爱和：《中国古代宇宙观与政治文化》，[美]金蕾译，徐峰译、校，上海古籍出版社2011年版，第10—11页。
② [美]本杰明·史华慈：《古代中国的思想世界》，程钢译，江苏人民出版社2008年版，第472页。
③ 参见王爱和：《中国古代宇宙观与政治文化》，[美]金蕾译，徐峰译、校，上海古籍出版社2011年版，第14页。
④ 《诗经·商颂·殷武》，中华书局2015年版，第828页。
⑤ 《诗经·大雅·下武》，中华书局2015年版，第618页。
⑥ 《诗经·大雅·江汉》，中华书局2015年版，第722页。

而来。风、云、丰收、灾难、疾病或异族侵袭等，并非直接发生在商城，它们经由四方而至中心——商。因此，它们来的方向成为重要的占卜对象。通过四方概念，商接受帝之意愿，以及沟通受帝派遣、由四方而来的自然力量、神灵；这些由四方而来的力量和神灵成为帝与商人之间的中介或使臣。"①其中，第一类，与四方之神所联系的是自然现象、来自外部的纳贡和侵袭、保佑风雨和丰收，等等。如，王占曰："有祟! 八日庚戌，有各云自东，宦母。昃，亦有出虹自北，饮于河。"②第二类媒介是厄运，厄运受帝派遣，经由四方，带来祟、祸等不祥之物，"癸酉贞：旬有祟自东来祸；癸酉贞：旬有祟自南有来祸"③。第三类从四方取道而来的媒介是"来访、纳贡，以及来自商外（异族）的侵害，这些外来活动、冲击被称为'来'。一个特殊意义的'来'是外来的访问和纳贡"，包括象征性的和物质性的。进贡的内容包括龟、草料、齿、妇女、羌虏、犬、木，等等，这些"在我们看来是政治、经济行为的纳贡，被商人视为帝的意志体现"④。王固曰：其自东来⑤；有来自南以龟⑥；丙申卜古贞：有来自西⑦；韦贞：有来自北⑧。第四类从四方来的媒介是：福佑、雨以及丰年。因而，四方的概念与中心的概念密切结合在一起。董作宾认为，"商人世界的中心是商祖先居住的都城，而不是商王们屡屡迁移的政治中心所在地。"⑨这样"四方和中心形成一个结构整体，一个三维宇宙观。一方面，中心在每一维都是通过四方来定义、明确的：政治中心'我'通过'方'或'多方'来突出、体现；地域中心'祖先都城'由四土来围衬。另一

---

① 王爱和：《中国古代宇宙观与政治文化》，[美]金蕾译，徐峰译、校，上海古籍出版社2011年版，第52页。
② 郭沫若主编：《甲骨文合集》，中华书局1982年版，10405b、10406b。
③ 《小屯南地甲骨》，中华书局1980年版，2446。
④ 王爱和：《中国古代宇宙观与政治文化》，[美]金蕾译，徐峰译、校，上海古籍出版社2011年版，第54页。
⑤ 郭沫若主编：《甲骨文合集》，中华书局1982年版，914b。
⑥ 郭沫若主编：《甲骨文合集》，中华书局1982年版，7076a。
⑦ 郭沫若主编：《甲骨文合集》，中华书局1982年版，7112。
⑧ 郭沫若主编：《甲骨文合集》，中华书局1982年版，712a。
⑨ 董作宾：《董作宾先生全集》第9卷，艺文印书馆1977年版，第12页。

方面,在此宇宙观中,四方依靠中心才成为一个多层次的宇宙观,在这多层次宇宙观中,中心即王族祖先。商王通过中心,以祭祖为渠道,以巫师为助手,以祭祀仪式为具体手段,独揽了与天地沟通的权力"①。

虽然周人用天命的概念削弱和瓦解了商人先祖的权威,但是他们并没有否定祖先在宗教和宇宙观上的中心性。相反,周王也把他的统治权构筑在自己王族的宇宙中心基础上。《大雅·文王》云:"文王在上,于昭于天。……文王陟降,在帝左右"②;《大雅·皇矣》曰:"监观四方……乃眷西顾"③;《尚书·洛诰》云:"乱为四方新辟,作周恭先。曰其自时中乂,万邦咸休,惟王有成绩。"④也就是说,只有占据中心、统辖四方才算得上真正的王。商的四方包括自然、鬼神、异族力量等,周的四方则是"天下",不仅成为专表政治地域的概念,还意指"天命无所不及之处",这样天下便含括了"万邦"。周王上承天命,位于宇宙之中心,分散在"四方"的万邦,因而为中心的延伸,与中心性质相同,并服从于中心。这样一种秩序观引导周人通过杀伐征掳,不断地将异族纳入由"中心"延伸出来的政治秩序之下。完成这一秩序建构的方式是,以军事力量作后盾,在征服地建立实施王朝中心的等级秩序的权力机构,周王通过特定仪式册封诸侯以统辖这些地区。这样,四方—中心的宇宙观既是一种概念,也是一种政治现实。周王成为连接天地和臣服四方的枢纽,王都成为中心,次等、附属、边缘区域为四方,形成了四方—中心的秩序结构。如此,周人通过"把代表异族力量的四方概念转变成为王所拥有的版图,从而加强了王和王族的中心性,通过四方的臣服而不是他们的异类,来定义周氏族的中心性"⑤。这可以从《大

① 王爱和:《中国古代宇宙观与政治文化》,[美]金蕾译,徐峰译、校,上海古籍出版社2011年版,第67页。
② 《诗经·大雅·文王》,中华书局2015年版,第577页。
③ 《诗经·大雅·皇矣》,中华书局2015年版,第602页。
④ 《尚书·周书·洛诰》,中华书局2012年版,第238页。
⑤ 王爱和:《中国古代宇宙观与政治文化》,[美]金蕾译,徐峰译、校,上海古籍出版社2011年版,第92页。

雅·皇矣》窥见一斑："是致是附，四方以无悔……是伐是肆，是绝是忽，四方以无拂"①。因而，周人的宇宙观是把与四方相对应的中心定位在王身上，正是"王——他的身体、他垄断的与神交际的通道、他与上下沟通的能力——构成了中心性。这一贯穿多层宇宙间的中心性令王对四方的统治合法。"②这样，王的身体成为王室独占祭祀天帝的权力和使四方归服的"枢纽"了。与此同时，与神界进行沟通和联系，是王的权威的来源，是促成王的中心地位的根源。只有控制了这样一个富含政治性、宗教性以及宇宙的中心，周人才在真正意义上拥有了天命，周王才拥有了合法的天命身份。

（二）阴阳五行关联性宇宙观的发展

随着阴阳五行学说的发展，其一定程度上的辩证性弥补了四方—中心宇宙观的不足，二者逐渐走向结合，形成了以阴阳五行为基础的相互关联的宇宙观。这一宇宙观将四方和中心与金、木、水、火、土相对应，相生相克、相互影响、循环往复、不断演化，以此建构一个含括宇宙观物的世界图式。自战国末期，这一宇宙观不断发展变化，成为古人理解世界、认识世界的基本框架，也是塑造世界秩序的核心因素。

随着生产的发展，王的官吏不断增多，神圣性不再由王和王族独占，开始分散到新兴的政治势力身上，这些势力都力争在关联性宇宙观中作出自己的阐述，他们不仅通过占卜、祭祀、墓葬、建筑、礼器等来展现其宇宙观，还以文字的形式更为明确地阐述这一观念。他们对宇宙秩序的阐述分享了王的神圣性。他们在"各自的专业用这些关联类别为新君主服务之际，他们发明的天、地、人直接关联的方法技术取缔了君王对通神的专断"③，

---

① 《诗经·大雅·皇矣》，中华书局2015年版，第611页。
② 王爱和：《中国古代宇宙观与政治文化》，[美]金蕾译，徐峰译、校，上海古籍出版社2011年版，第93页。
③ 王爱和：《中国古代宇宙观与政治文化》，[美]金蕾译，徐峰译、校，上海古籍出版社2011年版，第101页。

在不同程度上，降低了王对神权的垄断性。其中，巫师、星官、方士、占卜等掌管宗教的礼仪人员以宗教礼仪的独占来实现对王的神圣的分享，官僚和地方行政人员通过历书、式盘、图标等的制作来实现这一分享。文人则通过对文字的解释和使用的垄断性来实现这一分享。之所以能实现对王权神圣性的分享，在于他们通过改变"商周时期的宇宙观和礼仪传统"，"发明各种与神界交流的占测技术"①，使宇宙万物建立了直接的关联。在这些对宇宙秩序进行阐释的群体中，最为重要的是文人。他们将不同群体对宇宙秩序的认识加以系统化、哲学化和综合化，以服务于日益集中的王权需要。文人们将礼仪、医学、历法、占星术、军事以及政治话语整合为一个相互联系、相互影响的话语体系，这一体系开始支配政治、社会、经济的众多层面。这种统一的宇宙观进一步"消除了统治者与神界沟通的个人媒介作用，将无限的未知的超凡世界和神力置于一个包罗万象的、连贯整合的关联系统影响、控制之下"②，它为秦作为统一帝国的建立提供了思想基础。这样一来，"宏观宇宙——'天'——完全控制了微观宇宙——君，君王的身体成了宏观宇宙内在秩序的载体和体现。将君王彻底臣属于宇宙系统，最终完成了君权的概念彻底变化。两千年来的血缘世袭君王是建立在祖先崇拜基础之上，商王和周王作为生人和先祖之间的联系的中枢统治四方；而地缘政治的天子则是建立在关联宇宙观之上，皇帝作为宇宙秩序的人间代表对凡界进行统治"③。皇帝要遵循体现了宇宙秩序的礼仪，以实现其统治。

《汉书·五行志》阐述了天人之道，以自然界的灾异来阐明天人感应，由此塑造出一个宇宙——社会秩序。这一方面为阴阳五行学说的发展奠定了重要基础；一方面为文人士大夫们以阴阳五行学说改造四方—中心宇宙观，

---

① 王爱和：《中国古代宇宙观与政治文化》，[美]金蕾译，徐峰译、校，上海古籍出版社2011年版，第103页。
② 王爱和：《中国古代宇宙观与政治文化》，[美]金蕾译，徐峰译、校，上海古籍出版社2011年版，第154页。
③ 王爱和：《中国古代宇宙观与政治文化》，[美]金蕾译，徐峰译、校，上海古籍出版社2011年版，第153页。

使之适应新的社会现实,尤其是秦汉以后适应"君权神授"理论提供了重要前提。

阴阳学与五行学说的结合,瓦解了四方—中心的宇宙观,建构了一种宇宙万物持续互动的关联宇宙观。阴阳五行学说摒弃了四方—中心宇宙观中中心由于垄断与天人沟通而享有的绝对等级性,将宇宙万物视为一个持续互动、相生相克的无限循环。阴阳五行学说对时间秩序和空间秩序进行了重构,在时间秩序方面,以十天干、十二地支演化出循环往复的时间结构。在空间秩序方面,四方—中心所建构起来的中心和边缘的空间秩序变成了五种力量所形成的空间单位循环往复的互动,中心不再具有绝对的、永恒的神圣性。如《左传·昭公三十二年》曰:"物生有两、有三、有五、有陪贰。故天有三辰,地有五行,体有左右,各有妃耦,王有公,诸侯有卿,皆有贰也。天生季氏,以贰鲁侯,为日久矣。……社稷无常奉,君臣无常位,自古以然。"[1]从这里可以看出,王不再是永恒的、拥有绝对权威的中心,而是受到宇宙秩序支配的,由王所延伸出来的权力权威及其机构的运行同样如此。《左传·昭公二十五年》曰:吉也闻诸先大夫子产曰:"'夫礼,天之经也,地之仪也,民之行也。'天地之经,而民实则之。则天之明,因地之性,生其六气,用其五行。气为五味,发为五色,章为五声,淫则昏乱,民失其性。……为夫妇外内,以经二物;为父子、兄弟、姑姊、甥舅、昏媾、姻亚,以象天明;为政事、庸力、行务,以从四时;为刑罚威狱,使民畏忌,以类其震曜杀戮;为温慈惠和,以效天之生殖长育。"[2]也即是说,祭祀是为了遵循阴阳、天地之间带有等级性、尊卑性的秩序,而不再仅仅是为了纪念先祖。因而,四方—中心的宇宙观与阴阳五行学说的结合,被赋予了金、木、水、火、土诸元素,原来相对静止的、分割的因素变得相生相克、生生不息。

邹衍作为五行学说的集大成者,将五行学说与儒家伦理相结合,试

---

① 《左传·昭公三十二年》,中华书局2012年版,第2078—2079页。

② 《左传·昭公二十五年》,中华书局2012年版,第1967页。

图以道德权威来限制王权，这意味着"统治不是建立在武力征服或统治者的个人野心之上，而是取决于道德权威，即天之命或宇宙之运的认可"①。陆贾有了更为系统的论述，《新语》曰："传曰：天生万物，以地养之，圣人成之。功德参合而道术生焉。故曰：张日月，列星辰，序四时，调阴阳，布气治性，次置五行。"②也即是说，使天、地、人相互关联的宇宙观是天之道德价值的具体呈现。在其宇宙观中，"天是道德意识和秩序的终极之源。人不再是暴力的机械相克的实行者，而是以内在德性完成天之道德的积极媒介。这种至高无上的道德力量，而非武力，才是宇宙运行和人类发展的根本动力。"③这样，皇权秩序的基础是"道德力量"而非"物质成就"。董仲舒系统地阐述了"天人感应"学说，《天人三策》曰："天令之谓命，命非圣人不行……是故王者上谨于承天意，以顺命也"，"天之所大奉使之王者，必有非人力所能致而自至者，此受命之符也。天下之人同心归之，若归父母，故天瑞应诚而至。《书》曰'白鱼入于王舟，有火复于王屋。流为鸟'，此盖受命之符也。"④可见，皇帝的权威受到天的意志限制，顺承天意可治"万世"，违背天意即会遭受"天谴"。《盐铁论》曰："[金]兵者凶器也。甲坚兵利，为天下殃。以母制子，故能久长"⑤，"天道好生恶杀，好尚恶罪，故使阳居于实而宣德施，阴藏于虚而为阳佐辅"⑥。《尚书大传》曰："田猎不宿，饮食不享，出入不节，夺民农时，及有奸谋，则木不曲直。弃法律，遂功臣，杀太子，以妾为妻，则火不炎上。治宫室，饰台榭，内淫乱，犯亲戚，侮父兄，则稼穑不成。好战攻，轻百姓，

① 王爱和：《中国古代宇宙观与政治文化》，[美]金蕾译，徐峰译、校，上海古籍出版社2011年版，第169页。
② [西汉]陆贾：《新语通俗读本：刘邦命名的治国之书》，新华出版社2015年版，第7页。
③ 王爱和：《中国古代宇宙观与政治文化》，[美]金蕾译，徐峰译、校，上海古籍出版社2011年版，第117页。
④ [西汉]董仲舒：《春秋繁露·天人三策》，岳麓书社1997年版，第304页。
⑤ 《盐铁论》卷九，中华书局2015年版，第508页。
⑥ 《盐铁论》卷九，中华书局2015年版，第511页。

饰城郭，侵边境，则金不从革。简宗庙，不祷词，废祭祀，逆天时，则水不润下。"①在这里，伏生将五行从物质转变为五种与此相关联的统治的功能和功能失调结果。这样，人类行为日益与宇宙秩序相关，宇宙观在不断的"道德化"。这意味着王如果"失德"就会导致天、人、地关系的失衡，灾厄降于人世。沿循这一思想，汉儒既强调皇权的中心性，又强调其道德的重要性。董仲舒将伏生尚未直接表达出来的思想进一步阐述，提出了天人感应的宇宙观。他在《天人三策》第一策中写道："臣谨案《春秋》之中，视前世已行之事，以观天人相与之际，甚可畏也。国家将有失道之败，而天乃先出灾害以谴告之，不知自身，又出怪异以惊惧之；尚不知变，而伤败乃至。以此见天心仁爱人君而欲止其乱也。"②这里，董仲舒将天人格化了，以灾异警示世人，并以天为本体论之源。为了适应中央集权的需要，董仲舒还提出了"上承天之所为，而下以正其所为"。因而，董仲舒在实质上提出了以"天谴"制约君，使之符合道德要求，但强调了"上"承"天"，"下"顺"上"。这也在实质上强化了以"天"为中心的宇宙秩序和"天子"为中心的现实政治秩序。自汉儒以降，中国古代的关联性宇宙图式基本定型，其间，虽然宋明理学将儒释道的本体论加以调和，但是，这种相互关联的宇宙观并未发生实质性改变。这一宇宙观使"天朝上国"的观念一直支配着中国古人的世界意识，及至晚清，这一思想观念仍然根深蒂固。朝贡制度不过是这一观念在现实世界中的呈现，虽然这一制度随着国力强弱而处于不断的变动中，但是，始终受上述思想观念所支配和引导。

（三）古代世界秩序观的人文性

中国古代的宇宙观，既是相互关联、密不可分的，也以德作为"四方"臣服"中心"的前提，这一方面促使古人对现世世界秩序的认知，强调"远

① 朱维铮主编：《中国经学史基本丛书》，上海书店出版社2012年版，第32—33页。
② [西汉]董仲舒：《春秋繁露·天人三策》，岳麓书社1997年版，第304页。

人不服，则修文德以来之"；一方面强调"四海之内皆为兄弟"。这一思想倾向塑造了中国人在理解和塑造世界秩序的过程中，崇尚和平，尊重价值观差异，并试图寻求一个大同社会的实现。

中国古代的先贤从其所生活的经验和中国的历史实践出发，思考人类社会的命运，不同的思想家或思想流派都从自身对人类社会的理解出发，描述了理想社会的状态。这一状态，虽然在具体设想上有所不同，但基本的方向或状态具有一致性，即建构出一个无征伐、无饥荒、无动荡、讲信修睦、各司其所、其乐融融的大同世界。《礼运》云："大道之行也，天下为公。选贤与能，讲信修睦，故人不独亲其亲，不独子其子，使老有所终，壮有所用，幼有所长，矜寡孤独废疾者皆有所养。男有分，女有归。货恶其弃于地也，不必藏于己；力恶其不出于身也，不必为己。是故谋闭而不兴，盗窃乱贼而不作，故外户而不闭，是谓大同"①。《有始览·有始》云："天地万物，一人之身也，此之谓大同。"②儒家从其崇德尚礼的核心思想出发，希冀通过儒家伦理道德的普遍践履，实现一个政治方面天下为公、大道盛行、贤能为政，社会方面老有所终、幼有所教、孤寡有所养、夜不闭户、讲信修睦的大同世界。道家则希望整个社会停留在小国寡民的原始社会时期，没有文字、技术的发明所带来的弊端。老子曰："至治之极。甘美食，美其服，安其居，乐其俗，邻国相望，鸡犬之声相闻，民至老死不相往来"③。《盗跖》云："神农之世，卧则居居，起则于于。民知其母，不知其父，与麋鹿共处，耕而食，织而衣，无有相害之心。此至德之隆也。"④这是希望整个社会处于相对静止、安宁、缓慢的状态，人与人、国与国之间，老死不相往来、相安无事，以维护一个没有名利、没有争夺、没有毁灭的理想世界。墨家则从其"兼相爱"的核心思想出发，使强弱、贫富、贵贱部分主次的被

① 《礼记·礼运》，上海三联书店2013年版，第120页。
② 《吕氏春秋·有始览》，中华书局2011年版，第374页。
③ 《老子·第八十章》，中华书局2012年版，第299页。
④ 《庄子·盗跖》，中华书局2010年版，第508页。

兼爱，实现一个"天下之人皆相爱"的理想世界。《兼爱中》云："天下之人皆相爱，强不执弱，众不劫寡，富不侮贫，贵不敖贱，诈不欺愚"①；《非乐上》云："兴天下之利，除天下之害，将以为法乎天下。利人乎，即为；不利人乎，即止"②。可见，无论是儒家，还是道家，抑或是墨家，都期待一个无征伐毁灭、无贫富等差、无荣辱失利，又男耕女织、衣食无忧、其乐融融的理想世界。这种思想可见之于杂糅了多家思想的《抱朴子》中，《诘鲍》曰："穿井而饮，耕田而食，日出而作，日入而息，泛然不系，恢尔自得，不竞不营，无荣无辱，山无蹊径，泽无舟梁。川谷不通，则不相并兼；士众不聚，则不相攻伐。"③这种思想自春秋以降，贯穿于整个中国古代社会，甚至在晚清的康有为那里，还闪烁着这一思想的影子。康有为在《大同书》中云："夫大同太平之世，人类平等，人类大同，此固公里也"④。

"尚和合"是贯穿于古代中国人世界秩序观中，也是中国所力主塑造的世界秩序中呈现出的重要特征。这一思想源自中国人对"天道"的认知，认为天之道，以"和"为贵，故人伦亦如是。《虞书·尧典》云："诗言志，歌永言，声依永，律和声。八音克谐，无相夺伦，神人以和"⑤。"神人以和"才有声律的和谐动听，表明"和"是音律的基本规律。在古人看来，音律蕴含了人类社会的基本秩序，"和"作为音律的基本规律便自然而然被引申到人类社会的秩序当中。《周语下》曰："夫政象乐，乐从和，和从平。声以和乐，律以平声"⑥。《郑语》曰："夫和实生物，同则不继。以他平他谓之和，故能丰长而物归之。"⑦在这里，"和"不仅是音律优美必须遵循的规则，也是"生物"有序生长所应遵循的基本规则。儒家将这一思想进一步引申，将"和"

① 《墨子·兼爱中》，中华书局2015年版，第125页。
② 《墨子·非乐上》，中华书局2015年版，第273页。
③ 《抱朴子·诘鲍》，中华书局2013年版，第996页。
④ 《康有为全集》第7集，中国人民大学出版社2007年版，第45页。
⑤ 《尚书·尧典》，中华书局2012年版，第28页。
⑥ 《国语·周语下》，中华书局2013年版，第137页。
⑦ 《国语·郑语》，中华书局2013年版，第573页。

视为宇宙万物秩序的基本状态，自然规律的内在体现和要求。《学而》曰：
"礼之用，和为贵。先王之道，斯为美，小大由之。有所不行，知和而和，不
以礼节之，亦不可行也"①；《天论》曰："万物各得其和以生，各得其养已
成"②；《吕氏春秋·有始览》将此进一步引申，其云："类固相召，气同则
合，声比则应。鼓宫而宫动，鼓角而角动。平地注水，水流湿；均薪施火，火
就燥；山云草莽，水云鱼鳞，旱云烟火，雨云水波，无不皆类其所生以示人。
故以龙致雨，以形逐影。师之所处，必生棘楚。祸福之所自来，众人以为命，
安知其所"③。这里不仅指出了"和"的必然性，也指明了非"和"之祸。在
以"天道"喻"人伦"的传统文化中，"和"自然是理想世界秩序的基本状
态，成为先哲塑造现实秩序的基本主张。《尧典》云："克明俊德，以亲九
族。九族既睦，平章百姓。百姓昭明，协和万邦"④；《左传·定公十年》曰：
"裔不谋夏，夷不乱华，俘不干盟，兵不逼好"⑤。可见，仁政是儒家实现
其政治理想的重要途径，这一主张贯穿于其思想发展始终。这一途径不仅
适用于内部，也适用于夷夏之间，希冀以仁德而使天下归附，如《论语·宪
问》曰："桓公九合诸侯不以兵车，管仲之力也。如其仁，如其仁"⑥。孟子
更是在其论述中多次强调以仁政使天下归顺的主张，《公孙丑下》曰："得
道者多助，失道者寡助。寡助之至，亲戚畔之；多助之至，天下顺之。以天下
之所顺，攻亲戚之所畔；故君子有不战，战必胜矣"⑦；《离娄上》曰："争
地以战，杀人盈野；争城以战，杀人盈城。此所谓率土地而食人肉，罪不容
于死。故善战者服上刑，连诸侯者次之，辟草莱、任土地者次之"⑧。荀子

① 《四书五经》，岳麓书社2002年版，第18页。
② 《荀子·天论》，江苏人民出版社2019年版，第330页。
③ 《吕氏春秋·有始览·应同》，中华书局2011年版，第377页。
④ 《尚书·尧典》，中华书局2012年版，第5—6页。
⑤ 《左传·定公十年》，中华书局2012年版，第2172页。
⑥ 《论语·宪问》，中华书局2006年版，第213页。
⑦ 《孟子·公孙丑下》，江苏人民出版社2019年版，第65页。
⑧ 《孟子·离娄上》，江苏人民出版社2019年版，第136页。

也强调不战而胜、以仁治天下的政治理想,《王制》云:"故不战而胜,不攻而得,甲兵不劳而天下服"①。老庄同样将和平视为遵循"道"的要求的体现,《老子》第三十一章曰:"夫兵者,不祥之器,物或恶之,故有道者不处。君子居则贵左,用兵则贵右。兵者不祥之器,非君子之器,不得已而用之,恬淡为上,胜而不美,而美之者,是乐杀人。夫乐杀人者,则不可得志于天下矣。吉事尚左,凶事尚右。偏将军居左,上将军居右。言以丧礼处之。杀人之众,以悲哀莅之,战胜以丧礼处之"②,并明确提出了"大邦"与"小邦"打交道以和为贵的主张,《老子》第六十一章曰:"大邦者下流,天下之牝,天下之交也。牝常以静胜牡,以静为下。故大邦以下小邦,则取小邦;小邦以下大邦,则取大邦。故或下以取,或下而取。大邦不过欲兼畜人,小邦不过欲入事人。夫两者各得所欲,大者宜为下"③。庄子同样提出了反对用"兵",以"无兵""恶器""爱民"等反对武力、以和为贵的思想。《杂篇·徐无鬼》曰:"欲见先生久矣!吾欲爱民而为义偃兵,其可乎?"徐无鬼曰:"不可。爱民,害民之始也;为义偃兵,造兵之本也。君自此为之,则殆不成。凡成美,恶器也"④。《杂篇·列御寇》曰:"圣人以必不必,故无兵;众人以不必必之,故多兵。顺于兵,故行有求。兵,恃之则亡。"⑤因而,这种寻求"无兵""恶器""爱民"的"尚和合"思想,成为中国文化的底色,支配着中国人对世界秩序的理解和追求,并一直延续至今。

在诸多文明影响下的王朝或帝国扩张过程中,不仅主张以血腥的武力征伐对方,或者将其消灭,或者使其臣服,还往往将对方风俗习惯或信仰视为愚昧、"异教徒",通过传播自身风俗习惯和信仰,以改变征服者。但中华文明"尚和合"的思想,在处理夷夏关系时,既主张以和为贵、反对征

① 《荀子·王制》,江苏人民出版社2019年版,第150页。
② 《老子·第三十一章》,中华书局2012年版,第119页。
③ 《老子·第六十一章》,中华书局2012年版,第243页。
④ 《庄子·杂篇·徐无鬼》,中华书局2010年版,第405页。
⑤ 《庄子·杂篇·列御寇》,中华书局2010年版,第554页。

伐杀戮，又主张通过道德使其归顺，并且不改变其风俗习惯和宗教信仰。《礼记·王制》云："修其教，不易其俗；齐其政，不易其宜。中国戎夷，五方之民，皆有其性也，不可推移"①。这里提出了贯穿中国对外关系的重要思想，不"易其俗"、不"易其宜"、不移其"性"，也即是说对待夷狄，不改变其风俗习惯和信仰，通过"修其教""齐其政"来使其臣服。《公羊传·昭公二十三年》云，"不与夷狄之主中国也。然则曷为不使中国主之，中国亦新夷狄也"②。既不使夷狄"主中国"，又不使"中国主之"，既要防止"中国"因夷狄之强而被攻陷，也要在使夷狄臣服的前提下，尊重其风俗习惯及其政治精英管理其地方的权力。孔子主张对夷狄行仁德，以仁德使其臣服。《八佾》云："夷狄之有君，不如诸夏之亡也。"③夷狄之"有君"之所以不如诸夏之"亡也"，在于诸夏有"德"、知"礼"，而夷狄则无，所以前者"优"于后者。《子罕》云："子欲居九夷，或曰：'陋，如之何？'子曰：'君子居之，何陋之有'"④。夷狄之所以"陋"，源于缺少"君子"，亦即缺少"德"和"礼"。所以，《季氏》曰："故远人不服，则修文德以来之。"⑤从这里可以看出，在孔子看来，夷夏之别在于"德"与"礼"，所以，修文德使夷狄咸服，而不兵戈加之。处理夷狄的方式是处理内政方式的延伸，因而，对于四处游说君主实施仁政的孟子而言，对待夷狄更强调"仁政"。《滕文公上》曰："吾闻用夏变夷者，未闻变于夷者也"⑥。《滕文公下》曰："'汤始征，自葛载。'十一征而无敌于天下。东面而征，西夷怨；南面而征，北狄怨，曰：'奚为后我？'民之望之，若大旱之望雨也"⑦。作为儒家的集大成者，并将儒家推向"独尊"的董仲舒，仍然强调以仁德归服夷狄的思想。《春秋繁露·竹

---

① 《礼记·王制》，上海三联书店2013年版，第99页。
② 《春秋公羊传·昭公二十三年》，中华书局2016年版，第663页。
③ 《四书五经》，岳麓书社2002年版，第20页。
④ 《四书五经》，岳麓书社2002年版，第33页。
⑤ 《四书五经》，岳麓书社2002年版，第51页。
⑥ 《孟子·滕文公上》，江苏人民出版社2019年版，第95页。
⑦ 《孟子·滕文公下》，江苏人民出版社2019年版，第112页。

林篇》云，"《春秋》之常辞也，不予夷狄而予中国为礼，至邲之战，偏然反之，何也?《春秋》无通辞，从变而移。今晋变而为夷狄，楚变而为君子，故移其言而从事。"①意为，一国或一族是夷狄或是君子取决于对《春秋》仁政思想的实施。《春秋繁露·仁义法》云，"故王者爱及四夷，霸者爱及诸侯，安者爱及封内，危者爱及旁侧，亡者爱及独身。独身者，虽立天子、诸侯之位，一夫之人耳，无臣民之用矣。"②可见，在董仲舒看来，只有爱及四夷，才能成为王霸之业，才能安及封内，才能成就天子之位。《春秋繁露·精华》云："春秋慎辞，谨于名伦等物者也。是故小夷言伐而不得言战，大夷言战而不得言获，中国言获而不得言执，各有辞也。有小夷避大夷而不得言战，大夷避中国而不得言获，中国避天子而不得言执，名伦弗予，嫌于相臣之辞也。是故大小不逾等，贵贱如其伦，义之正也。"③这里，董仲舒表达了几层意思，夷夏有别，分等级，遵循"君""臣"之礼，是正义。这一思想一直贯穿于中国的对外关系中，使中国的王朝无论其武力如何强大，也没有出现对外不停地扩张。

二、晚清中国的世界意识

马可波罗在元朝的时候到了中国，利玛窦等在明朝的时候到了中国。他们虽然在一定程度上给封闭的中国带来了世界的全景和西方科学技术的部分知识，但只是作为外夷的一部分被看待，并没有冲击"天朝上国"的世界秩序观。随着鸦片战争的爆发，一系列不平等条约签订，中国陷入列强的瓜分之中，建立在文化优越感和等级秩序基础上的世界秩序观在不断的战败和民族存亡面前，逐渐趋于瓦解。在此背景下，开明的士大夫和官僚开始

① [西汉]董仲舒：《春秋繁露·竹林篇》，岳麓书社1997年版，第27页。
② [西汉]董仲舒：《春秋繁露·仁义法》，岳麓书社1997年版，第143页。
③ [西汉]董仲舒：《春秋繁露·精华》，岳麓书社1997年版，第46页。

以帝国主义、强国和弱国、进化论等思想观念认识现代世界体系以及中国在这一体系中的位置。与此同时，国人也开始学习西方的先进技术和政治制度以挽救民族危机。晚清的对外关系史充满了累战累败、不断屈辱求和的悲观色彩，但在一定程度上避免了领土被完全瓜分、国家陷入四分五裂的危险局面。

（一）中国传统世界秩序观的变革

如前所述，中国的世界秩序观是由其宇宙观延伸而来，由四方—中心的宇宙观形成了以中国为中心的"天朝上国"的世界秩序观，至晚清时期，在与列强交战中可谓"累战累败"，不仅藩属国成为殖民地，清朝也被列强所瓜分，朝贡制度瓦解，建立在文化优越基础上的"天朝上国"观念也受到冲击。在此背景下，中国传统世界秩序观趋于瓦解，围绕着帝国主义、均势、进化论等，形成了现代意义上的世界秩序观。

在鸦片战争之前，清朝所实施的对外制度是朝贡制度，有华夏与夷狄之别，中国自居"天朝上国"，中国以外的国家往往被描述为"蛮夷""夷狄""藩国""戎"，等等。明朝虽然将西方传教士称为"泰西"，为夷狄之一部分，且用语较少。第二次鸦片战争以后，"泰西""西洋诸多"的用语增多，表明延续下来的夷夏之别的世界秩序观在逐步瓦解。薛福成认为，中国由"华夷隔绝之天下，一变为中外联属之天下"[1]。从这里可以看出，在晚清的知识分子观念中，夷夏的等级秩序逐步转变为对等的国与国之间的关系。郑观应更是进一步指出，"夫地球圆体，既无东西，何有中边。同居覆载之中，奚必强分夷夏"[2]。从这里可以看出，由商周形成的四方—中心观念也开始瓦解。这也可从当时的报纸中窥见一斑，《申报》说，"西欧列邦，出其全力，约纵连横，冀与俄抗然"[3]，"今天下时势一如战国，战国之世

---

[1] 丁凤麟、王欣之编：《薛福成选集》，上海人民出版社1987年版，第555页。
[2] 夏东元编：《郑观应集》上册，上海人民出版社1982年版，第67页。
[3] 《论英俄不治非中国之福》，《申报》1898年8月14日。

将以兵战，士以舌战"①，"时局又与春秋相仿"②，等等。在甲午战争之后，战败的残酷现实，使国人开始思考技术的劣势，并开始将现代工业强国称为列强。如"弱肉强食之世界"③，"今日为列强角逐之世界"④。山本吉宣认为，"古代国际关系在空间上局限于一定地域性文明圈，在时间上则限制于必要的接触，缺少常设性的关系。"⑤中国古代的世界秩序观实质上局限于其周边，属于地域性的。晚清以来，世界秩序观的变革开始由地域性变为世界性的。如《大公报》刊文曰："所谓世界大同，万物一体者"⑥，"今之天下将有大一统之象，无处不互有关系。精于外交者，反世界一动一静，无不随时注目，以潜窥其用意"⑦；《申报》评论道："处兹四海大通之世，一言一动皆惹他人之注目，一进一退实关国际之位置"⑧。

这一时期，随着世界秩序观的改变，一些明智之士逐步走出以天朝上国为中心所形成的朝贡体系的认识，开始客观理性地看待现代世界体系。这首先可从对帝国主义一词的认知和阐释当中看出。《开智录》曾发文对帝国主义作了详细阐述，"帝国主义之名，何自昉乎？乃起于当时拿破仑党之欲谋恢复帝政，故称其为Imperialism（Opiniondesim-perialistes），此真帝国主义也。至今日之所谓帝国主义也，侵略主义也。总而言之，今世界之帝国主义，实狄塔偏DickTurpin主义，即强盗主义也"⑨。《湖北学生界》刊文指出，"帝国主义者何？即野蛮人开发土地富源之能力，文明人必须代为开拓之；又曰优等人种虐待劣等人种，为人道之当然着是也。各国挟此主义

① 《阅报纪俄人之论有感而书》，《申报》1898年1月19日。
② 《论俄法同盟为德国所忌》，《申报》1898年10月28日。
③ 《论二十世纪竞争败胜之总原因及中国于世界之上位置》，《东方杂志》1907年第8期。
④ 《中国外交家注意》，《大公报》1905年3月30日。
⑤ [日]山本吉宣编：《国际政治理论》，王志安译，上海三联书店1993年版，第13页。
⑥ 《陆星使密奏书后》，《大公报》1908年4月1日。
⑦ 《警告中国外交家》，《大公报》1904年8月16日。
⑧ 《论中美联盟之机会》，《申报》1911年5月29日。
⑨ 张枬、王忍之编：《辛亥革命前十年间时论选集》第1卷上册，生活·读书·新知三联书店1978年版，第53页。

如贪狼恶虎，四处搜索，不顾天理，不讼公法，而惟以强权竞争为独一无二之目的，杀人如草不闻声，此帝国主义之本领也"①。《外交报》所刊登的《论世界政策》一文，对世界政策的内涵作了阐述，"'世界政策'，原文作Weltpelitik，德人最所喜用新词也，此字创见未久，其解说言人言殊，与所谓Imperialism译为帝国主义者相似，或谓殖民，或谓保商，或谓侵袭工业，或云扩充属土，甚有谓此数端者"②。这些论述表明，中国人开始突破"朝贡""天朝上国""夷夏"等的认识，认识到了以"泰西"诸国为主体、以现代工业发展为基础、以现代化的枪炮为工具、以殖民扩张为目的的现代世界体系。不仅如此，《新民丛报》还阐述了民族帝国主义这一概念，"民族帝国主义者何？其国民之实力，充于内而不得溢于外，于是汲汲焉求扩张权力于它地，以为我尾闾，其下手也，或以兵力，或以商务，或以工业，或以教会，而一用政策以指挥调护之是也"③。《通学报》则指出，"二十世纪以来，白色人种挟其民族帝国主义，各以吾国为几上肉"④。这里还在一定程度上认识到民族主义的存在及其在帝国主义扩张过程中的作用。同时，国人也开始对这一体系下的世界局势有了相对理性的认识，认识到中国只是众多国家当中的一员，而且认识到了世界局势处于一种类似中国春秋战国时期的那种无秩序状态。总的看来，"帝国主义""强权""协约""同盟"等词语在清末的流行，表明中国传统国际观念"已经走向崩溃，近代国际观念在逐渐占据主导地位"⑤。

对现代世界体系的认识，也在不同程度上促使中国人认清自身在现代世界体系中的位置。这一时期，一方面中国在与帝国主义的战争中，签订了一系列不平等条约，国家主权丧失，大片领土被侵占；另一方面，西学传播

① 《论中国之前途及国民应尽之责任》，《湖北学生界》1903年第3期。
② 《论世界政策》，《外交报》1903年总第34期。
③ 《新民说》，《新民丛报》1902年第1期。
④ 《论政府近日之政策》，《通学报》1907年总第36册。
⑤ 任云仙：《清末报刊评论与中国外交观念近代化》，人民出版社2000年版，第53页。

加速，魏源、严复等人翻译了有代表性的西方著作。这些都为国人客观理性地认清中国在现代世界体系中的位置以及与帝国主义国家的关系提供了前提。受进化论思想的影响，国人首先是认识到了现代世界变迁的基本趋势，认识到了不同国家处于竞争当中，国家之间沿循生物进化的基本规律，中国处于竞争的国际关系当中，遵循"优胜劣汰"法则，面临在军事、经济上有优势的帝国主义国家的压迫。《东方杂志》刊文指出，"二十世纪之国际竞争尤为激烈"①，《大公报》则指出，"盖优胜劣汰者，天演之公例，强存弱亡者，世界之常情"②，《申报》刊载评论道，"强权之世，强国有公法，弱国无公法；强国可以援和约以均沾利益，弱国不能援和约以抵制要求；强国着着争先，不妨有非分之觊觎；弱者步步落后，每苦于因应之无方。强存弱网，优胜劣汰，固天演之公里使然也。"③随着这种优胜劣汰的进化论思想在中国逐渐传播，国人开始以之思考中国与世界诸国尤其是与帝国主义国家的关系。正如《东方杂志》刊文所指出："自吾国士夫歆新学，读译籍，得天之说，于是'物竞天择'、'优胜劣败'、'自然淘汰'、'适者生存'等语，遂宣传于学子之口。而报纸之论说、青年之课文，或开卷以此为大前提，或结论以此为总段案。其学说播布之广，殆非讨论"④。在此背景下，《新民丛报》刊文指出："二十世纪之大问题，则中国之兴亡是也。方欧洲内治已定，列强各均势以保平和，于是各移野心于国外，为飞而食肉之举。当非洲、南洋各岛略定之余，而尚有天气温和，物产丰富，土地饶沃，人民柔弱之支那片土，遂视为鼎中之脔，俎上之肉"⑤；《外交报》评论道，"立国于地球之上，而最易惹起国际间之竞争者，易生纷扰者，惟非洲之摩洛哥与跨欧、亚二洲之土耳其及亚洲之中国而已。此三国者，素称为地球上之守旧国，当此

---

① 《论二十世纪竞争败胜之总原因及中国于世界之上位置》，《东方杂志》1907年第8期。

② 《对于英日新协约之感言》，《大公报》1911年7月21日。

③ 《阅本报纪英轮驶鄱阳湖事后》，《申报》1905年5月12日。

④ 《论二十世纪竞争败胜之总原因及中国于世界之上位置》，《东方杂志》1907年第8期。

⑤ 《中国兴亡一问题论》，《新民丛报》1903年总第26号。

国际竞争时代,内政不修,外交不振,其所处地位,又关系欧、亚、非政局之迁移,故为列邦所注目"①。总的看来,中国人开始普遍接受进化论,并在这一思想观念下认识国际关系变迁的基本趋势以及中国在这一趋势中的命运。这一思想的传播也意味着儒家从德、仁、信等伦理道德层面阐述国际局势所面临的衰落,中国的世界秩序观在悄然变革。

(二)向西方学习的开始

战争的失败和一系列不平等条约的签订,民族面临生死存亡的巨大危机,许多开明的士大夫和官僚开始认识到西方的船坚炮利和中国在工业、军事、科技等方面的落后,试图通过洋务运动、发展实业、戊戌变法等途径以实现"富强"。这些尝试,虽然有很多局限,但是对中国的现代化具有重要意义。

第一次鸦片战争结束以后,许多有识之士认识到了中国在军事方面跟西方的差距,因而,纷纷主张向西方学习先进军事技术。其中,以奕䜣、桂良、曾国藩、李鸿章、左宗棠、张之洞等人为代表,被称为"洋务派"。魏源在对世界形势的分析基础上,提出了"师夷长技以制夷"的制夷策略。在《海国图志》中,他指出,攻夷之策二:"曰调夷之仇国以攻夷,师夷长技以制夷"②,"师夷长技以制夷"成为主导洋务运动的核心思想,且"以夷制夷"的外交策略一直延续到民国。不仅如此,魏源还提出了款夷之策:"曰听互市各国以款夷;持鸦片初约以通市"③。曾国藩在与太平军进行斗争的过程中意识到了洋枪洋炮的威力,他在奏稿中说,火车、轮船"可以剿发逆,可以勤远略",为"今日救时之第一要务"④。因而,主张学习西方技术以自强。这一过程中,也存在着强调"恪守成法""圣人古训"、反对革新的

---

① 《论欧亚外交大局之趋势》,《外交报》1909年总第233期。
② (清)魏源:《海国图志》,岳麓书社1998年版,第1页。
③ (清)魏源:《海国图志》,岳麓书社1998年版,第1页。
④ 《曾文正公全集·奏稿》卷十四,中国书店2011年版,第10—11页。

顽固派，他们以倭仁、李鸿藻为代表。倭仁认为，"立国之道，尚礼仪不尚权谋；根本之图，在人心不在技艺"，"以忠信为甲胄，礼仪为干橹"。许多开明的知识分子不仅认识到了军事技术的重要性，也认识到了工商业发展对技术的支撑作用，提出了"求富"的口号。马建忠在其《富民说》中指出，"治国以富强为本，而求强以治富为先"[①]。对于如何求富，在大家所共识的创办实业之外，马建忠还提出了通商以致富的主张，他认为，"若英，若美，若俄，若德，若英属之印度，无不以通商以致富"[②]。薛福成更是看到了"产权"对求富的重要性。他在《筹洋刍议》中说：今中国务本之道，在于"精制造以兴工利。如有能制新奇便用之物，给予凭单，优于赏赐，准独享利息若干年，不许他人仿制，而又酌其资本，代定价值"[③]。在向西方学习思潮的影响下，也有学者注意到了学习西学的重要性。咸丰十一年，冯桂芬写了《校邠庐抗议》一书，主张"制洋器"，并认为，"始则师而法之，继则比而齐之，终则驾而上之，自强之道，实在乎是"[④]。与此同时，冯桂芬还提出"算学、重学、视学、光学、化学等，皆得格物至理"，而"一切西学皆从算学出"[⑤]，因而要"采西学"。李善兰还较为系统地翻译了西方近代的自然科学。传播了笛卡尔的解析几何、耐布尔的对数、莱布尼兹和牛顿的微积分。李善兰和英国传教士伟烈亚力合作，翻译了《几何原本》《重学》《代微积拾级》等。华蘅芳与玛高温、傅兰雅等合译了数学、动物、地学、军事、气象等方面。徐寿翻译了《化学鉴原》《西艺知新》等。

在"师夷长技以制夷"以及"求富"思想的影响下，洋务派创办了一系列近代化的企业。咸丰十一年，曾国藩在安庆建立安庆内军械所，以手工仿制洋枪洋炮。同治元年，李鸿章在上海设立上海洋炮局，手工铸造炮弹。清军

---

① （清）马建忠：《适可斋记言》，中华书局1960年版，第1页。
② （清）马建忠：《适可斋记言》，中华书局1960年版，第1页。
③ （清）薛福成：《筹洋刍议》，辽宁人民出版社1994年版，第114页。
④ 冯桂芬：《校邠庐抗议》，上海书店出版社2002年版，第50页。
⑤ 冯桂芬：《校邠庐抗议》，上海书店出版社2002年版，第55页。

攻陷苏州后，李鸿章在苏州添置一些新式机器，设立苏州制炮局。此后，30多年间，洋务派先后设立了江南制造总局、金陵机器局、福州船政局和天津机器局等，共20多个较大的军工业。同治四年，李鸿章在上海虹口组建了江南制造总局，生产包括机器、轮船、枪、炮弹、炼钢、火药等近代军事设备。为了学习西方军事技术，还设立了学堂、翻译馆。同治四年，李鸿章组建金陵机器局，生产弹药、枪支、大炮等。同治五年，左宗棠在福建筹建福州船政局，建造近代意义上的木壳船。同治五年，恭亲王奕䜣在天津筹建天津机器局，生产火药、洋枪、洋炮等军事用品，并附设水师、水雷、电报学堂。光绪十六年，张之洞在湖北筹建湖北枪炮厂，生产枪、炮、子弹等。在兴建现代军事工业的同时，洋务派还开始建立新式陆军和海军。咸丰十二年，奕䜣奏请清政府设立了神机营，采用洋式方法，演练新式洋枪洋炮。光绪元年，李鸿章和沈葆桢筹建了南洋、福建、北洋三支水师。为了解决军事工业所需要的原料、燃料以及运输等问题，洋务派还相继创办了近代化的企业。同治十一年，由李鸿章主持，在上海筹办了轮船招商局。光绪二年，李鸿章委派唐廷枢筹办了官督商办的开平矿务局。光绪四年，李鸿章委派彭汝琮和郑观应筹建了上海机器织布局。光绪六年，电报总局在天津设立。光绪十六年，张之洞筹办了汉阳铁厂。这些企业一方面对建立现代企业尤其是发展资本主义起到了重要推动作用，同时在一定程度上抵制了西方对中国的经济掠夺。另一方面，这些由于大多是官督商办，封建色彩浓厚，管理效率低下，且对西方具有严重依赖性，既难以实现为军事工业提供原料、燃料和运输的目的，也难以实现"富强"的目的。在洋务派以官督商办创办企业的同时，许多官员、地主、买办、商人也开始投资创办近代化的企业，与洋务派集中在军事、交通和燃料不同，这些企业集中在造船、缫丝、棉纺业、面粉业、火柴，等等。光绪二年，方举赞所初创的打铁作坊已经变为可以造船、生产车床、气锤等产品的船舶制造厂。同治十二年，华侨商人陈启源在广东南海设立第一家机器缫丝厂——继昌隆缫丝厂，至光绪七年，广州、顺德、南海等地的缫丝厂增加到十几家。光绪十二年，买办商人严信厚在宁波创建通久源轧花厂。随后，又有棉利、源记、广德泰等大型的棉纺厂出现。光绪四年，轮船招商局买办朱其昂在天津成立了贻来牟机器磨坊，随后上海裕泰恒火轮面局、福州机器磨坊、北京机器磨坊相继建立。光绪十二年，官绅杨宗濂成立了天津自来火公司。光绪十六年，上海成立了燮昌火柴。这些企业由于官僚资本的挤压、外国资本主义的竞争、官僚的掠夺等，管理经营效率较低。

洋务运动的失败使得人们普遍认识到仅仅依靠武器的革新和官督商办企业的创办，不足以使中国富强起来，也不足以改变中国被帝国主义国家蹂躏的局面。这一过程中，能为军事提供支撑的资本主义的发展受到官僚体制的严重束缚。同时，随着西学东渐的发展，以及许多知识分子通过留学、考察或者阅读西方著作，开始形成了与西方自由主义相近的民权思想。这些一方面促使人们开始从政治制度方面反思造成中国虚弱的原因，寻求变法图强的路径；一方面促使新兴的资产阶级以及具有新式思想的知识分子越来越有必要和动力参与政治。《续富国策》曰："中国官吏之薄待乎商，商之不信其上而疾苦无由上诉也，亦久矣"[1]，因而，时人认为"泰西富强之道，在有议院以通上下之情，而他皆所末"[2]，"泰西各国咸设议院……民以为不便者不必行……民以为不可者不必强……制治固有本也"[3]。基于这种考量，晚清开明的士大夫提出了新政的基本模式，设议院，议员俱由民公举，设立银行，进行借贷，等等。王韬、郑观应等人亦开始介绍西方的君主、民主、"君民共主"制度，郑观应认为，"君主者权偏于上，民主者权偏于下，君民共主者权得其平。"[4]并指出，在中国推行"君民共主"制、议会制，能达到"天下有公是非，亦即有公赏罚，而四海之大，万民之众，同甘共苦，先

---

① （清）陈炽撰：《续富国策·创立商部说》，朝华出版社2018年版，第262—263页。
② 郑振铎编：《晚清文选》，中国人民大学出版社2011年版，第308页。
③ （清）郑观应：《盛世危言》上，朝华出版社2017年版，第82页。
④ 夏东元编：《郑观应集》上册，上海人民出版社1982年版，第316页。

忧后乐，若理一人，上下一心，君民一体，尚何敌国外患之敢相凌辱哉？"①
这些思想虽然不是完全意义上的西方君主立宪、议会制和民主制，但是已
经开始从西方的政治思想观念来审视中国的政治制度。甲午战争以后，西
方列强掀起瓜分中国的狂潮，民族危机日甚，爱国救亡运动也日益高涨。与
此同时，资产阶级不断增加。在此背景下，原来大多停留在著书立说的维新
派开始办学会向社会传播新思想，向清政府"公车上书"以维新思想实行
新政。持有维新主张的粤学会、闽学会、陕学会等纷纷成立。其中最为突出
者是康有为和梁启超。康有为明确提出了三权分立、责任政府、司法独立、
宪法至上等进步性的观点。其指出，"今数十年诸臣所言变法者，率皆略其
一端，而未尝筹及全体，又所谓变法者，须自制度法律先为改定，乃谓之变
法。今所言变者，是变事耳，非变法也。臣请皇上变法，须先统筹全局而全
变之，又请先开制度局而变法律，乃有益也"②，"臣窃闻东西各国之强，皆
以立宪开国会之故。国会者，君与民工议一国之政法也。盖自三权鼎立之说
出，以国会立宪，以法官司法，以政府行政，而人主总之……人主尊为神圣，
不受责任，而政府代之，东西各国皆行此政体，故人君与千百不受责任，
合为一体，国安得不弱？……今变行新法，固为治强之计，然臣窃谓政有本
末，不先定其本而徒从事于其末，无当也。……立行宪法，大开国会，以庶
政与国民共之，行三权鼎立之制，则中国之治强可计日待也"③。

（三）对外关系的转变

第一、二次鸦片战争和甲午战争失败以后，中国成为半殖民地半封建
国家，中华民族陷入被列强所瓜分的危险境地，被迫卷入现代世界体系。
晚清的对外关系发生了重大转变，朝贡制度瓦解、治外法权盛行、藩属国成
为列强的殖民地或直接被列强所侵占，等等，列强所提出的开放商埠、派驻

---

① 夏东元编：《郑观应集》上册，上海人民出版社1982年版，第313—314页。
② 《康有为全集》第4集，中国人民大学出版社2007年版，第424页。
③ 《康有为全集》第4集，中国人民大学出版社2007年版，第424页。

使节、划定租界等不平等的要求，使得对外事务成为晚清统治者日益重要的事务，倒逼着晚清的统治者设置专门的对外机构、转变对外理念。

中国为了谋求对外关系中的稳定，允许具有纳贡关系的外国人在边疆特定区域进行贸易。东印度公司与中国进行贸易的规模不断扩大，出现了越来越多的买办商人。1785年，美国人到达广州，开始了中美贸易。虽然清政府一直禁止鸦片输入，但是台湾地区的商人和葡萄牙商人仍然通过隐蔽的渠道将鸦片输入中国大陆，但是量很小。1822年以后，鸦片走私商通过贿赂当地官员，使得鸦片贸易量大幅增加，截至1836年，输入总额达1800万元。在英国国内由东印度公司垄断和中国贸易的权力，由于诸多商人的请愿、演说、集会等获得了对中国的自由贸易权，对一个有着巨大人口的中国的普遍贸易意愿增加。同时，清朝对外贸易的广泛限制仍然存在。这些问题的存在，使得以鸦片贸易为契机，打开中国市场就有了必要的历史动力。随着鸦片在中国输入的增加，不仅导致白银大量外流，还使得官员和民众意志消沉、道德沦丧、士兵丧失战斗力。面对这些问题，1820年，道光帝曾经为之愤怒，派两广总督阮元查禁鸦片走私，但是，由于暴利的存在，鸦片输入未见明显减少。1838年12月31日，林则徐被任命为钦差大臣。鸦片战争的危害以及道光皇帝的态度，使得林则徐上任伊始便开始禁烟，他逮捕参与鸦片走私的17名广州官员，努力利用行商以影响外商。1839年，林则徐向道光皇帝上书道，"鸦片必须清源，而边衅亦不容轻启"，并查禁和焚烧了大量鸦片。1839年8月15日，林则徐为了逼英军交出林维喜案的凶手，切断了对澳门的农产品补给，随后又封锁了沿海交通线。在这一背景下，英国公使义律试图通过战争维护其鸦片贸易中的利益。同年9月4日，他命令英国舰队开炮击溃中国船队，1840年6月，英军绕过广州占领舟山，8月9日，英军舰队驶向北河口，朝野震惊。随后，琦善同英军举行谈判。琦善向清帝建议以"羁縻"之策，缓解英军带来的危机。1841年8月，璞鼎查率英军在东南沿海开展了大规模军事行动，1842年7月21日，英军占领遏制长江南北漕运的镇江。在战争失败的背景下，1842年8月29日，清政府签订了中国和西方国家的第一个不平等条约——《南京条约》，条约规定开放广州、福州、厦门、宁波、上海五处通商口岸，割让香港岛给英国，补偿英国鸦片损失，释放关押的英国人，在礼节、文书方面实现"平行照会"，等等。1843年，美国派出以顾盛为代表的使团访华，要求面见中国皇帝，企图根据利益均沾的原则，获得中英《南京条约》的诸多权益。1844年7月3日，顾盛与耆英签订了中美《望厦条约》，给予美国领事裁判权、在港口经营权、最惠国待遇以及在中国内地设立教堂医院。1844年8月，法国公使拉萼尼带兵到达澳门，10月24日，耆英与拉萼尼签订了《黄埔条约》，条约规定法国与英美获得领事裁判权和最惠国待遇。

19世纪50年代，随着英、美、法资本主义的发展，需要进一步扩大中国市场，通过特权增加在华利益，于是，他们试图通过修改条约，增加新的特权，获取更多的利益。1854年5月至11月，三国从福州、上海、天津等地，提出修改条约的申诉或建议。1856年10月，广东水师逮捕了"亚罗号"12名船员，该船在香港登记，船员参与海盗行为，且为中国人，两广总督叶名琛将其逮捕，并坚持不与英国谈判和道歉。1856年10月，英国以此为借口，蓄意挑起战争，攻入虎门炮台，并多次炮轰叶名琛所在衙门。12月8日，英法联军5700多人破击广州城。两广总督叶名琛被俘，押往加尔各答，后死于此处。同时，扶持傀儡人物柏贵，以控制广州。1858年7月12日，广州乡民团为了收复广州城，在佛山成立团练局，与英法联军英勇斗争，但归于失败。1858年4月，英法联军数千名士兵乘帆船和汽轮炮舰从上海北上，在天津登陆，攻占大沽炮台。1858年6月，桂良、花沙纳代表清政府与英、法订立《天津条约》，随后又签订《通商章程善后条约》，外国公使进驻北京；增开牛庄、登州、台湾、淡水、潮州、琼州、汉口、九江、南京、镇江为通商口岸；外国商船可以在长江口岸自由航行；外国人可往内地游历、通商、传教；鸦片贸易合法化；中国海关由外国人帮办税务；进出口货物按时抽价5%的关税；对英国赔款银两400万,对法国赔款银两200万。在此之前,5月3日,在俄公使菩提雅廷威迫利诱下,中俄签订了《天津条约》,以堪界的形式,侵占中国大片领土。1859年5月25日,英法联军突袭大沽炮台。直隶提督史荣椿、副将龙汝元等,在僧格林沁的指挥下,击沉击伤多艘敌舰。1860年初,英法联军再次发动战争,于8月初攻陷通州,8月29日攻占安定门,控制北京城。随后,英法联军火烧圆明园,抢掠大批宝贵财富,并将带不走的付之一炬。9月11日,恭亲王奕䜣代表清政府屈辱求和,与英法签订了《北京条约》,条约规定:开天津为商埠;准许华工出国;割让九龙半岛归英国;归还没收的天主堂资产等。并将赔款增至800万两,另给英国赠抚恤金50万两、给法国赠抚恤金20万两。俄国趁英法联军攻打北京之际,于1858年4月16日强迫黑龙江将军奕山签订《瑷珲条约》,割占了外兴安岭以南、黑龙江以北大片领土,并把乌苏里江以东约40万平方公里的中国领土划为中俄"共管"。1860年10月2日,俄国以"调停"有功为名,威胁清政府签订中俄《北京条约》,把乌苏里江以东约40万平方公里领土割占。并强行规定中俄西段边界走向,把中国境内的卡伦镇和斋桑泊内湖指定为边界,随后又派兵侵占这一地区。1864年9月7日,中俄《勘分西北界约记》的签订,将这一地区44万平方公里的领土侵占。至此,俄国共侵占中国140多万平方公里的领土。与此同时,1858年,法国借口保护天主教徒占领了越南南部和柬埔寨直至1867年。1873年法国占领河内,签订《西贡条约》,使越南置于法国保护之下。1883年,法军再次占领河内,阮氏皇帝向清政府求救。清政府派遣军队参与越南抗法斗争。1884年6月,清军和法军在谅山发生冲突,中法战争爆发。8月,法舰队在福州马尾港击溃福建水师。10月,法军进攻台湾并封锁上海。1885年3月,占领澎湖列岛。1885年2月,法国占领广西镇南关后,冯子材于3月击败法军夺回谅山。1885年6月,清政府签订《天津条约》,承认法国对越南的宗主国地位。这一系列不平等条约的签订,不仅使得中国失去了大片领土,国家主权遭受到严重损失,还使得列强对中国的政治控制、经济侵略、文化侵略等大幅增强。中国的内政外交受到列强的控制，西方资本主义渗透到中国的内陆，殖民地半殖民地化程度进一步加深。

明治维新以后，日本成为新崛起的工业强国，在其"大亚细亚主义"的支配下，走上了对外扩张的道路。1872年，日本设置琉球藩，将琉球置于日本的主权之下。1874年5月，日本陆军中将西乡从道侵犯台湾，10月，清政府赔偿日本50万两白银。1875年，日本要求琉球藩停止对中国的朝贡，1879年，日本废除琉球藩，设置冲绳县。1876年1月，日本陆军中将黑田清隆侵犯朝鲜江华岛，签订了《江华条约》，试图解除中国对朝鲜的宗主国关系。1890年日本爆发了严重的经济危机，社会政治矛盾加剧，为了转移国内矛盾，日本加速了对外扩张的步伐，开始扩军备战。1894年2月，朝鲜爆发了东学党起义，为日本侵略朝鲜，并以之为跳板侵略中国提供了契机，6月7日，李鸿章在得到日本"我政府必无他意"的保证之下，派出2100名淮军镇压起义，6月10日，日本以镇压起义为名，派出7000名兵力。7月25日，日军在丰岛击沉载有清兵的英国舰船"高升号"，8月1日，双方宣战，9月17日，日本偷袭北洋舰队，黄海海战爆发。在此之前，李鸿章等人为了保存势力，消极避战，准备不足。尽管北洋舰队进行了英勇抵抗，"致远号"和"经远号"舰坚持奋战，战争仍然惨败，"致远号"管带邓世昌和全舰200多名官兵牺牲，北洋舰队遭受重创，9月下旬，日军兵分两路，一路接连攻下九连城、安东、凤凰城、长甸、海城等地，一路进犯金州、侵占大连，10月21日，日军进攻旅顺。李鸿章命令丁汝昌"保船避战"，驻守旅顺的清军将领龚照玙临阵逃脱，尽管部将徐邦道奋力迎战，仍因孤军作战而失败，10月25日，旅顺失守。大连地区的人民为了守卫国土，自发组织起来与日军进行斗争，打死打伤多名日军，战后日军占领旅顺，实施了旅顺大屠杀。1895年12月25日，日军在山东半岛登陆，封锁威海卫，随后占领威海卫南岸炮台和北岸炮台，北洋舰队腹背受敌。1896年1月5日，日军水路合击北洋舰队。尽管，清军顽强抵抗，但是在日军的猛烈攻击下，伤亡惨重。丁汝昌自杀身亡，舰队洋员浩威以丁汝昌名义，向日军投降，北洋舰队全军覆没。清政府起用湘军旧将刘坤一，试图扭转不利局势，但是仍然溃败不堪。1895年4月17日，中日签订了《马关条约》，清朝放弃对朝鲜的宗主国地位，割让辽东半岛、台湾和澎湖列岛，赔偿日本军费2亿两，开放重庆、苏州、杭州等口岸，承认日本在口岸企业经营权。这一条约的签订引起了更深层的后果，使帝国主义掀起了瓜分中国的狂潮。英、法、俄、美、法、日等国都试图攫取更多的权益，争向清政府提供政治性贷款，争夺中国铁路投资权，纷纷在华投资设厂，还在中国划分势力范围，夺取"租借地"，民族危机空前严重。因而，可以说，甲午战争的失败，"不仅意味着长期以来作为东亚世界秩序的朝贡体制的崩溃，同时也意味着19世纪后半期中国尝试的洋务运动受挫"[1]，这些也促使一些开明的知识分子呼吁"以中央政府为中心进行的政治改革"[2]。

三、民国时期的世界意识

1912年，中华民国建立，随后清帝退位。1916年袁世凯病死之后，中国陷入军阀混战之中。1927年大革命失败以后，中国由旧军阀混战转向新的军阀混战。从国际上看，1914年，第一次世界大战爆发，于1918年结束。大战使得欧洲列强陷入战争之中，尽管暂时放松了对中国的控制，但战争结束后又卷土重来。日本则乘西方列强陷入大战之际，企图独吞中国，并于1931年发动了侵华战争，中华民族亡国灭种的危机更甚。在这一背景下，中国的知识分子以及少数革命家，开始更加理性地认识世界局势以及中国与世界的基本关系，并在反思洋务运动和戊戌变法基础上，试图以文化的西化寻求国家富强。这一时期，由于民族意识的觉醒，迫使国民政府和列强谈判，

① [日]菊池秀明：《末代王朝与近代中国：清末中华民国》，马晓卷译，广西师范大学出版社2014年版，第84页。

② [日]菊池秀明：《末代王朝与近代中国：清末中华民国》，马晓卷译，广西师范大学出版社2014年版，第84页。

收回了部分主权，但是日本的侵华战争使得中国成为第二次世界大战的重要战场，并付出了巨大的民族牺牲。

（一）对世界秩序认知的深化

民国时期，中国陷入军阀混战，英、美、法等国对中国侵略仍然持续，日本则趁一战期间其他国家陷入战争泥潭之际，企图独霸中国。与此同时，十月革命的胜利以及苏俄主动废除沙俄在中国的部分特权，推动了马克思主义在中国的传播。马克思主义在中国的传播，为认清资本主义主导下的现代世界体系以及中国在这一体系中的地位提供了理论前提。这一时期，中国的知识分子开始反思晚清以来的"以夷制夷"策略，寻求加入国际组织以避免某一或某几个强国独霸中国，并且提倡民族意识，以之实现国人的团结，进而抵抗外辱。

这一时期，随着马克思主义的传播，李大钊、陈独秀等人已开始用历史唯物主义的思想观点分析和认识世界发展的一般性规律。李大钊在《庶民的胜利》中说，"社会的结果，是资本主义失败，劳工主义战胜。原来这回战争的真因，乃在资本主义的发展。国家的界限以内，不能涵容他的生产力，所以资本家的政府想靠着大战，把国家界限打破，拿自己的国家作中心，建一世界的大帝国，成一个经济组织，为自己国内资本家一阶级谋利益。"[1]在李大钊看来，欧战的根本原因，是由于资本只有在不断的增殖中才有存在的内在需要，一国之内无法容纳资本主义的生产力，资本驱使着资本家打破国家界限，走向联合，通过战争建立一个统一的世界性大帝国，以维护资本家的利益。资本主义的这种掠夺性由于其内在的不可克服的矛盾以及它所产生出来的无产阶级，必将归于失败。因而，李大钊指出，"须知今后的世界，变成劳工的世界，我们应该用此潮流为使一切人人变

---

① 《李大钊全集》第2卷，人民出版社2013年版，第358页。

成工人的机会，不该用此潮流为使一切人人变成强盗的机会"①。1919年2月1日，李大钊在《联治主义与世界组织》中说，"现在的时代是解放的时代，现代的文明是解放的文明。人民对于国家要求解放，地方对于中央要求解放，殖民地对于本国要求解放，弱小民族对于强大民族要求解放，农夫对于地主要求解放……现代政治或社会里边所起的运动，都是解放的运动！"②这里李大钊从马克思主义出发，指出了人类社会发展的基本规律是"解放"，这种解放既有无产阶级对资产阶级的解放，也有弱小民族或弱国对于帝国主义的解放。1919年2月1日，李大钊在《联治主义与世界组织》一文中，还给出实现世界大联合的基本步骤或程序，他指出，以我的推测，这世界联邦进行的程序，就是："（一）各土地广大民族众杂的国家，自己先改成联邦；（二）美洲各国组成全美联邦，欧洲各国组成全欧联邦，亚洲各国组成亚联邦；（三）合美、欧、亚三洲组成世界的联邦；（四）合世界人类组织一个人类的联合，把种界国界完全打破。这就是我们人类全体所馨香祷祝的世界大同！"③陈独秀从经济危机的角度阐述了资本主义必然导向战争以及必然灭亡的深层原因。1942年2月10日，陈独秀在《战后世界大势之轮廓》一文中说，"资本制度这种东西，一旦开始发生，利与弊都势必顺着她自身发展的逻辑逐日增长，一切改良方法既不能动摇其基础，节制之，更只有使整个的社会经济趋于衰落，欲只得其利而免其弊的如意算盘，是不会成功的。……为了必须把国内生产过剩的商品走向国外市场推销，还必须阻止国外商品侵入国内市场，就不得不加高关税壁垒，扩张军备，准备战争，以至实行战争。"④这就从资本主义内在矛盾所产生的不可克服的经济危机来论述资本主义必然灭亡的命运，以及对外扩张的深层动因。由此，陈独秀又进一步得出结论说，"世界还会有几次大战，我们还不能知道，所

---

① 《李大钊全集》第2卷，人民出版社2013年版，第359页。
② 《李大钊全集》第2卷，人民出版社2013年版，第395页。
③ 《李大钊全集》第2卷，人民出版社2013年版，第399—400页。
④ 《陈独秀文集》第4卷，人民出版社2013年版，第671页。

能知道的只是在战争的因未除去以前，战争的果是不能免的，并且胜利若属于德国，下次战争必然来得更快。"①不仅如此，陈独秀立基于马克思主义的基本思想观点，概述了人类社会的发展经历四个阶段，上古世界、古代世界、近代世界、未来世界，第一阶段是氏族社会民主制，第二阶段是城市市民的民主制，第三阶段是资产阶级民主制，第四阶段是无产阶级民主制以至全民民主制②。总的看来，这一时期，随着马克思主义在中国的传播，早期的马克思主义者开始从历史唯物主义来分析和认识世界秩序以及人类社会发展的基本规律。晚清以来，由古代所延续下来的四方—中心宇宙观崩溃，中国人对世界秩序的认识，是基于鸦片战争以来失败的现实情况出发来认识整个世界、帝国主义以及中国在世界体系中的位置的，这一认知往往具有肤浅性，大多停留在弱国和强国、帝国主义和中华民族、船坚炮利和礼仪之邦等的表面。马克思主义对资本主义主导的世界秩序的深刻认知以及建立在此基础上的对人类社会未来发展规律的基本认知，使中国的知识分子和革命家把之前对世界秩序认知的零散性、肤浅性有了系统化、深刻化。

第一次世界大战期间，帝国主义暂时放松了对中国的侵略，但是在结束后又加紧了侵略。更为危险的是，日本趁着欧洲列强陷入战争泥潭，想独吞中国，发动了侵华战争。因而，中国仍然陷入帝国主义的压迫和奴役之中。在这一背景下，中国的革命家和知识分子对世界局势的认识以及中国在这一局势中的地位有了进一步的认识。1912年1月5日，孙中山在《对外宣言书》中说，"吾中华民国全体，今布此和平善意之宣言书世界，更深望吾国列人公法所认国家之内，不徒享有种种之利益与特权，亦且与各国交相提挈，勉进世界文明于无穷（无穷）。盖当世最高最大之任务，实无过于此

---

① 《陈独秀文集》第4卷，人民出版社2013年版，第669—670页。
② 《陈独秀文集》第4卷，人民出版社2013年版，第678页。

（也）"①。从这里可以看出，孙中山希望中国凭借国际公法，也即通过外交手段，获得与其他强国相平等的地位。孙中山外交思想是建立在反思晚清"以夷制夷"的基础上的。1917年，他在《中国存亡问题》中说，"中国之对外国，不知外交手段之为患，非不肯战之为患也。外交手段非必亲某国以排某国者也"②。这里在一定程度上否定了"以夷制夷"的对外策略，实质上希冀通过更为有效的对外策略，积极加入国际组织，利用国际公约来实现对中国权益的维护。1917年2月21日，李大钊在《极东们罗主义》中指出，"最近数十年来，所赖以维持平和之局者，乃在门户开放、机会均等主义。今忽有一国焉，欲在亚东效们罗氏之宣言，是否与此门户开放、机会均等主义相背而驰"③。晚清以来，中国为了避免被某一或某几个帝国主义国家所侵吞，采用了"以夷制夷"的对外战略。这一时期，日本试图打破这种"均势"，独霸中国。正是基于此，李大钊揭示了日本的野心。1919年1月1日，李大钊在《大亚细亚主义与新亚细亚主义》中说，"须知'大亚细亚主义'是并吞中国主义的隐语。中国的运命，全靠着列强均势，才能维持，这也不必讳言。日本若想独吞，非先排去这些均等的势力不可"④。也是在这一背景下，陈独秀反思了"以夷制夷"的局限。1917年3月1日，陈独秀在《对德外交》一文中指出，"愚则以为日、俄之于英、法，经济之关系正深，能否遽然联德，岂非疑问。且外交方针，全以利害为转移，非一成不变者也。……总之国家存在之原理，当以战斗力为唯一要素。吾人果能于欧战表示一二不可侮之成迹，印之欧人脑里，则莫敢轻于侮我。……否则，虽日日长跪于其前，彼世界最重强权且勇武可敬德意志人，必不容吾不战而屈苟安忍辱之懦夫栖息于人类"⑤。对于这种局限，陈独秀指出，"倘加入协约团体，为

---

① 《孙中山全集》第3卷，人民出版社2015年版，第27页。
② 《孙中山全集》第2卷，人民出版社2015年版，第101页。
③ 《李大钊全集》第1卷，人民出版社2013年版，第483页。
④ 《李大钊全集》第2卷，人民出版社2013年版，第379页。
⑤ 《陈独秀文集》第1卷，人民出版社2013年版，第212页。

得财政之援助（若缓赔款大借款该正关税输出军需之类），肃军纪，理财政，兴学奖业，……失此机会，直可谓之救亡无术矣！"①这在实质上超越了"以夷制夷"的战略认知，开始思考通过加入"协约团体"，以国际力量的联合以及国际公约的凭借，避免日本单独侵吞中国。1919年2月1日，李大钊在《联治主义与世界组织》一文中，对此也有阐述，他指出，"中欧的社会革命一经发动，世界的社会组织都有改变的趋势，为应世界的生活的必要，这国际组织、世界组织，是刻不容缓了。只要和平会议变成了世界的议会，仲裁裁判变成了世界的法庭，国际警察如能实现，再变成了世界的行政机关，那时世界的联合政府，就正式成立了"②。胡适也将均势视为中国避免被某一或几个强国侵占的重要因素。1932年9月25日，胡适在《究竟哪一个条约是废纸》一文中说，"所以在太平洋的国际关系上，九国条约的重要确然比什么条约都更大。中国在这三十年中完全在国际均势的局面之下讨生活，而这个国际均势的具体方案，欧洲以前为美国的门户开放宣言及英日同盟条约，欧洲以前则为这两项合并扩大变成九国条约"③。相比于陈独秀和李大钊，胡适更是对国际组织和国际公约充满了信心。他在《究竟哪一个条约是废纸》中说，"国际联盟的盟约自然有他的重要地位，然而因为美国与苏俄都不是国联会员，国际盟约在太平洋上的地位就不如九国条约的重要"④，"九国条约加入者只有十二国，国联盟约加入者五十国，非战公约加入者六十二国，这个大连环包括全世界，是任何国家不能轻易藐视的"⑤。甚至在日本侵占中国东北以后，仍然寄希望于此。1932年10月9日，胡适在《一个代表世界公论的报告》中指出，依我个人的愚见看来，在今日的现状下，在承认国际调处的原则之下，这些条件如果都能做到，也未尝不

①　《陈独秀文集》第1卷，人民出版社2013年版，第209页。
②　《李大钊全集》第2卷，人民出版社2013年版，第399页。
③　《胡适文集》第11卷，北京大学出版社1998年版，第248页。
④　《胡适文集》第11卷，北京大学出版社1998年版，第248页。
⑤　《胡适文集》第11卷，北京大学出版社1998年版，第248页。

是一种解决的途径[1]。并指出，"司汀生所谓'全世界的道德的贬义'，昨晚上已经向全世界发表了。整个文明世界的道德制裁力，已到了千钧一发的试验时期了。如果这样严重的全世界公认的制裁力在这个绝大危机上还不能使一个狂醉了的民族清醒一点，那么，我们这个国家，和整个文明世界，都得准备过十年的地狱生活"[2]。总的来看，这一时期，中国的革命家和思想家们既在一定程度上借鉴了晚清以来应对帝国主义侵略的历史经验，也在思考更好维护中国主权的策略。认识到了"以夷制夷"、均势对避免中国陷入一个或几个帝国主义国家侵占的重要性，也认识到了这一策略的局限，一方面呼吁积极提高自身实力以克服这一局限；一方面呼吁积极加入国际组织，通过国际公法和国际道义制约列强在中国的行为。这种认知注意到了国际组织、综合国力、国际关系中的许多重要因素，但过度依赖国际组织、过度相信国际公法导致了对积极防备的认识不足。

民国时期，中国人的民族意识逐步形成。在面对融入现代世界体系过程中所面临的外部威胁时，民族意识的形成和发展促进了中国人的团结。国人的团结、愤慨、斗争，不仅制约着政治精英人物在对外关系中，不能以自身的私欲牺牲民族的利益，还在很大程度上推动了列强一系列不平等条约和特权的取消。1917年2月19日，李大钊在《新中华民族主义》中阐述了"民族主义"的定义，他指出："民族主义云者，乃同一之人种，如磁石之相引，不问国境、国籍之如何，而遥相呼应、互为联络之倾向也。"[3]并进一步指出，"今欲以大亚细亚主义收拾亚洲之民族，舍新中华之觉醒、新中华民族主义之勃兴，吾敢断其绝无成功。斯非吾人夜郎自大之说，以历史地理考之，此种断案乃逻辑上之必不可逃者也"[4]。在李大钊看来，"民族主义"促成了民众的团结，使国家得以维系。在最初看到日本试图以东亚的文明

---

① 《胡适文集》第11卷，北京大学出版社1998年版，第258页。
② 《胡适文集》第11卷，北京大学出版社1998年版，第262页。
③ 《李大钊全集》第1卷，人民出版社2013年版，第478页。
④ 《李大钊全集》第1卷，人民出版社2013年版，第478页。

构建大亚细亚主义的时候，李大钊还提倡以之作为"民族主义"的中心思想，后来随着日本的大亚细亚主义暴露出侵华的野心之后，才逐渐改变。陈独秀从人种的角度阐述了"民族主义"及其作用。1917年3月1日，陈独秀在《对德外交》中说，"白皙人种之视吾族，犹人类之视犬马。……即抗争而失败，若比利时，若塞尔维亚，其民族之荣誉，国家之人格，视不战而屈苟安忍辱之懦夫犹胜万万"①。这里，陈独秀既注意到了种族对"民族主义"的影响，以及由于综合实力的差距，白种人对黄种人的歧视，也注意到"民族主义"所促成的团结和精神对抵抗外辱的重要意义。胡适分析了外部威胁对"民族主义"觉醒的作用。1922年10月1日，胡适在《国际的中国》一文中说，"日本的政策挑起了中国民族的自觉和反感，故这六七年之中，日本在中国的地位并不曾远胜欧洲以前，而中国民族的自觉心反因此更发达形成了"②。胡适看到日本的外部威胁刺激了中国民族意识的觉醒，并认为民族意识使得帝国主义对中国的侵略变得不可能。他指出，"老实说，现在中国已没有很大的国际侵略的危险了。巴黎的一闹，华盛顿的再闹，无论怎样无结果，已够使全世界的人知道中国是一个自觉的国家了。稍明白事理的政治家，大概都晓得那第一条路——政府统治中国——是做不到的了"③。孙中山指明了"民族主义"的形成因素，并指明了民族意识对中国改变世界地位的重要意义。1924年1月13日，孙中山在《民族主义的演说》中概括除了促成民族形成的主要因素，他说，"自古发展自己民族之力与武功之盛，以蒙古为最，皆由其民族习游牧、耐劳苦故也。故生活力量造成民族之力甚大。次为语言力量。语言可以感化造成民族。如有一民族能了解熟悉吾人之语言，久而必同化于吾人也。又次为宗教。即同一宗教、同一宗教之人，亦可做成民族，力量亦大，宗教力量最大者，为阿拉伯、犹太人，该两

---

① 《陈独秀文集》第1卷，人民出版社2013年版，第208页。
② 《胡适文集》第3卷，北京大学出版社1998年版，第383页。
③ 《胡适文集》第3卷，北京大学出版社1998年版，第385页。

国领土已亡，而该教民族则仍不能消灭，犹太人且执各国之经济权"①。孙中山不仅注意到种族对"民族主义"的影响，还注意到宗教、文化、语言等对"民族主义"的影响。孙中山也阐述了"民族主义"对中国的重要性，他说，"中国四千年来之文明教化，足可以与欧洲各国并驾齐驱。因失却民族主义及精神，而为最大民族结合，故为世界上最贫弱之国，出国际最低之地位。人为刀俎，我为鱼肉，今日地位甚为危险！吾人须注意提倡民族精神，结合四万万人起而挽救，提倡民族主义，用民族精神来救国"②。需要指出的是，这里所谈到的"民族主义"，其内涵不是狭隘的种族主义，是在外部威胁刺激下不断增强起来的国族意识、民族意识或者国家意识，正是这种意识增强了民众的凝聚力，增强了中华民族战胜外部威胁的巨大力量。总的来看，这一时期，许多思想家、革命家都注意到中国民族意识的逐步发展，看到民族意识在团结民众、聚集精神方面的作用，并希望以"民族主义"的提倡对抗帝国主义的威胁。

（二）向西方学习的争论

自洋务运动伊始，以李鸿章、张之洞等为代表的洋务派在"师夷长技以自强"思想的影响下，创办近代军事和民用工业，开启了技术上大规模向西方学习的先河。甲午战争惨败，标志洋务运动失败，以康有为、梁启超、谭嗣同为代表的维新派试图从制度上借鉴西方的君主立宪制，以制度的革新从整体上激发国民的活力，以国民活力的增强实现国家的富强。戊戌变法的失败也标志着这条路走不通。民国时期，在内忧外患同样紧迫的情况下，以陈独秀、胡适、李大钊等为代表的知识分子，在反思历史教训的基础上，试图以西方的文化改造中国的文化，矫正导致技术革新、制度革新失败的弊病。

---

① 《胡适文集》第11卷，北京大学出版社1998年版，第527—528页。
② 《胡适文集》第7卷，北京大学出版社1998年版，第528页。

1915年9月15日，陈独秀在《敬告青年》一文中，指出中国的文化是"自主的而非奴隶的""进步的而非保守的""进取的而非退隐的""世界的而非锁国的""实利的而非虚文的""科学的而非想象的"①。1915年12月15日，陈独秀在《东西民族根本思想之差异》一文中，论述了中西文化之间的差异，中国"以安息为本位"，西方"以战争为本位"，中国"以家族为本位"，西方"以个人为本位"，中国"以感情为本位""以虚文为本位"，西方"以法治为本位""以实利为本位"②，正是这些差异促成了中国的宗法制度，扼杀了人的独立性、自主性，阻碍了资本主义以及民主法治的发展，因而，要"一定要以个人本位主义，易家族本位主义"。这些思想也受到保守思想的攻击。其中代表性的是杜亚泉，1917年3月，他在其主编的《东方杂志》中发表了《静的文明与动的文明》，文章认为，西洋重工商，中国重农业；西洋重对抗，中国重和平；西洋重人为，中国重自然；西洋重外向，中国重内向；西洋重竞争，中国重道德。如此，"西洋文明浓郁如酒，吾国文明淡如水，西洋文明腴美如肉，吾国文明粗粝如蔬，而中酒与肉之毒者，则当以水及蔬疗之也"③，它导致中国"人心之迷乱""国是之丧失""精神之破产"，需要继续发扬儒家思想，以"救西洋文明之弊，救西洋文明之穷"④。1917年4月12日，李大钊在《动的生活与静的生活》中提出，"东方文明之特质，全为静的；西方文明之特质，全为动的"，前者导致了家族主义、一夫多妻，造成了专制，后者产生了个人主义、尊重妇女，产生了民主与平等。在"今日动的世界中，非创造动的生活，不足以自存"⑤。1918年6月，李大钊在《东西文明根本之异点》中写道，"静的文明"居于屈败之势，"动的文明"居于优越之域，应学习西方文明中的科学精神，"竭力以受西洋文明之

---

① 《陈独秀文集》第1卷，人民出版社2013年版，第89—96页。
② 《陈独秀文集》第1卷，人民出版社2013年版，第126—130页。
③ 《静的文明与动的文明》，《东方杂志》第13卷第10号。
④ 《迷乱之现代人心》，《东方杂志》第25卷第4号。
⑤ 《李大钊全集》第2卷，人民出版社2013年版，第137—139页。

特长，以济吾静止文明之穷"①。陈独秀对宗法伦理展开进一步的批判，并提出了"全盘西化"，他指出，"若是决计革新，一切都应该采用西洋的新法子，不必拿什么国粹，什么国情的鬼话来捣乱"②。1919年，章士钊等提出了新旧思想的调和说，他们认为东西文化各有利弊，应该"折衷调和""熔铸一炉"。章士钊强调，"不有旧，决不有新，不善于守旧，决不能迎新"③。陈独秀在《调和论与旧道德》一文中，对此指出：新旧调和在思想文化史上作为一种自然现象是存在的，但是不能作为我们的主张。李大钊在《物质变动与道德变动》《由经济上解释中国近代思想变动的原因》两篇文章中，坚持唯物史观，从经济基础方面分析儒家宗法伦理难以与新思想进行调和的原因，指出，宗法伦理与传统生产相适应，而新思想是应"经济的新状态社会的新要求发生的，不是几个青年凭空造出来的"④。从总的来看，五四新文化运动"提倡白话文反对旧道德的启蒙方面，就这样延续地表现为某种对自己民族文化、心理的追寻和鞭挞，表现为某种科学主义的追求，即要求或企图把西方的近代科学作为一种基本精神、基本态度、基本方法，来改造中国人，来注目到中国民族的文化心理"⑤。

1920年，梁启超据其在欧洲的见闻和观察，认为西方物质文明"已经破产"，以中国文化拯救之。这一论述，在一定程度上影响了梁漱溟、陈独秀、瞿秋白、胡适、张君劢等人将争论的焦点转移到"精神"和"物质"上来。随着帝国主义对中国影响的加深，不仅西方的军事，西方的文化、教育、科学理念等也逐步向中国渗透，经过诸多知识分子的宣扬，使得中国"无论在精神方面，社会方面，和物质方面，都充满了西方化"⑥。这就使得西方文化对东方文化的压服问题凸显了。为了探讨"东方文化究竟能

① 《李大钊全集》第2卷，人民出版社2013年版，第308—322页。
② 《今日中国之政治问题》，《新青年》第5卷第1号。
③ 《新时代之青年》，《东方杂志》第16卷第11号。
④ 《李大钊全集》第3卷，人民出版社2013年版，第192页。
⑤ 李泽厚：《中国现代思想史论》，生活·读书·新知三联书店2008年版，第48页。
⑥ 鲍霁编：《梁漱溟学术精华录》第1辑，北京师范大学出版社1988年版，第2页。

否存在"，1921年，梁漱溟撰写了《东西文化及其哲学》，在书中，他指出，西方文化是意欲向前的、中国文化是意欲调和持中、印度文化是意欲反身向后。所谓西方化就是意欲由"调和持中"转向"向前"。这种向前的精神"产生'赛恩斯'与'德谟克拉西'两大异彩的文化"[①]。在梁漱溟看来，西方文化有一种寻求客观确实知识的科学精神，东方文化有一种藐视客观规矩、崇尚天才的艺术精神，这种差别使得我们虽然打铁、炼钢、做火药，等等，都是靠师徒手艺传承，而西方却要把这些分成零碎的经验，对许多细节进行专业化的、科学的实验和研究，使之成为一门学问。梁漱溟还认为，西方的这种文化特征源于经济竞争，当社会大进步、理想世界出现，西方文明便"走到了尽头"[②]，这时只能"求诸内，求诸己"[③]。因而，东方文化将会在未来复兴。梁漱溟还论述道，"考究西方文化的人，不要单看那西方文化征服自然科学，德谟克拉西的面目，而须着眼在这人生态度生活路向。要引进西方文化到中国来，不能单搬运，摹取他的面目，必须根本从他的路向、态度入手。但是四五年来，大家只把科学方法、德谟克拉西的精神说来说去，总少提到此处"[④]。这也在实质上揭示了"全盘西化"存在的局限。胡适则指出，任何文化都既有精神，又有物质，精神的文明应建筑在物质基础之上[⑤]。随后，论战被逐渐转到"科学人生观"问题上来，这"实际上仍然这一段东西文化论战的继续"[⑥]。1923年2月14日，张君劢在其演讲中指出，科学是客观的，是"外在的物质文明"，人生观是主观的，是"自由意志的"，"出于良心之自动"的。因而，人生观不能由科学所决定[⑦]。对科学不能解决人生观问题的批判，实质上指出了西方以物质和科技为基础的文化不能

① 鲍霁编：《梁漱溟学术精华录》第1辑，北京师范大学出版社1988年版，第11页。
② 鲍霁编：《梁漱溟学术精华录》第1辑，北京师范大学出版社1988年版，第56页。
③ 鲍霁编：《梁漱溟学术精华录》第1辑，北京师范大学出版社1988年版，第57页。
④ 鲍霁编：《梁漱溟学术精华录》第1辑，北京师范大学出版社1988年版，第37页。
⑤ 《胡适文集》第3卷，北京大学出版社1998年版，第182—197页。
⑥ 刘健清：《中国近现代政治思想史》，南开大学出版社1993年版，第180页。
⑦ 张君劢：《科学与人生观》，亚东图书馆1923年版，第4—8页。

解决人生面临的精神诸方面的问题，而儒家以伦理道德为核心的思想主张则弥补了西方文化的弊端。梁启超在其《评新文化运动》一文中，更是指出对西学的学习，使得"精神界打乱"，"父无以教子，兄无以诏弟"①。因此，应将"管子之言颠倒之，曰：知礼节而后衣食足，知荣辱而后仓廪实，吾之所以欲提倡宋学者，其微意在此"②。1923年4月，丁文江在《努力周报》发表《玄学与科学》一文，文章指出，"今日最大的责任与需要，是把科学方法应用到人生问题上去"，"了然于宇宙生物心理种种的关系，才能够知道生活的乐趣……"③

在十月革命之前，关于马克思主义的论述已零散地见之于各种著作和报刊中。1873年，王韬和张宗良合译了《普法战纪》，阐述了巴黎革命的相关信息。1902年，梁启超在《中国之社会主义》中指出，社会主义是"土地归公，资本归公，专以劳力为百物价值之源泉"④。《近世社会主义》《社会主义》《社会党》等译注相继问世，《共产党宣言》《资本论》《政治经济学批判》等主要内容的译介工作也以不同形式开展起来。1903年2月16日，马君武在其译作《社会主义与进化论》一文中提出，"马克思者，以唯物解历史学之人也。马氏尝谓阶级竞争为历史之匙"⑤。1905年，朱执信在《民报》上发表了《德意志革命家列传》，介绍了马克思、恩格斯生平及其学说。1912年10月，孙中山在其题为《社会主义派别及方法》的演讲中，指出，社会主义"实为今日唯一之要图，凡属生利之土地、铁路，将收归国有，不为一二资本家所垄断渔利"⑥，并且孙中山认为社会主义所主张的"救济经济上不平等""和平解决贫富之激战"，与三民主义的民生思想具有一致性。随着

① 《评新文化运动》，《新闻报》1923年8月21—22日。
② 张君劢、丁文江：《再论人生观与科学并答丁在君》，《科学与人生观》，岳麓书社2012年版，第95页。
③ 《科学与人生观》，《努力周报》1923年4月21日。
④ 《中国之社会主义》，《新民丛报》1902年第46、47、48号合刊。
⑤ 《社会主义与进化论》，《译书汇编》第1卷第12期。
⑥ 《孙中山全集》第7卷，人民出版社2015年版，第162页。

一战期间帝国主义国家对中国控制的减少，中国的资本主义得到了发展，中国的工人阶级也随着这一发展而不断增加。国内外的资本家对工人阶级的压迫和剥削使得无产阶级和资产阶级的矛盾增加。这些都推动了马克思主义在中国的传播。俄国十月革命的胜利，进一步推动了马克思主义在中国的传播。从1917年至1918年，《东方杂志》《民国日报》《新青年》等刊物陆续介绍了俄国革命的内容。但这些介绍有赞赏，也有批评，而且仍然停留在浅层次。1918年7月1日，李大钊发表了《法俄革命之比较观》一文，指出，"俄罗斯之革命，非独俄罗斯人心变动之显兆，实二十世纪全世界人类普遍心理变动之显兆"，"吾人对于俄罗斯今日之事变，惟有翘首以迎其世界的新文明之曙光"。随后又发表了《庶民的胜利》《布尔什维主义的胜利》，《布尔什维主义的胜利》指出，"他们的战争，是阶级战争，是全世界无产庶民对于世界资本家的战争"①，开创了人类的新纪元。1919年，李大钊将《新青年》6卷5号编成了马克思主义研究专号，在其上连载了《我的马克思主义观》，详细介绍了唯物主义、"阶级竞争"、"余工余值"等概念和理论，并开始传播马克思主义世界观，他指出，社会主义的根本目的使人间一切关系都脱去力的关系，而纯为爱的关系，使人间一切生活全不是争的生活，而纯是爱的生活，他指出一切社会主义的根萌，都纯粹是纯理的，协和与友谊就是人类社会生活的普遍法则②。五四运动以后，马克思主义不但得到更为广泛的传播，还出现以李大钊、毛泽东、李达、李汉俊、瞿秋白、张太雷等为代表的坚定的马克思主义者，他们开始从以唯物主义、阶级斗争、帝国主义等理论分析中国与世界的关系，分析世界的大趋势，并将共产主义视为中国和人类社会发展的方向。

---

① 《李大钊全集》第2卷，人民出版社2013年版，第362页。
② 《李大钊全集》第3卷，人民出版社2013年版，第1—40页。

（三）对外关系的曲折发展

鸦片战争以来，一方面，中华民族惨遭帝国主义蹂躏，民族危机日益严重；另一方面新式教育、新的思想不断传播，中华民族的现代民族意识日益觉醒。至民国时期，民族意识成为影响国人思想观念和行为的重要因素，正是在其影响下，新文化运动、五四运动等相继出现。民族意识增强了国人凝聚力，也增强了对不平等条约和帝国主义特权的愤慨，推动了一系列不平等条约的变革或消除，收回了部分丢失的主权。同时，袁世凯死后，中国陷入军阀混战。随后又经历了大革命失败、抗日战争、解放战争，等等。这一时期，无论是段祺瑞、徐世昌、张作霖等旧军阀，还是蒋介石、阎锡山、冯玉祥等新军阀，为了扩大地盘，获取自身政治利益，都不惜牺牲国家主权和民族利益，积极笼络国外势力以集中力量对内。这又产生了一系列新的不平等条约。

北洋政府时期，由于广大人民的奋力抗争，挽回了中国主权被损害的部分损失，但由于军阀混战及其卖国行为，也面临了新的困难。巴黎和会上列强损害中国的利益，激起广大中国人民反对。1919年5月4日，北京高校学生3000余人，高喊"还我青岛""拒签和约""外争主权、内除国贼"，运动得到天津、上海、广州等地学生的声援，6月3日至4日，北京政府逮捕800多名学生，引起了工人罢工、商人罢市、学生上街游行。五四运动迫使北洋政府拒绝签订对德和约，使得日本外相"恪守公法"[1]，也引起美国内部对损害中国权益的批评，如时任美国总统威尔逊说，"美国舆论对之几乎一致非难，而对于似此显属违背法律正义及国际道德之原则之负责者（威尔逊）亦纷加责备"[2]。1919年9月10日，中国代表陆徵祥在巴黎签订了"对奥和约"，中国成为国际联盟创始会员国，1920年12月，中国成为国联行政院成

---

[1] 王芸生：《六十年来中国与日本》第7卷，生活·读书·新知三联书店1979年版，第337—338页。

[2] 北京政府外交部编：《外交公报》1921年第2期，译丛第15—20页。

员国。1919年9月15日，时任北洋政府总统的徐世昌发表了"终止对德战争状态的宣言"，中德关系恢复。1920年，中国与波斯在两国平等的基础上签订了《中波通好条约》。与此同时，1918年，苏俄出兵西伯利亚，企图建立一个含括外贝加尔、内外蒙古、青海等地的"大蒙古国"。1918年10月初，西北筹边使兼西北边防总司令徐树铮与外蒙古的图盟、车盟、汗臣三盟商定取消外蒙古的"自治"。同年12月，北洋政府任命徐树铮为西北筹边使，督办外蒙事务。徐树铮派兵驻防蒙俄边境，一定程度上恢复了对外蒙古的主权。1921年3月1日，在苏俄的支持下，苏赫巴托尔和乔巴山成立了蒙古人民革命党，同年6月，苏俄以消灭白匪攻占库伦，7月2日，蒙古人民革命政府成立。西姆拉会议以后，英国派人入驻拉萨，培植亲英势力，扩充军队，并为其提供军火。1918年，英使朱尔典提出催议藏案，试图将西藏分为南藏和北藏。英方分裂西藏的消息被公开以后，全国反英情绪高涨，呼吁政府拒绝与英国的会谈，维护西藏领土完整。留日学生总会致电徐世昌说："瓜分之祸已兆边陲，蚕食之患将及内部"，"对英交涉不宜相让"。藏族民众也对英国瓜分西藏的阴谋义愤填膺、抗议不断。1921年7月10日，由于帝国主义阵营发生变化、内部矛盾不断增加以及巴黎和会部分问题没有得到解决，在美国的倡导下，美、英、法、意、中、日等九国在美国召开了华盛顿会议，会议签订了《九国公约》。中国代表施肇基提出涉及中国问题的十项原则，包括尊重中国领土完整和主权独立、赞同门户开放、涉及中国的协议应当有中国参与、取消对中国行动自由的限制、和平解决诸条文问题，等等，希冀获得山东之交还、废除"二十一条"、撤销领事裁判权、关税自主、取消势力范围、撤退外国军警，等等。条约在一定程度上增强了列强对中国主权和领土完整的认识，也在一定程度上限制了日本独吞中国的野心。但是列强在中国的特权并未消除，中国的领土和主权完整仍然面临严重的威胁。1922年3月，北洋政府依据华盛顿会议的《解决山东悬案条约》及其《附约》与日本签订了《关于胶济铁路沿线之撤兵协定》，规定日本分期撤兵，将胶州湾归还中国,将胶州铁路归还中国,等等。1923年3月,在满洲铁路租借期满时,北京、天津、上海、武汉等地的群众掀起了收回旅大、废除"二十一条"的运动,在一定程度上阻止了北洋政府屈服于日本的压力,打击了日本侵吞中国的意图。1919年7月25日,苏俄发表了"第一次对华宣言",提出平等对待中国,放弃沙俄侵吞中国的领土和特权。随后,全国报界联合会、中国实业协会、中华劳动工会等纷纷致电苏俄政府,赞扬其正确决定,希冀苏俄以公正、正义解决沙俄侵吞中国之领土。

　　1923年1月26日,苏联代表越飞与孙中山签订了《孙文越飞联合宣言》,宣言称:"中国最要最急之问题,乃在民国的统一之成功与完全国家独立之获得。关于此项大事业,越飞君并确告孙博士,中国当得俄国国民最挚热之同情,且可以俄国援助为依赖也"①。1923年8月16日,孙中山派出以蒋介石、沈定一、王登云、张太雷等赴苏联考察。1923年9月2日,加拉罕在北京发表了"苏俄第三次对华宣言",11月28日,共产国际通过了《关于中国民族解放运动和国民党问题的决议》,推动了中国共产党与国民党的合作。1924年1月20—30日,国民党第一次全国代表大会通过了《中国国民党第一次全国代表大会宣言》。宣言确立了"联俄、联共、扶助农工"的革命政策。1924年黄埔军校成立后,苏联援助了大批武器,并派出了政治和军事顾问任教。1925年6月14日,国民党中央委员会召开第十四次会议,15日决定"改组大元帅府为国民政府","建国军、党军改称为国民革命军",1925年7月1日,广州国民政府成立。1925年6月23日,广州各界民众举行五卅惨案追悼大会,游行至沙基时,遭到英法租界开枪射击,死伤500余人,制造了沙基惨案。广东省公署发出《致英法葡三国的抗议照会》,"提出最严重之抗议,并声明此次事件应由英、法、葡兵警军舰及有关系之文武长官负完全责任"②。广州国民政府于8月与英国断绝了经济往来。苏兆

---

① 程道德编:《中华民国外交史资料选编》2,北京大学出版社1985年版,第280—281页。
② 钱义璋:《沙基通史》,独立旬刊社1925年版,第53—56页。

征、廖仲恺、邓中夏组成省港罢工委员会、开展了省港大罢工,为港英政府带来了巨大损失和沉重打击。1926年7月1日,北伐开始。北伐进入长江流域以后,进入了英国的势力范围。8月16日,英国在广州制造了万县惨案,企图干涉北伐。中共中央对此指出,"应更加紧和扩大反英的宣传,并提出排斥英货的口号,造成全国反英的空气"①。1926年9月17日,冯玉祥五原誓师,加入到国民革命的行列。1926年12月7日,国民政府迁都武汉。12月中旬,时任国民政府外交部长的陈友仁对日本代表佐分利贞男和美国驻北京参赞迈尔也先说,希望"更正不平等条约,并缔结平等原则之新约以代替之"②。

由于美、日与中国关系的缓和,英国政府为了避免在国际关系中被孤立,提出了《英国对华新政策备忘录》,对列强享有之权利进行重新谈判,承认中国关税自主权等③。同时,美国发表了新的对华政策声明,希望各国放弃治外法权和关税权、尊重中国法律,等等④。针对这些变化,武汉国民政府发表了对英、日、美的政策宣言,宣言指出,英国对华提案旨在分裂中国,今日中国民族主义崛起,且有能力管控中国境内,因而要恢复中国之主权,获得世界各国平等之相待,等等⑤。1926年12月,在李立三、刘少奇、董必武等领导下,武汉各界召开反英大会,号召断绝与英国经济交往,收回汉口、九江租界。1927年2月19日,在武汉各界群众的斗争下,付出了巨大牺牲,武汉国民政府与英国签订《收回汉口英租界之协定》,翌日,双方签订《收回九江英租界之协定》。四一二反革命政变前后,蒋介石为了实施专政独裁,拉拢美、日、英,表示"决不用武力改变租借的现状",并且实质上承认了英、美、日在华的许多特权。1927年4月3日,日本在汉口制造了四三惨案。

四一二反革命政变以后,蒋介石于4月18日在南京成立国民政府,对

① 《中共中央文件选集(1926)》第2册,中共中央党校出版社1989年版,第307页。

② 高承元编:《广州武汉革命外交文献》,神州国光社刊1930年版,第148—161页。

③ 《中国近代对外关系史资料选辑》下卷第1分册(1840—1949),上海人民出版社1977年版,第111—116页。

④ 《中美关系资料汇编》第1辑,世界知识出版社1957年版,第472—475页。

⑤ 《东方杂志》第24卷第4号,第104—105页。

外实施拉拢美、日、英,对内对共产党进行大屠杀的政策。5月9日,南京国民政府宣布了其对外方针,"(一)对外不采取暴动手段;(二)于适当时期提议废除不平等条约;(三)打倒帝国主义,但非排外性质"①。5月11日,南京国民政府再度北伐,北伐军节节胜利,孙传芳逃往青岛、张作霖退出河南。在此背景下,日本田中内阁于1927年6月27日至7月7日召开了东方会议。田中提出了《对华政策纲要》,随后又提出了"田中奏折",制定了分割东北、侵略中国的计划。8月初,蒋介石由于北伐失利以及内部倒戈,蒋介石被逼下野。蒋介石为了实现其独裁专制的目的,访问了日本,企图牺牲中国东北和内蒙古的利益以换取日本和美国对蒋介石统一中国、建立独裁政府的支持。1928年3月30日,中美达成《中美宁案协定》,将问题归咎于中国共产党。1928年4月,南京国民政府进行第二次北伐,日本为了阻止北伐、从中国的分裂中渔利,制造了济南惨案,南京国民政府在与日本反复交涉的基础上,双方签署了《中日济案协定》,规定国民政府保护日本在华人员财产安全,并抹煞了日本残杀中国人的暴行。在此基础上,1929年6月1日,日本承认南京国民政府。1928年6月4日,日本炸死张作霖,密谋侵吞中国东北。为了挽救东北,避免东北被日本侵吞,张学良改旗易帜,服从三民主义。东北易帜导致日本侵吞东北野心受挫,并间接促成了日本田中内阁的倒台。1928年7月7日,南京政府发布了《重订新约宣言》,力求实现关税自主。此后,美、法、挪、比、意、丹、荷、葡、英、西班牙等国与国民政府签订了《关税条约》或《友好通商条约》。1929年4月27日,国民政府发出照会,要求英、美、法、荷、挪、巴西六国取消领事裁判权。经过不断斗争,1930年2月17日,中国与英美等国签订了《关于上海公共租界内中国法院之协定》,收回上海租界法院。此外,1929年8月,收回了天津比租界,同年10月收回了镇江英租界,1930年9月,收回厦门英租界。

① 《中华民国史料丛稿·大事记》第13辑,中华书局1978年版,第102页。

南京政府的这次废约行动虽然收回了一些中国主权，但总体上并没有改变中国半殖民地半封建的社会性质，尤其是随后日本发动的侵华战争给中国人民、中华民族带来了深重灾难。

第三章

社会主义中国与人类命运

中国共产党依据中国革命和建设的实践，创新发展了马克思主义对世界秩序的认识和主张，并将之融入中国合理的传统世界秩序观之中，既反对大国沙文主义、帝国主义和霸权主义，又坚持和平共处、尊重文化和制度差异、追求人类社会的共同发展和和谐发展。新中国成立后，中国共产党围绕着国家利益，依据国际国内局势，灵活调整国际战略，先后采取了"一边倒""两个拳头打人""一条线、一大片"，促进了社会主义现代化建设，又推动了两极向多极秩序的转变，还促进了第三世界民族解放运动的发展和世界和平的维护。

一、早期中国共产党人对世界秩序的认识

十月革命胜利后，中国马克思主义者既承继了马克思、恩格斯、列宁关于世界秩序的理论，也依据中国的客观实际和文化传统进行了创新发展。

（一）建党初期党对世界秩序的初步认识

十月革命胜利后，列宁领导下的苏俄和共产国际积极推动和扶持中国共产党的创建。因而，中国共产党的建立是在共产国际的影响下开展的，共产国际对世界秩序的判断对中国共产党产生了显著的影响。

十月革命后，李大钊在《法俄革命之比较》中指出，"俄国位于欧亚接壤之交"，应"翘首以迎世界文明之曙光"[①]。共产国际建立之初，李大钊虽然尚未与共产国际建立联系，但依然欢迎大会的成立，他在《联治主义与世界组织》一文中指出："为了解放的运动组织遂不能不破坏，新组织遂不能不创造"，"中欧的社会革命一经发动，世界的社会组织都有改变的趋势"[②]。1919年7月25日，苏俄政府发表了《俄罗斯苏维埃联邦社会主义共和

---

① 《李大钊全集》第2卷，人民出版社2013年版，第332页。
② 《李大钊全集》第2卷，人民出版社2013年版，第399页。

国政府对中国人民和中国南北政府的宣言》，指出，不但要"帮助本国的劳动阶级，而且也要帮助中国人民"①。宣言后来在《新青年》刊登，对鼓舞中国人民革命士气起到了重要作用。1920年，苏俄收复了远东地区，消除了马克思主义在中国传播的地理障碍。同年，共产国际第二次代表大会召开，大会作出了开展东方革命的相关决定，推动了中国共产党的成立。维经斯基是共产国际派驻中国的第一位代表，1920年初，他在北京会见了李大钊，谈及创办中国共产党的问题，4月后，他又会见了陈独秀，一致认为应创建中国共产党。在这一影响上，以《新青年》为阵地，出现了传播马克思主义的高潮。在维经斯基、马迈耶夫影响下，上海共产党早期组织、上海社会主义青年团、北京共产党早期组织、广州共产党早期组织等先后成立。1920年秋，维经斯基在上海和武汉创办了外国语学社，推进刘少奇、任弼时、罗亦农等赴俄参加共产国际举办的学习培训。1921年6月22日至7月22日，张太雷作为党的代表，第一次出席共产国际大会。会上，张太雷在发言中指出，"在必将到来的世界革命中，中国丰富的资源和伟大的力量用来同资本家作斗争，那就要看中国共产党、主要是看共产国际的支持而定了"②。1921年共产国际代表马林到达上海，帮助中国共产党筹备第一次全国代表大会。大会通过了中国共产党第一个纲领、中国共产党第一个决议，决议规定，"党中央委员会应每月向共产国际报告工作"③。

1924年6月至7月，共产国际第五次世界代表大会召开，李大钊作为中国共产党代表发言，他指出，"中国人民一方面遭受国际帝国主义者的压迫，另一方面又遭受中国军阀的压迫。外国帝国主义者在中国的权力决定了中国军阀的存在。因为后者是帝国主义列强的走狗。所以，中国的民族命运应该是既反帝又反军阀的"，"我们在国民党中间工作的主要目的是为了唤起

---

① 内蒙古语文历史研究所主编：《中俄关系资料选编·近代内蒙古部分》，内蒙古语文历史研究所1976年版，第883—889页。
② 载俄文本《共产国际第三次世界代表大会（速记记录）》，莫斯科党的出版社1934年版，第25页。
③ 《中共中央文件选集（一九二一——一九二五）》第1册，中共中央党校出版社1989年版，第5页。

群众的革命精神，并把它引向反对国际帝国主义和国内军阀"①。1926年11月22日至12月16日，共产国际执行委员会第七次扩大会议于莫斯科召开。布哈林在讲话中指出，"在估计国际形势的时候，不能把中国的民族革命解放斗争看做是某种完全孤立的因素，它是伟大的历史变革过程的组成部分。正因为如此，中国革命乃是世界资本主义稳定过程中的一个大缺口"。布哈林指出，中国共产党的任务是："支配民族革命战线，同时着手解决土地问题和农民问题，吸引中国人民的基本群众参加反对帝国主义暴力者的坚决斗争"②。1926年11月30日，斯大林在《论中国革命前途》的演说中指出，中国革命的性质"既是资产阶级民主革命，又是把自己的锋芒指向外国帝国主义在中国的统治的民族解放革命"③，并指出，"在中国，是武装的革命反对武装的反革命"④。1920年11月，上海的共产党早期组织起草了《中国共产党宣言》，《宣言》指出，造成中国劳动群众阶级被剥削的原因是私有制，劳工阶级的革命目的是铲除资本制度，创造一个共产主义新社会。党的任务是："组织和集中这阶级斗争的势力，使那攻打资本主义的势力日增雄厚"⑤，目的是"要组织一些大的产业组合，并联合成一个产业组合的总联合会，又要组织一个革命的无产阶级的政党——共产党"⑥，并指出，"一直等到全世界的资本家的势力都消灭了，生产事业也根据共产主义的原则开始活动了，那时候的无产阶级专政还要造出一条到共产主义的道路"⑦。

① 《共产国际第五次世界代表大会（1924年6月17日—7月8日）速记记录》，莫斯科、列宁格勒国家出版局1925年版，第668页。

② 参见向青：《共产国际与中国革命关系史稿》，北京大学出版社1988年版，第95页。

③ 《斯大林全集》第8卷，人民出版社1954年版，第321—334页。

④ 《斯大林全集》第8卷，人民出版社1954年版，第321—334页。

⑤ 《中共中央文件选集（一九二一——一九二五）》第1册，中共中央党校出版社1989年版，第548页。

⑥ 《中共中央文件选集（一九二一——一九二五）》第1册，中共中央党校出版社1989年版，第548页。

⑦ 《中共中央文件选集（一九二一——一九二五）》第1册，中共中央党校出版社1989年版，第548页。

《中国共产党第二次全国代表大会宣言》指出，党的目的是"组织无产阶级，用阶级斗争的手段，建立劳农专政的政治，铲除私有财产制度，渐次达到一个共产主义社会"①，并指出工农联合战线的目标是，"推翻国际帝国主义的压迫，达到中华民族完全独立"②。在《关于"国际帝国主义与中国和中国共产党"的决议案》中，对世界形势的判断如下，世界的经济秩序已为帝国主义的战争所破坏，"世界的资产阶级正向无产阶级进攻；他们倍加劲来掠夺劳动者，以图恢复他们在大战中损毁了的经济秩序，无产阶级只有联合在一道战线上来反抗这个进攻"，"中国有殷富的天产和四万万贱价劳动力的人民，早已是世界帝国主义者们争夺之场了；现在他们的心和眼都着重在这个市场"③。第三国际的加入条件中要求，凡愿加入共产国际的党，"除了用革命手段推翻资本主义之外，任何国际仲裁法庭、任何关于裁减军备的谈判、任何对于国际联盟的'民主'改组，都不能使人类摆脱新的帝国主义战争"④。《中国共产党加入第三国际决议案》指出："无产阶级是世界的，无产阶级革命也是世界的，况且远东产业幼稚的国家，更是要和世界无产阶级联合起来，才足以增加革命的效力。……中国共产党既然是代表中国无产阶级的政党，所以第二次全国大会议决正式加入第三国际，完全承认第三国际决议的加入条件二十一条，中国共产党为国际共产党之中国支部。"⑤《中国共产党第三次全国代表大会宣言》中提出了对时局的判断，目前北京政局之纷乱儿戏，北洋军阀统治之下工会、学生会日在

---

① 《建党以来重要文献选编（一九二一——一九四九）》第1册，中央文献出版社2011年版，第133页。
② 《建党以来重要文献选编（一九二一——一九四九）》第1册，中央文献出版社2011年版，第133页。
③ 《中共中央文件选集（一九二一——一九二五）》第1册，中共中央党校出版社1989年版，第61页。
④ 《中共中央文件选集（一九二一——一九二五）》第1册，中共中央党校出版社1989年版，第69页。
⑤ 《中共中央文件选集（一九二一——一九二五）》第1册，中共中央党校出版社1989年版，第67页。

压迫摧残中，山东、河南兵匪之猖獗，外人之借端要挟，并要拿回华盛顿会议所赏的利益，沙市、长沙日本水兵之暴行，外人强令棉花出口，吴佩孚、齐燮元争相制造广东之战祸，吴佩孚、萧耀南合力助成川乱；又若未来的奉直战争及直系军阀之内讧——可以证明内忧外患更复加于国民之身[1]。并进而指出，"我们的使命是以国民革命来解放被压迫的中国民族，更进而谋世界革命，解放全世界的被压迫的民族和被压迫的阶级"[2]。1925年1月11日至22日，中国共产党第四次全国代表大会通过了《对于民族革命运动之议决案》，议决案指出，"自资本主义发展到最高形式——帝国主义，它直接的或间接的支配了全世界之经济，全世界之经济成了整个的，因此全世界的革命运动也成了整个的"[3]，并指出，在欧美资本主义制度发达的国家，形成了无产阶级的社会革命运动，在东方殖民地半殖民地国家，是多阶级的民族革命运动，两种革命"之性质虽然不同，而革命之目的都有一共同点，即推翻资本帝国主义；前者成功固然影响于后者，后者胜利亦有助于前者，两种革命运动都含有世界性，这两种革命运动汇合起来，才是整个的世界革命。因此，东方殖民地之无产阶级都应该不迟疑地参加各本国之民族革命运动"[4]。国际情况也是同样如此。1927年5月，《中国共产党第五次全国代表大会宣言》指出，"中国的无产阶级和农民群众们！中国的国民革命已经发展到了一个需要更多的牺牲、更勇敢的决心的时期了。不只中国革命的成功，就是世界革命的发展也全靠你们了。你们决无表示灰心的理由，革命的胜利已经在最近的将来了！"[5]

---

[1] 《建党以来重要文献选编（一九二一——一九四九）》第1册，中央文献出版社2011年版，第133页。

[2] 《建党以来重要文献选编（一九二一——一九四九）》第1册，中央文献出版社2011年版，第133页。

[3] 《中共中央文件选集（一九二一——一九二五）》第1册，中共中央党校出版社1989年版，第329页。

[4] 《中共中央文件选集（一九二一——一九二五）》第1册，中共中央党校出版社1989年版，第329页。

[5] 《中共中央文件选集（一九二七）》第3册，中共中央党校出版社1989年版，第107页。

（二）毛泽东对世界秩序认识的深化

1927年以后中国共产党开始将马克思主义普遍真理与中国客观情况相结合，逐步探索出了一条符合中国国情的革命道路。这也推动着中国对世界秩序的认识与中国特定的文化传统和历史经验相结合。

中国共产党对世界秩序的理解，既遵循了共产国际对世界的理解，也根据中国的文化传统和历史经验加以改观。毛泽东在《井冈山的斗争》中指出，"我们完全同意共产国际关于中国问题的决议。中国现时确实还是处在资产阶级民权革命的阶段。中国彻底的民权主义革命的纲领，包括对外推翻帝国主义，求得彻底的民族解放；对内肃清买办阶级的在城市的势力，完成土地革命，消灭乡村的封建关系，推翻军阀政府。必定要经过这样的民权主义革命，方能造成过渡到社会主义的真正基础"①。毛泽东指出："在西欧各国的革命的主观力量虽然比现在中国的革命的主观力量也许要强些，但因为它们的反动统治阶级的力量比中国的反动统治阶级的力量更要强大许多倍，所以仍然不能即时爆发革命。现时中国革命的主观力量虽然弱，但是因为反革命力量也是相对地弱的，所以中国革命的走向高潮，一定会比西欧快。"②从这里可以看出，毛泽东对世界形势的判断，虽然同意列宁和共产国际关于世界革命基本形式的论述，但认为不能"即时爆发革命"，这与列宁和托洛茨基是有区别的。他们"把他们的革命视为世界革命的导火索。他们相信世界革命即将到来。……列宁和托洛茨基认为革命的浪潮很快就会席卷欧洲，冲垮现存的政治秩序，俄国发生的任何事情都会在即将到来的革命中淹没"③。正是相信世界革命即将到来并席卷欧洲，苏维埃才开始了一系列推动其他国家进行世界无产阶级革命运动的举措。因而，中国共产党虽然在帝国主义主导的世界体系方面与苏联及其领导下

① 《毛泽东选集》第1卷，人民出版社1991年版，第77页。
② 《毛泽东选集》第1卷，人民出版社1991年版，第99页。
③ [美]基辛格：《论中国》，胡利平等译，中信出版社2015年版，第100页。

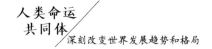

的共产国际的判断一致，但是在何时革命上与之不同。这一不同，是对中国在世界体系中的国际地位的判断，也是对中国国情的洞察。

对世界体系的认知影响了在这一体系下对世界秩序重塑的方式或策略。中国尊重一个国家的主权、尊重其人民通过自身的努力实现他们所追求的秩序，无论其综合国力强弱。这里仍然延续着中国古代以来的大同世界的追求。毛泽东指出，"被推翻，例如眼前国民党反动派被我们所推翻，过去日本帝国主义被我们和各国人民所推翻，对于被推翻者来说，这是痛苦的，不堪设想的。对于工人阶级、劳动人民和共产党，则不是什么被推翻的问题，而是努力工作，创设条件，使阶级、国家权力和政党很自然地归于消灭，使人类进到大同境域"①。这里所讲到的"大同境域"，虽然涉及阶级、国家权力和政党的自然消灭，更接近马克思、恩格斯对共产主义社会的界定，但是我们应该看到毛泽东对人类社会秩序的预设，不可避免地受到中国传统文化的影响。

这种差别还会引出中国与苏联关于世界秩序的理解以及这一秩序重塑的方式的差异。苏联对世界秩序的理解是在无产阶级和资产阶级的对立基础上建构起来的。毛泽东更强调的是帝国主义体系和这一体系下被压迫民族的对立，是剥削、战争、侵略与和平、独立、民主的对立。毛泽东在《同一切愿意和平的国家团结合作》中指出，"总之，国际上我们就是执行这个方针，只要在和平这个问题上能够团结的，就和他们拉关系，来保卫我们的国家，保卫社会主义，为建设一个伟大的社会主义国家而奋斗"②。从这里可以看出，毛泽东所追求的世界秩序是建立摆脱帝国主义的压迫、侵略、战争，实现和维护世界和平。即使一个国家的统治者是资产阶级，只要源于维护世界和平也是可以合作的。那些由封建势力统治的国家，愿意维护世界和平也是可以合作的。这意味着在国际秩序建构中，联合的力量尽管主要

① 《毛泽东选集》第4卷，人民出版社1991年版，第1469页。
② 《毛泽东文集》第6卷，人民出版社1999年版，第335页。

是由无产阶级掌权的社会主义国家，但不局限于此。这在实质上仍然是基于世界力量对比、各国客观情况和中国文化传统与历史经验的理性思考上，而不是局限于马克思主义经典作家对世界秩序框架和道路的理解。这深深地植根于中国的文化传统和中国半殖民、半封建社会的历史经验当中。在《和美国记者斯诺的谈话》中，毛泽东指出，"反法西斯联盟的性质是和平联盟，是为了共同抵抗那些发动战争的国家。……中国同资本主义民主国家缔结反法西斯条约是完全可能和合乎需要的。参加反法西斯战线以实行自卫，是符合这些国家的利益的"①。这些国家无论是社会主义，还是资本主义，只要有助于中国营造和平的环境、有助于维护世界和平，都可以合作、都可以团结。对一些欠发达，且非社会主义的国家，也需要积极地加以团结，一起反对帝国主义，共同维护世界和平。毛泽东在《致印度国民大会的信》中指出，"当此全世界反法西斯战争正在努力争取最后胜利之际，我们希望印、华两大民族团结得更加坚固，以便与其他一切反法西斯国家配合作战，借以达到打倒法西斯，解放一切被法西斯压迫的人民，同时即借以解放印、华两大民族，获得两大民族的独立"②。毛泽东在《非洲当前的任务是反对帝国主义，不是反对资本主义》中指出，"苏联、中国把工作做好一点，也就是支持你们。你们可以考虑，中国可以当作你们的一个朋友。我们能牵制帝国主义，使它力量分散，不能集中力量去压迫非洲"③。

从这里可以看出，中国被日本法西斯侵略的客观事实，需要中国共产党联合国内国际一切和平的力量反对法西斯。同盟国对法西斯战争的胜利表明了社会主义国家和资本主义国家联合的可能性。战争中，许多国家的农民、工人、小资产阶级等不同阶层的力量联合起来反对法西斯，也表明了这些力量在维护世界和平的过程中可以联合。这些客观事实有助于中国共产

---

① 《毛泽东文集》第1卷，人民出版社1993年版，第398页。
② 《毛泽东文集》第3卷，人民出版社1996年版，第14页。
③ 《毛泽东文集》第8卷，人民出版社1999年版，第8页。

党以阶级为标准但又超越于阶级来维护世界和平。这一理解为和平共处五项原则的形成以及三个世界的划分提供了前提,也为改革开放以后融入世界提供了前提。毛泽东在《关于三个世界划分问题》中指出,"希望第三世界团结起来。第三世界人口多啊!……我看美国、苏联是第一世界。中间派,日本、欧洲、澳大利亚、加拿大,是第二世界。咱们是第三世界。……美国、苏联原子弹多,也比较富。第二世界,欧洲、日本、澳大利亚、加拿大,原子弹没有那么多,也没有那么富,但是比第三世界要富"①,"亚洲除了日本,都是第三世界。整个非洲都是第三世界,拉丁美洲也是第三世界"②。这里,毛泽东既在基本原则上遵循了马克思主义者对世界秩序的基本观念,又在一定程度上超越了以意识形态为标准所界定的世界秩序观。这一划分,是以军事、经济、科技发展的水平作为直接的标准,并且是否有利于世界和平来界定是团结对象,还是斗争对象,或者两者兼而有之。毛泽东在这里,不仅看到了世界诸国中,由于发展程度、强弱程度的不同,在推进世界社会主义革命过程中是有差别的,同时,毛泽东看到了资本主义国家之间并不是铁板一块,是有矛盾的。毛泽东在《赫鲁晓夫的日子不好过》中指出,"第二个'第三世界'是指以西欧为主的一批资本主义高度发展的、有些还是帝国主义的国家,这些国家一方面压迫别人,另一方面又受美国压迫,同美国有矛盾"③,这些矛盾可以被利用,以促进世界和平。这种认识为以后基于社会主义意识形态和中国的国情,灵活地制定对外战略奠定了基础。

二、新中国国际战略的形成与变迁

抗日战争结束以后,美国为了实施其全球战略,扶蒋反共。新中国成立

---

① 《毛泽东文集》第8卷,人民出版社1999年版,第441页。
② 《毛泽东文集》第8卷,人民出版社1999年版,第442页。
③ 《毛泽东文集》第8卷,人民出版社1999年版,第357页。

后，又进行围堵和遏制，对朝鲜实行武装干涉、派第七舰队进驻台湾海峡、侵入越南、分裂西藏，等等。以毛泽东同志为核心的党的第一代中央领导集体先是采取"一边倒"的国际战略，加入社会主义阵营，后来随着中苏分歧的加剧，又"两只拳头打人"。20世纪60年代末，美国在美苏争霸过程中处于守势，为了改变不利局面，表示出改善双边关系的意愿，中国共产党积极回应美国的转向，采取了联美抗苏的"一条线"战略。这一过程中，中国共产党以维护国家利益为目标和原则，依据不同形势灵活调整国际战略，对巩固新生的社会主义政权、营造社会主义现代化建设的有利外部条件，等等，都起到了重要保障作用。

（一）"一边倒"国际战略的确立

美苏在世界秩序的理解中和地缘政治的考量中充满了冲突，这些冲突导致了战时合作和战后初期秩序的逐渐解体，冷战的序幕逐渐拉开。1941年6月22日，丘吉尔在广播演说中说道，"过去二十五年来，没有人比我更为坚持不懈地反对共产主义。凡是我说过的关于共产主义的话，我决不收回。但是这一切，在当前展现的境况面前，都黯然失色了"[①]。从这里可以看出，同盟国为了应对共同威胁的合作，充满了矛盾，也带有暂时性。当共同的矛盾消失时，原来被抑制的矛盾便凸显出来。美国驻苏联外交官乔治·凯南在其报告中，从苏联的世界社会主义革命秩序观出发，认为苏联的扩张不可避免，将威胁自由、民主的西方世界，只有联合起来，以同样的"武力逻辑"对苏联加以遏制，才能维护西方世界的安全。他在1945年给同事的信中更明确地说明了这一点，"在大西洋海洋国家和心怀戒备的欧亚大陆国家的利益之间，一场根本性冲突正在欧洲展开。欧洲需要维持活跃而独立的政治生活，而苏联总是追求向西扩张，而且根据它自己的安全观，恐怕

---

① 方庆连、杨淮生、王玖芳：《现代国际关系史资料选编（1917—1945）》下册，北京大学出版社1990年版，第229页。

要一直扩张到大西洋"①。这种思想在苏联和西方地缘战略利益冲突加剧的情况下，上升为美国对苏联的外交战略。1946年，丘吉尔在富尔顿发表了反苏、反共的铁幕演说，揭开了冷战的序幕。1947年3月12日，杜鲁门在两会联席会议上的咨文中，围绕着希腊和土耳其的援助，阐述了对共产主义遏制的基本思想。他指出，"美国外交政策的首要目标之一，就是创造种种条件，以便我们和其他国家将能促进一种不受强制行径支配的生活方式"，"必须帮助自由人民以他们的自己的方式去解决有关他们各自命运的问题"②，并指出，美国"应该首先通过经济和财政援助的途径，这种援助对稳定经济和有秩序的政治进展是关系重大的"，这种"从道义和意识形态角度解释美国对外援助的做法被称为'杜鲁门主义'"③。这是"美国外交政策的转折点，它现在宣布，不论在什么地方，不论直接还是间接侵略威胁了和平，都与美国的安全有关"④。这在实质上改变了由罗斯福所确立的通过大国合作实现集体安全的世界秩序理念，确立了通过援助以影响甚至支配部分国家，进而遏制苏联扩张的国际战略，也标志着冷战的开始。1961年1月20日，肯尼迪在就职演说中提出，"不惜一切代价，顶住一切压力，克服一切艰辛，支持一切朋友，反对一切敌人，确保自由的存在与实现"⑤。林登·约翰逊在联合国大会演讲时提出，"追求和平、憎恨战争，愿意与饥饿、疾病和痛苦做斗争的任何人、任何国家，都会发现美国站在他们一边，愿意与他们并肩前进，携手走好每一步"⑥。

冷战的本质，是以美国为首的西方阵营，将共产主义视为对自由世界的

---

① [美]基辛格：《世界秩序》，胡利平等译，中信出版社2015年版，第371页。
② [美]基辛格：《世界秩序》，胡利平等译，中信出版社2015年版，第371页。
③ 上海国际问题研究所编：《1983年国际形势年鉴》，中国大百科全书出版社1983年版，第139页。
④ 上海国际问题研究所编：《1983年国际形势年鉴》，中国大百科全书出版社1983年版，第139页。
⑤ [美]基辛格：《世界秩序》，胡利平等译，中信出版社2015年版，第361页。
⑥ [美]基辛格：《世界秩序》，胡利平等译，中信出版社2015年版，第362页。

"威胁",力图对之加以"遏制",以维护战后由美国所主导的世界秩序。尽管,冷战的主要内容是遏制苏联的扩张,但是中国共产党是以马克思主义为指导思想,同属于社会主义阵营,这就使得中国共产党领导下的新中国同样是西方阵营遏制的对象。为了遏制苏联的扩张,美国在战后积极扶蒋反共,力图在中国建立一个由国民党主导、共产党参与的统一的、亲美的中国,使之成为遏制苏联扩张的重要力量,在新中国成立以后的一段时间,虽然试图与新中国建立关系,但仍不放弃与台湾地区的关系,并支持蒋介石不断骚扰大陆,构成新中国重要的安全威胁。与此同时,苏联不仅与中国共产党有着意识形态的亲和性,还对新民主主义革命给予了重要的支持。这些都使得革命胜利以后,中国共产党选择倒向苏联的国际战略。1949年1月6日,毛泽东在中共中央政治局会议上指出,"现在帝国主义在中国没有合法地位,不必忙于要帝国主义承认。我们是要打倒它,不是承认它,将来要通商,可考虑,但亦不忙,忙的是同苏联及民主国家通商建立外交关系"①。1月19日,《中共中央关于外交工作的指示》中指出,"许多帝国主义国家的政府,尤其是美帝国主义政府,是帮助国民党反动政府反对中国人民的解放事业的,……在原则上,帝国主义在华的特权必须取消,中华民族的独立解放必然实现,这种立场是坚定不移的","凡属被国民政府所承认的资本主义国家的大使馆、公使馆、领事馆及其所属的外交机关和外交人员,在人民共和国与这些国家建立正式外交关系之前,我们一概不予承认,只把他们当作外国侨民待遇,但应予以切实保护"②。在党的七届二中全会上,毛泽东指出,"我们是愿意按照平等原则同一切国家建立外交关系的,但是从来敌视中国人民的帝国主义,决不能很快地就以平等的态度对待我们,只要一天它们不改变敌视的态度,我们就一天不给帝国主义国家在中国以合法的地

---

① 中共中央党史研究室:《中国共产党历史》第二卷(1949—1978)上册,中共党史出版社2011年版,第22页。

② 《建党以来重要文献选编》第26册,中央文献出版社2011年版,第55—56页。

位"①。1949年6月15日，毛泽东在新政治协商会议筹备会上再次指出，"任何外国政府，只要它愿意断绝对于中国反动派的关系，不再勾结或援助中国反动派，并向人民的中国采取真正的而不是虚伪的友好态度，我们就愿意同它在平等、互利和互相尊重领土主权的原则的基础之上，谈判建立外交关系的问题"②。1949年2月，毛泽东在会见苏共中央政治局委员米高扬时指出，"我们这个国家，如果形象地把它比作一个家庭来说，它的屋内太脏了。新中国成立后，我们必须认真清理我们的屋子，把那些脏东西通通打扫一番，好好加以整顿。等屋内打扫清洁、干净，有了秩序，陈设好了，再请客人进来"③。周恩来在《我们的外交方针和任务》中更是明确指出，"帝国主义的军事力量被赶走了，但帝国主义在我国百余年来的经济势力还很大，特别是文化影响还很深。这种情形会使我们的独立受到影响。因此，我们要在建立外交关系以前把'屋子'打扫一下，'打扫干净屋子再请客'"④。1952年4月30日，周恩来在驻外使节会议上的讲话中指出，"一九四九年春，毛泽东同志就说过，我们的一个重要外交方针是'另起炉灶'，就是不承认国民党政府同各国建立的旧的外交关系，而要在新的基础上同各国另行建立新的外交关系。对于驻在旧中国的各国使节，我们把他们当作普通侨民对待，不当作外交代表对待。……这一'另起炉灶'的方针，使我国改变了半殖民地的地位，在政治上建立了独立自主的外交关系"⑤。

1949年3月13日，毛泽东在党的七届二中全会上的总结中指出，"我们不能设想，没有苏联，没有欧洲的和美国的工人运动吸引美帝国主义的力量在西方，我们中国革命也能胜利。……中国革命胜利以后的巩固也是一样，帝国主义是要消灭我们的，没有各国无产阶级，首先是苏联的援助，巩

---

① 《毛泽东选集》第4卷，人民出版社1991年版，第1435页。
② 《毛泽东选集》第4卷，人民出版社1991年版，第1466页。
③ 师哲：《在历史巨人身边——师哲回忆录》，中央文献出版社1991年版，第379页。
④ 《周恩来选集》下卷，人民出版社1984年版，第87页。
⑤ 《周恩来选集》下卷，人民出版社1984年版，第85—86页。

固是不可能的。……中苏关系是密切的兄弟关系，我们和苏联应该站在一条战线上，是盟友，只要一有机会就要公开发表文告说明这一点"①，并指出："一边倒，是孙中山的四十年经验和共产党的二十八年经验教给我们的……中国人不是倒向帝国主义一边，就是倒向社会主义一边，绝无例外。骑墙是不行的，第三条道路是没有的。我们反对倒向帝国主义一边的蒋介石反动派，我们也反对第三条道路的幻想。"②这些外交思想和外交策略，在《中国人民政治协商会议共同纲领》中被进一步确定化，纲领规定，"中华人民共和国外交政策的原则，为保障本国独立、自由和领土主权的完整，拥护国际的持久和平和各国人民间的友好合作，反对帝国主义的侵略政策和战争政策"。"凡与国民党反动派断绝关系、并对中华人民共和国采取友好态度的外国政府，中华人民共和国中央人民政府可在平等、互利及互相尊重领土主权的基础上，与之谈判，建立外交关系。"③在这一思想的影响下，1950年2月14日，中苏签订《中苏友好同盟互助条约》，规定："缔约国双方保证共同尽力采取一切必要的措施，以期制止日本或其他直接间接在侵略行为上与日本相勾结的任何国家之重新侵略与破坏和平。一旦缔约国任何一方受到日本或与日本同盟的国家之侵袭因而处于战争状态时，缔约国另一方即尽其全力给予军事及其他援助"，"缔约国双方保证以友好合作的精神，并遵照平等、互利、互相尊重国家主权与领土完整及不干涉对方内政的原则，发展和巩固中苏两国之间的经济与文化关系，彼此给予一切可能的经济援助，并进行必要的经济合作"④。这一条约的签订，减少了美国对中国由观望到遏制转变而对中国安全环境所带来的威胁，减少了蒋介石集团反攻大陆所构成的威胁，对于新生的社会主义中国的巩固起到了重要作用。同时，为"开国之初的新中国赢得了一个稳固的战略盟友和战略后

---

① 《毛泽东文集》第5卷，人民出版社1996年版，第262页。
② 《毛泽东选集》第4卷，人民出版社1991年版，第1472—1473页。
③ 《建党以来重要文献选编》第26册，中央文献出版社2011年版，第768页。
④ 《建国以来重要文献选编》第1册，中央文献出版社1992年版，第119、120页。

方,为开国之初的新中国进行革命至建设的战略重心转移争取到了一个有利的外部环境和国际形势"[1]。1950年4月,毛泽东在中央人民政府委员会第六次会议上的讲话中明确指出,"我们是处在一种什么情况下来订这个条约呢?就是说,我们打胜了一个敌人,就是国内的反动派,把国外反动派所扶助的蒋介石反动派打倒了。国外反动派,在我们中国境内,也把他赶出去了,基本上赶出去了。但是世界上还有反动派,就是我们国外的帝国主义。国内呢,还很困难……在这种情况下,我们需要朋友"。"这次缔结的中苏条约和协定,使中苏两大国家的友谊用法律形式固定下来,使得我们有了一个可靠的同盟国,这样就便利我们放手进行国内的建设工作和共同对付可能的帝国主义侵略,争取世界和平"[2]。

(二)"两个拳头打人"的国际战略的发展

20世纪50年代末至60年代末,由于苏联的大国沙文主义,中国共产党与苏联共产党的分歧日益加深,最终走向破裂。与此同时,美国加紧了对中国的围堵与遏制,破坏万隆会议、侵入越南、阻挠中国加入联合国、煽动西藏分裂,等等。中国共产党采取了"两个拳头打人"的国际战略,积极面对外部挑战,有理有节地展开斗争,确保了国家安全,保障了社会主义建设的顺利进行。

20世纪50年代末至60年代末,是新中国和平外交的曲折发展时期。这一时期外交的基本格局和面貌是中苏关系全面破裂、中美关系全面对抗,中国外交面临严峻的困难。如前所述,新中国成立初期,以毛泽东同志为主要代表的中国共产党人基于意识形态和地缘战略的需要,选择了"一边倒"的外交战略。这一战略,为巩固新中国、获得政治经济建设的必要支持提供了重要前提。但是,和一个具有大国沙文主义,遵循"武力逻辑",并

---

① 齐鹏飞、李葆珍:《新中国外交史》,人民出版社2014年版,第9页。
② 《建国以来毛泽东文稿》第1册,中央文献出版社1987年版,第290—291页。

且以世界革命为导向的大国的结盟，也同时意味着面临诸多问题。在这种关系中，"苏联是起主导作用的一方，中国是相对被动的一方，多方面有求于苏联，双方的地位并不是完全平等、对等的"，同时，同盟意味着"在政治、经济、军事等各个领域承担相应的责任和义务，就必然会产生一些不能完全依照自身的独立意志行事而不得不受制于人的特殊情况"，这必然会导致中苏关系"产生结构性的、深层次的障碍、裂痕乃至矛盾的隐患"①。苏共二十大以后，中苏在意识形态方面的分歧逐步增加。1956年4月5日和12月29日，中国共产党发表《关于无产阶级专政的历史经验》《再论无产阶级专政的历史经验》，阐明了在无产阶级专政方面，中苏之间认识、主张、经验等方面的差异。1958年，"长波电台风波""联合舰队风波"相继发生，中苏矛盾公开化。1958年7月22日，毛泽东在同苏联驻华大使尤金谈话时指出，"什么兄弟党，只不过是口头上说说，实际是父子党，是猫鼠党"②，"搞'合作社'有一个所有权问题。……要讲政治条件，连半个指头都不行。……在这个问题上，我们可以一万年不动摇"③，1959年，苏联又单方面撕毁《中苏国防新技术协定》。经过这些后，中苏关系进一步恶化。

1960年4月，《红旗》杂志发表《列宁主义万岁》，《人民日报》发表《沿着伟大列宁的道路前进》，陆定一在纪念列宁90周年大会上作了题为《在列宁的革命旗帜下团结起来》的报告，这三篇文章关于中国共产党对世界局势、当前的资产阶级与无产阶级关系以及战争与和平等问题作了阐述，在实质上公开了与以赫鲁晓夫为首的苏共的分歧。1960年6月，51国共产党和工人党在罗马尼亚首都布加勒斯特召开会议，苏共煽动许多与会国批判中国共产党。以彭真为首的代表团在会议上点名批评了赫鲁晓夫，中苏论战开始。毛泽东对此指出，"赫鲁晓夫代表老板阶级，代表资产阶级，不要革

---

① 齐鹏飞、李葆珍：《新中国外交史》，人民出版社2014年版，第24页。
② 《毛泽东外交文选》，中央文献出版社、世界知识出版社1994年版，第325页。
③ 《毛泽东外交文选》，中央文献出版社、世界知识出版社1994年版，第328页。

命，不要继续革命，不要共产主义"①。1960年6月，苏联单方面撕毁条约，撤走全部在华专家。同年8月，中苏在新疆博孜艾格尔山口发生第一次边境冲突，随后，中苏边境武装冲突时有发生。1962年2月22日，苏共在来信中指责"反列宁主义行为"、坚持"特殊路线"等，对此，中国共产党于4月7日回复苏共来信中，指责其"虚伪""倒打一耙""强加于人"。1962年12月15日到1963年3月8日，中国共产党又相继发布了《全世界无产者联合起来反对我们共同的敌人》《列宁主义和现代修正主义》《在莫斯科宣言和莫斯科声明的基础上团结起来》等文章，对苏共提出了更为严厉的批评。1963年夏天，苏联在中印边境冲突不断升级之时，向印度提供"米格"战斗机，同年8月与美国签订核不扩散协议，意图阻止中国拥有核力量。1964年10月，勃列日涅夫上台后，重兵进驻外蒙古和中苏边境。1963年9月至1964年7月，中国共产党相继发表了《苏共领导同我们分歧的由来和发展》《关于斯大林问题》《南斯拉夫是社会主义国家吗》等文章，以批驳苏联诸多内政外交方面的思想路线。1965年3月，苏共试图通过"共产党和工人党代表协商会晤"，联合其他国家的共产党和工人党围堵中国共产党的思想路线。1966年1月，中国共产党缺席苏共二十三大，中苏关系彻底破裂。1969年3月，中苏在珍宝岛进行了激烈的武装冲突。致使中苏关系全局性恶化，使得毛泽东在党的九届一中全会上指出，"要准备打仗"②。

如前所述，美国为了使中国成为一个亲美的国家，并利用中国成为遏制苏联扩张的力量，在战后初期采用了扶植中国的策略。这一策略力图在中国建立一个统一、民主、亲美的国家，但他们认为只有蒋介石才能领导中国，中国共产党是边缘化的力量，需要作为一个小党参政。基于这种策略，一边企图建立一个含括共产党在内的联合政府，一边武装国民党，为之运送兵力和武器，这本质上是"扶蒋反共"的行为，推动着中国共产党战后"一

---

① 吴冷西：《十年论战：1956—1966中苏关系回忆录》上，中央文献出版社1999年版，第41页。
② 《建国以来毛泽东文稿》第13册，中央文献出版社1996年版，第38页。

边倒"外交方针的确定。新中国成立以后，虽然美国基于遏制苏联的考虑，试图与新中国建立联系，但不放弃与国民政府的关系，同时奉行反共、反社会主义的意识形态和外交方针。这些都推动着"一边倒"方针的发展。"一边倒"的发展使中美不断走向敌对。新中国成立前后，美国不仅策动新疆、西藏等地少数民族的部分封建主和宗教领袖发动武装叛乱，还封锁中国的港口，同时，向英、法、荷、比、印、巴等国发出照会，要求其拒不承认新中国。此外，美国国务院还宣传继续承认国民党政府，不承认中华人民共和国。1950年6月25日，朝鲜内战爆发。美国政府立即决定对朝鲜实行武装干涉，并派遣第十三航空兵大队进驻台湾、第七舰队封锁台湾海峡、鼓吹"台湾法律地位未定"论，同时对新中国实施禁运。7月上旬，美国操纵联合国安理会，组成以美军为首的"联合国军"，于9月15日在仁川登陆，10月7日越过三八线，将战线推进至中朝边境，并多次侵扰中国领空。1950年10月19日，中国人民志愿军跨过鸭绿江，开始抗美援朝战争。1950年12月6日，盟军指挥部指令日本对华实施禁运，同时宣布冻结中国在美资产，不仅导致新中国短缺进口物资价格急剧上涨，还导致出口尤其是农产品出口锐减，加大了经济困难。1954年12月，美国与台湾当局签订《美台共同防御条约》，中美的冲突进一步加深。1955年4月，周恩来在万隆会议期间，指出，"中国人民同美国人民是友好的。中国人民不要同美国打仗。中国政府愿意同美国政府坐下来谈判，讨论和缓远东紧张局势的问题，特别是和缓台湾地区的紧张局势问题"①。1955年8月，中美开始大使级会谈。1958年8月23日，第三次台海危机爆发，中美关系僵持状态再次加剧。1955年，法国撤出越南后，美国扶植西宫政权，加强对南越控制，使其成为遏制共产主义的基地。1961年5月，美国为了扩大对越南的控制，通过出钱、出枪、出顾问等方式，支持南越发动统一越南的战争。1964年8月5日，美国以北部湾事件为由，轰炸越南北方。1965年3月上旬，美军在岘港登陆，地面部队开始参加战争，至

---

① 《周恩来外交文选》，中央文献出版社1990年版，第134页。

此，美国由最初的特种战争变为全面战争。美军对越南的轰炸不断向北推进，还侵扰了中国海南、云南、广西等领空。面对这一严重威胁，1965年4月8日，中越签订了向越南派出援越部队协议。随后，党中央发出抗美援越的全国动员。至1970年7月，共有32万援越部队参加了设施修建、战争顾问、医疗援助等，并支持了越南大量战争急需物资，截至1978年，中国对越援助总值达200亿美元（按当时国际市场价格计算），其中无偿援助占93.3%，无息贷款占6.7%[①]。中国与美苏同时交恶，"不得不承受来自南北各方面、来自苏美两个'超级大国'都开始与新中国为敌的沉重压力和严峻局面，不得不同时'反帝又反修'和'两个拳头打人'，中国面临的国际形势和周边环境空前恶化，中国的国家安全和国家利益与国家主权和领土完整遭遇前所未有的巨大威胁，新中国和平外交进入到共和国历史上最为艰难困苦的曲折发展"[②]。

（三）"一条线"国际战略的变化

20世纪60年代末，美苏争霸过程中，美国处于守势。美方需要通过联合其他大国，扭转这一不利局势。与此同时，苏联在中国边境陈兵百万，双方之间的零星战斗时有发生，给中国带来了巨大的战略压力和安全威胁。在此背景下，中国采取了"一条线"的国际战略，积极回应美方改变对华关系的意愿。这一战略为扭转两面作战的不利局势、降低中国外部风险、积极融入现代世界体系奠定了重要基础。

随着冷战的开始，苏美的冷战不断发展，从20世纪60年代末期开始，苏联扩军备战，推行大国沙文主义，使美苏冷战处于"苏攻美守"阶段。美国一方面深陷越南战争泥潭，一方面面临苏联的攻势，地缘战略压力剧增，从20世纪60年代就开始表现出改善双边关系以制衡苏联的意愿。与此同

---

① 齐鹏飞、李葆珍：《新中国外交史》，人民出版社2014年版，第55页。
② 齐鹏飞、李葆珍：《新中国外交史》，人民出版社2014年版，第55—56页。

时，苏联陈兵边境，不断爆发的局部性冲突，使中苏战争的危险迫近，苏联时不时地暗示向中国发动核战争。"两只拳头打人"所带来的国际环境的恶化以及对国内经济建设产生的不利影响，促使以毛泽东为首的党中央调整国际战略，"联美以制苏"。因而，双方都存在改善双边关系的需要。1969年2月19日，毛泽东在其住处召开会议，提议由陈毅牵头，徐向前、聂荣臻、叶剑英参与，研判国际形势，随后向周恩来提交了《对战争形势的初步估计》和《对目前形势的看法》，指出了苏联对中国威胁的紧迫性，以及苏联、美国向中国发动全面战争的困难和制约，分析了苏美矛盾、中苏矛盾、中美矛盾的轻重缓急，提出了打开中美关系大门的基本策略。在这些认识的推动下，1968年11月25日，中美大使级会谈得以恢复。1969年1月28日，《人民日报》刊登了尼克松的就职演说，向美国传递了特定的积极的信号。1970年10月1日，毛泽东会见了斯诺，被报纸报道，并传递了"全世界人民包括美国人民都是我们的朋友"的信息。在这些因素影响下，1970年10月，尼克松在联合国成立25周年时，向巴基斯坦总统叶海亚·汗传递了推动中美关系正常化的决定。10月27日，尼克松请罗马尼亚总统齐奥塞斯库向中国传送中美关系建交的信息。12月18日，毛泽东会见斯诺时指出，"如果尼克松愿意来，我愿意和他谈，谈得成也行，谈不成也行，吵架也行，不吵架也行，当作旅行者来谈也行，当作总统来谈也行"[1]。1971年4月，中国乒乓球队在毛泽东授意下要求美国乒乓球队访华。两国乒乓球队的交流推动了两国关系的发展。

周恩来会见美国乒乓球队时指出，"中美两国人民过去往来是很频繁的，以后中断了一个很长的时间。你们这次应邀来访，打开了两国人民友好往来的大门"[2]。尼克松在同美国报界代表谈话时指出，本届政府和下届政府长期目标必须是做两件事：一是使美国政府和中华人民共和国政府

① 《毛泽东文集》第8卷，人民出版社1999年版，第436—437页。
② 《周恩来外交文选》，中央文献出版社1990年版，第474页。

之间的关系正常化。二是使大陆与世隔绝的状态结束。他还表达了他渴望早一天访问中国的意向①。同年4月21日，中国政府又通过巴基斯坦邀请美国国务卿或总统到北京商谈建交问题。尼克松随即口头应承了这一邀请。7月9日，基辛格秘密访问中国，与周恩来在北京举行了多轮会谈。会谈中周恩来提出了中美建交的基本原则，从台湾撤军、承认台湾属于中国等，基辛格承诺承认一个中国、不再与中国为敌、减少台湾驻军等。双方发表了《公告》：周恩来总理和尼克松总统的国家安全事务助理基辛格博士，于1971年7月9日至11日在北京举行了会谈。获悉尼克松总统曾表示希望访问中华人民共和国，周恩来总理代表中华人民共和国政府邀请尼克松于1972年5月以前的适当时间访问中国。尼克松愉快地接受了这一邀请。中美两国领导人的会晤，是为了谋求两国关系的正常化，并就双方关心的问题交换意见②。1972年2月21日，尼克松访问中国，2月28日，《中华人民共和国和美利坚合众国联合公报》发表。《公报》指出："一九七九年一月一日起互相承认并建立外交关系"、美国承认中华人民共和国为唯一合法政府，但同时与台湾保持非官方的，承认只有一个中国、台湾是中国的一部分，等等。《公报》为中美关系的正常化奠定了基础，也为中国迅速打开外交局面奠定了基础。1973年2月15日至19日，基辛格再次访华，双方建立联络处，以加速两国关系正常化发展。毛泽东在会见基辛格时，提出了由美国、日本、中国、巴基斯坦、欧洲等维度近似的国家和地区建立反对苏联霸权的统一战线③。其后，尼克松由于"水门事件"下台，中美关系正常化问题被暂时搁置。

1977年8月23日，美国国务卿万斯访华，希望加速中美正式建交问题，表示可以承认中国为唯一合法政府，但希望中国政府允许美国政府人员继续留在台湾，并不发表武力解决台湾的声明。邓小平于次日会见万斯时指

---

① [美]理查德·尼克松：《尼克松回忆录》中册，商务印书馆1979年版，第234页。
② 《公告》，《人民日报》1971年7月16日。
③ 参见王永钦：《毛泽东与基辛格》，《党的文献》1997年第1期。

出,"要实现中美关系正常化,在台湾问题上有三个条件,即废约、撤军、断交……台湾问题是中国的内政,别人不能干涉。我们准备按三个条件实现中美建交以后,在没有美国参与的条件下,力求通过和平方式解决台湾问题,但不排除用武力解决……"①1978年5月,美国国家安全事务助理布热津斯基访问中国。5月21日,邓小平会见布热津斯基时指出,"如果在台湾问题上美国方面还需要时间,我们可以等,但这不等于说我们并不性急。……我们历来阐明的就是三项条件,即断交、撤军、废约,这三项条件都涉及台湾问题。我们不能有别的考虑,因为这涉及主权问题。……对两国来说,关系正常化问题是一个带根本性的问题。……当然我们历来说,我们两国之间的关系还有其他方面,主要是国际问题,在这方面我们有许多合作的余地"②。会后双方商定,由中国外交部长和美国驻中国联络办主任伦纳德·伍德科克商谈中美关系正常化问题。为了推进中美建交,会谈中中方在坚持必须废约的前提下,同意美方在1979年年底前废止这一条约。同意会谈后美国单方面发布希望台湾和平解决的声明,同意暂时搁置美国对台武器出售问题,等等。1978年12月16日,中美两国同时宣读了《中华人民共和国和美利坚合众国关于建立外交关系的联合公报》,《公报》宣布自1979年1月1日,中美互相承认并正式建交,于3月1日互派大使。美国承认中华人民共和国为唯一合法政府,并声明将正式通知台湾结束外交关系和《共同防御条约》。1979年初,邓小平出访美国。访美期间,邓小平多次指出,美国、中国、日本、西欧应联合起来,反对苏联的霸权主义。至此,中美苏三角战略关系形成。

---

① 冷溶、汪作玲主编:《邓小平年谱(1975—1997)》上,中央文献出版社2004年版,第188—189页。
② 冷溶、汪作玲主编:《邓小平年谱(1975—1997)》上,中央文献出版社2004年版,第313—314页。

三、新中国对人类命运的影响

1945年2月,苏、美、英三国签订了雅尔塔协定,确定了战后以西方为主导、大国合作的世界秩序。美苏分歧的日益增加,使这一体系走向分裂。中国作为一个幅员辽阔、人口众多、资源丰富的大国,"一边倒"的策略,大大壮大了社会主义阵营的力量,在雅尔塔体系向两极格局转变的过程中起到了重要的推动作用。随着中苏分歧的加深以及美苏争霸中美国处于守势,中、美由对抗转向合作以共同抵制苏联的大国沙文主义。中国这一战略的转变推动了两极体系的瓦解,也推动了多极化格局的发展。在这一过程中,中国反对大国沙文主义和霸权主义,坚持和平共处五项原则,主张和平解决国际争端,促进了世界和平和民族解放运动的发展。

(一) 从雅尔塔体系向两极体系转变

在第二次世界大战过程中,中、美、英、苏等国为了取得战争胜利,逐步走向联合,并在合作过程中,先后发表了《联合国家共同宣言》《开罗宣言》、雅尔塔协定,等等,最终形成了雅尔塔体系,不仅确保了战争的胜利,也实质上划定了战后国际秩序。这一体系以美、英的合作为主导,试图构建一个大国相互合作的、以西方资本主义国家为主导的国际秩序。以苏联为主导的社会主义国家形成了以社会主义政治制度、经济制度和以马克思主义为指导的社会主义阵营。新中国加入社会主义阵营,使得社会主义阵营的力量得到了大大增强,推动了两极格局的形成。

1942年1月1日,中、美、苏、英等国在华盛顿发表了《联合国家共同宣言》,旨在促成战争的合作。《宣言》为联合国的建立奠定了基础。1943年12月1日,中、美、英三国在《开罗宣言》中指出,"剥夺日本自第一次世界大战开始以后在太平洋所夺得的或占领之一切岛屿,在使日本所窃取于中国之领土,例如满洲、台湾、澎湖群岛,归还中华民国"①,把日本赶出朝鲜半岛。这一宣言的主张在后来的雅尔塔协定中被进一步阐述,成为战后确立东南亚国际秩序的基本框架。1944年,世界反法西斯战争胜利曙光出现,为了协调战争以及确保战后和平,苏、美、英、中四国在华盛顿敦巴顿橡树园大厦召开了会议,会议讨论通过了建立普遍性国际组织议案——联合国,确定了联合国的组织框架、宗旨、原则。1944年7月,中美苏英等44个国家在美国新罕布什尔州布雷顿森林,举行国际货币金融会议,签订了《布雷顿森林体系协定》,《协定》的两个附件《国际货币基金组织协定》《国际复兴开放银行协定》,规定了美元与黄金挂钩,通过世界银行向会员国贷款。这些规定确立了以美元为主导的国际货币体系,并为美国通过贷款影响和支配其他国家提供了基础。1945年2月6日至8日,苏美英等国在雅尔塔召开了四次会议,讨论了战后秩序重建相关问题。1945年2月11日,苏、美、英三国发布了《克里米亚会议公报》,讨论了德国的占领与管制、《联合国宪章》制定以及波兰和南斯拉夫等问题,基本确立了欧洲的战后秩序。同日,三国发布了雅尔塔协定,决定欧洲战争结束后的两至三个月内,苏联参加同盟国的对日战争,决定了库页岛、千岛群岛归属问题,并牺牲中国在大连港、旅顺港、南满铁路的利益以维护苏联的利益。协定基本确立了战后东南亚的国际秩序。1945年6月26日,旧金山会议讨论通过了《联合国宪章》,确立了联合国的宗旨、原则、程序、机构、会员国以及安理会的基本架构,等等。使得二战时期国际合作的一些原则、框架被明确化、系统化。《联合国宪章》也在实质上巩固了战后大国对世界秩序的划分。

战后国际秩序是在应对法西斯共同威胁基础上建立的,这种威胁让各国超越了意识形态、文化差异和地缘政治矛盾,而实现必要的国际合作。潜在的矛盾从未消失过,而且根深蒂固,因而,战后以维护世界和平、促进国际合作为主旨的局面是脆弱的,当共同的威胁消失的时候,被抑制的矛盾

---

① 《国际条约集(1934—1944)》,世界知识出版社1961年版,第407页。

就凸显出来,合作便逐步走向对立。美苏是促成这种合作的主要国家,他们的矛盾又促成这种对立的因素。基辛格认为,"威尔逊的遗产已经塑造了美国人的思维"①。理解美苏的深层次矛盾,需要从威尔逊开始谈起。1913年,威尔逊就任美国总统之后,在面对德国的暴行时,指出美国的外交政策建立在美国的普世价值之上。威尔逊在其演讲中指出,"对德国人民最为不利的事情是,战争结束以后,如果他们依然不得不生活在破坏世界和平的野心家、阴谋家的统治之下,依然受制于世界各国人民无法信任的人或阶级,那么世人可能无法接纳他们融入今后保障世界和平的各国伙伴关系"②。威尔逊断言:"只有通过自我治理,各国人民才能表达对国际和谐的真诚愿望。而且一旦实现独立和民族团结,他们就不会再有施行侵略或自利政策的动机。"③这也意味着,美国的对外干预不仅是取得战争胜利,而是要推进民主化,"摧毁可以单独、秘密和任意破坏世界和平的任何专制力量,如果目前无法摧毁,至少也要削弱其能力,使其无法行动。"④这就塑造了美国关于国际秩序的认知,"民主不仅是最好的治理形式,也是永久和平的唯一保障。"⑤这在一定程度上塑造了美国的世界秩序愿景,即"通过民主、公开外交、培育共同规则和标准来维护和平。"⑥这种认知不仅导致对苏联意识形态的不信任,将苏联制度视为以美国为主导并体现了美国价值观的世界秩序的威胁,还促使美国形成了"例外主义"和"参与式治理"。而"在斯大林的世界观中,决策取决于客观因素,而非个人关系。因此,战时同盟之间的友好是'主观性的',会被胜利带来的新情况取代。苏联的战略目标是最大限度地实现安全,为不可避免的摊牌做好准备。这意

---

① [美]基辛格:《世界秩序》,胡利平等译,中信出版社2015年版,第345页。

② Woodrow Wilson, Fifth Annual Message, December 4, 1917, in United States Congressional Serial Set 7443(Washington, D.C.: Government Printing Offce, 1917).

③ [美]基辛格:《世界秩序》,胡利平等译,中信出版社2015年版,第340页。

④ Woodrow Wilson, "An Address at mount Vernon," July 4, 1918, in Link, Papers, 48: 516.

⑤ [美]基辛格:《世界秩序》,胡利平等译,中信出版社2015年版,第338页。

⑥ [美]基辛格:《世界秩序》,胡利平等译,中信出版社2015年版,第351页。

味着把苏联的安全边界尽量向西推进,并通过各国共产党和特工行动削弱安全边界之外的国家"①,因而,斯大林深信资本主义制度必然导致战争,因此二战结束顶多是休战。他认为希特勒是资本主义制度的特殊代表,而不是这一制度的异类。希特勒战败后,不管西方领导人怎么说或怎么想,资本主义国家依然是敌人②。正如斯大林所指出的,"他们谈论和平主义,谈到欧洲国家的和平。白里安和张伯伦正相互拥抱……这一切毫无意义。根据欧洲历史,我们知道,每次前述条约,规定重新部署军队准备打一场新战争,这种条约都被称为和平条约……之所以签署(这些条约),都是为了描绘下一场战争的新要素。"③世界秩序观的差异,使得二者都要通过扩大自身的势力、遏制对方以赢得他们自身理解的和平与安全。雅尔塔体系所确立的国际合作在以崇高使命支配下的扩张中不可避免地走向了分裂。

1949年10月,苏联第一个与新中国建交,随后保加利亚、罗马尼亚、匈牙利、朝鲜民主主义人民共和国、捷克斯洛伐克、波兰、蒙古、德意志民主共和国、阿尔巴尼亚和越南等相继宣布与新中国建交。1951年5月,新中国同亚洲的缅甸、印度、巴基斯坦、印度尼西亚以及欧洲的瑞典、丹麦、瑞士、列支敦士登、芬兰建立了外交关系。这是"新中国走向国际社会和现代国际关系体系的良好开端,对于打破美国等西方发达资本主义国家对新中国的孤立和封锁具有重要意义"④。1955年2月,毛泽东在《中苏友好同盟互助条约》签订五周年时,进一步指出,"五年来,中苏两国间政治、经济、文化的全面合作有了广阔的发展,苏联政府和苏联人民给了正在从事社会主义建设的中国人民以全面的、系统的和无微不至的援助。苏联政府先后帮助中国新建和扩建共达一百五十六项巨大工业企业,派遣大批优秀专家

---

① [美]基辛格:《世界秩序》,胡利平等译,中信出版社2015年版,第357页。

② [美]基辛格:《世界秩序》,胡利平等译,中信出版社2015年版,第356页。

③ As quoted in T.A.Taracouio, War and peace in Soviet Diplomacy(New York: Mamillan, 1940), 139 — 140.

④ 齐鹏飞、李葆珍:《新中国外交史》,人民出版社2014年版,第10页。

帮助中国建设，几次给予中国优惠贷款，将中苏共同管理的中国长春铁路和苏联机关于一九四五年在中国东北境内由日本所有者手中所获得的财产无偿地移交中国，将中苏合营企业的股份出售给中国，并决定把中苏共同使用的旅顺口海军根据地和该地区的设备交由中国以科学、技术和工业上的帮助。这种友好的合作和真诚的援助，极大地推进了建设事业的发展，并向全世界显示了这种新兴国际关系的伟大生命力"。"中苏两国友好同盟的巩固和发展，对保证我们两国的安全和维护远东和世界的和平产生了不可估量的影响。中苏两国的和平政策，推动并促成了朝鲜半岛的停战和印度支那和平的恢复，使国际紧张局势有了一定的缓和，鼓舞了一切爱好和平的国家和人民"①。中苏友好时期，两国在政治、军事、经济、文化等领域开展了深入的合作和交流。如两国领导人互访取得了显著进展，苏联在恢复联合国合法席位、抗美援朝中提供重要帮助，以及中国在波匈事件中支持苏联，等等。

（二）推动两极体系向多极化发展

20世纪末，中国采取联美抗苏的"一条线"战略，使美国得以改变美苏争霸中处于守势的战略困境。苏联解体后，党中央积极推动独立、自主的和平外交方针，推动了两极格局向多极化发展。

在一系列谈判基础上，1972年2月28日，中美签订《中华人民共和国和美利坚合众国联合公报》，1978年12月16日，中国两国发表《中华人民共和国和美利坚合众国关于建立外交关系的联合公报》，1982年8月17日，中美签订《中华人民共和国和美利坚合众国联合公报》。至此，中美双边关系得到了不断发展。中美关系的发展，推动了两极格局的解体和世界多极化的发展。1953年11月6日，国家安全委员会政策声明（NSC166/1）表示，"美国远东政策的主要问题是，应付由于一个强大的、敌对的共产党中国的存在

---

① 《建国以来毛泽东文稿》第5卷，中央文献出版社1991年版，第35—37页。

以及共产党中国和苏联的结盟而引起的力量结构的变化。"①并表示,"利用一切手段,破坏中苏关系"②。从这里可以看出,中国作为社会主义国家,在新中国成立初期的"一边倒"巩固了社会主义阵营的力量,加强了苏联在亚洲尤其是在东亚的影响,也客观上加强了苏联在两极格局中的力量。中苏分裂、中美建交以后,一方面削弱了苏联依托社会主义阵营进行全球扩张的能力;一方面,增加了苏联在全球的战略压力,最终决定了苏联霸权的落幕。正如基辛格所言:"中美和解起于冷战期间的一种战术,后来演变为新国际秩序中的核心因素。"③毛泽东也对此说道:"苏联构成一个全球性的威胁,必须在全球加以抵制。不论其他国家会怎么做,中国即便是其军队必须撤至内地打游击战也必要抵御外侮。但若美国和其他志同道合的国家合作,必将加速长期积弱的苏联在这场较量中失败之日的到来。"④

中美和解、中苏对峙的同时存在,进一步增加了苏联在全球尤其是亚洲的战略压力,这一压力迫使苏联进一步扩军备战,以缓解其国家安全的焦虑。苏联将大量财政资金用于军事而不是用于科研、经济投资和公共福利,这导致苏联经济活力下降,从而导致其科技创新能力下降,使得苏联在美苏竞赛中高新技术用于军事的能力日益不足,只能以数量的优势求得军事力量的平衡。进一步导致军事竞赛和科技创新能力不足、经济活力不足并互相形成恶性循环。同时,对公共福利的忽视,导致了相对贫困和社会相对剥夺感,为民族矛盾和阶级矛盾的激化提供了条件,最终由此走向了解体。因而,中美苏战略三角的形成,加速了苏联的战略困境,从而加剧了苏联的解体,并由此推动了世界格局多极化的发展。

---

① 《美国对华政策文集(1949—1972)》第2卷上册,世界知识出版社2004年版,第159页。
② 《美国对华政策文集(1949—1972)》第2卷上册,世界知识出版社2004年版,第160页。
③ [美]基辛格:《世界秩序》,胡利平等译,中信出版社2015年版,第238页。
④ 参见[美]基辛格:《世界秩序》,胡利平等译,中信出版社2015年版,第78页。

（三）促进民族独立和世界和平

新中国成立以后，一方面坚持反对霸权主义，反对干涉国家内政；另一方面，通过召开和参加国际会议，积极促进众多发展中国家的团结，支持第三世界的民族解放运动，推动其联合起来反对霸权主义。与此同时，中国在和平共处五项原则基础上，积极解决与周边国家的矛盾。这些都促进了民族解放和世界和平。

1954年4月，周恩来率领中国代表团参加了日内瓦会议，讨论了和平解决朝鲜问题和印度支那问题。在中国代表团与法国、越南、老挝、苏联等国的充分讨论下，发表了《日内瓦会议最后宣言》，推动了法国撤军和印度支那三国的独立，缓解了东南亚局势。这次会议对促进国际局势缓和、促进国际争端和平解决有着重要意义。正如齐鹏飞指出的，"受邀参加日内瓦会议，表明了中国在解决亚洲事务和国际性事务中的重要地位，也意味着新中国冲破美国的孤立政策，开始走上国际政治舞台。日内瓦会议促成了印度支那停战，使中国南部边疆的安全得到巩固。通过日内瓦会议，中国也拓展了在国际社会的活动空间和影响力"[1]。1955年4月18日至24日，由缅甸、锡兰、印度、印度尼西亚和巴基斯坦五国总理联合发起的第一次亚非会议在印度尼西亚的万隆举行，共有29个亚非国家参与了此次会议。面对种族、文化、地缘政治等诸多方面的差别以及这些差别所引起的分歧，中国代表团提出了"求同存异"的方针。周恩来指出："中国代表团是来求同而不是来立异的。在我们中间有无求同的基础呢，有的。那就是亚非绝大多数国家和人民自近代以来都曾经受过、并且现在仍在受着殖民主义所造成的灾难和痛苦。……我们还应在共同的基础上来互相了解和重视彼此的不同见解。……我们现在准备在坚守五项原则的基础上与亚非各国，乃至世界各国，首先是我们的邻邦，建立正常关系。"[2]在和平共处五项原则基础上，

---

① 齐鹏飞、李葆珍：《新中国外交史》，人民出版社2014年版，第19页。
② 《周恩来选集》下卷，人民出版社1984年版，第153—156页。

万隆会议形成了追求和平、合作、独立、协商等的"万隆精神"。中国代表团"在这次会议中不仅发挥了积极的主导性、引领性作用,而且也借此契机建立或促进了与其他亚非国家的友好关系"①。

1946年8月6日,毛泽东在会见美国记者斯特朗时提出了中间地带。1954年8月,毛泽东在同英国工党代表团会谈时指出,美国的目的"首先是占据从日本到英国的这个中间地段。美国在北美洲处在这个中间地段的那一边,苏联和中国处在这一边。美国的目标是占领处在这个广大中间地带的国家,欺负它们,控制它们的经济,在它们的领土上建立军事基地,最好使这些国家都弱下去,这包括日本、德国在内"②。1956年10月9日毛泽东会见巴基斯坦总理苏瓦拉底时指出:"除了美国和社会主义阵营之外,包括英国、亚非、拉丁美洲在内的诸多国家属于中间地带。"③随后又指出:"共产主义,民族主义,帝国主义,这三个主义中,共产主义和民族主义比较接近。而民族主义占领的地方相当宽,有三个洲:一个亚洲,一个非洲,一个拉丁美洲。"④1962年1月3日,毛泽东在会见日本禁止原子弹氢弹协议会理事长安井郁时指出,"社会主义阵营算一个方面,美国算另一个方面,除此以外,都算中间地带","美国统统想把它们吞下去"⑤。1964年1月5日,毛泽东会见日共中央政治局委员时指出,"中间地带有两部分:一部分是指亚洲、非洲和拉丁美洲的广大经济落后的国家,一部分是指以欧洲为代表的帝国主义国家和发达的资本主义国家","这两部分都反对美国的控制"⑥。基于这种判断和反帝反修的需要,中国积极联合中间地带,推动民族民主运动,这些努力深化了与周边国家和广大亚非拉国家的合作关系,

---

① 齐鹏飞、李葆珍:《新中国外交史》,人民出版社2014年版,第20页。

② 《毛泽东外交文选》,中央文献出版社、世界知识出版社1994年版,第159—160页。

③ 参见李捷:《世界多极化趋势与毛泽东的三个世界划分理论》,《当代中国史研究》1997年第1期。

④ 《毛泽东外交文选》,中央文献出版社、世界知识出版社1994年版,第342页。

⑤ 《毛泽东外交文选》,中央文献出版社、世界知识出版社1994年版,第487页。

⑥ 《毛泽东外交文选》,中央文献出版社、世界知识出版社1994年版,第508页。

"很好地配合了反对美苏两个'超级大国'的霸权主义的斗争,扩大了自己的国际影响"①。在这一思想指导下,1960年至1964年,中国同14个亚非拉国家建立了外交关系,并实现了领导人的多次互访。

新中国成立之初,边界纠纷问题频发,影响着新中国与周边国家关系的发展,也影响着社会经济建设所急需的和平环境的获得。从20世纪50年代中期开始,中国逐步推动边界问题的谈判。随后,中国与缅甸、尼泊尔、巴基斯坦、朝鲜、蒙古等国的边界谈判取得了显著进展。1960年至1961年,中缅先后签订了"中缅边界协定""中缅边界条约""中缅边界议定书"等。1960年、1961年、1963年,中尼先后签订了"中尼边界协定""中尼边界条约""中尼边界议定书"等,大致确定了中尼边界。1963年、1965年中巴相继签订"中巴边界协定""中巴边界议定书",边界划分取得进展,等等。这"为中国政府在接下来的时间里继续以和平共处五项原则为基础、以'睦邻'政策为基础通过外交谈判的方式、通过和平的方式全面、彻底地解决与周边国家的陆地边界问题奠定了非常坚实的基础,提供一个可资参考和借鉴的成功样板和示范"②。但是,由于印度政府坚持非法的"麦克马洪线",不断派兵侵吞中国领土,并企图侵占中国领土阿克赛钦,最终导致了1962年中印战争的爆发。

新中国成立以来,积极展开对外援助以支持亚非拉国家的建设。1950年开始,中国开始向朝鲜和越南提供援助。亚非会议之后,对外关系的开展促使中国向亚非国家的援助增加。1959年,毛泽东在接见非洲部分国家代表时指出:"今后非洲的反帝运动会比过去发展得更快。至于各国要帮助你们,那毫无问题。……你们需要支持,我们也需要支持,而且所有的社会主义国家都需要支持。……你们那里的反帝运动就是支持我们。苏联、中国把

---

① 齐鹏飞、李葆珍:《新中国外交史》,人民出版社2014年版,第65—66页。
② 齐鹏飞、李葆珍:《新中国外交史》,人民出版社2014年版,第58页。

工作做好一点,也就是支持你们。"①1956年,中埃建交,随后,中国陆续同42个非洲国家建交。在此期间,中国不仅在多个国际场合为非洲民族独立运动发声,支持其反帝、反殖、反霸,还给予其大量的经济援助,并为其培养相关人才。1955年,亚非会议上,周恩来提出了"和平共处五项原则",20世纪60年代,中国又提出了支持非洲民族独立运动的"五项立场"、支援非洲经济建设的"八项原则",依据这些,1956年至1977年,中国向非洲提供了大量经济援助,"对这些国家实现民族独立、发展民族经济起到了重要的作用"②。新中国成立以后,还积极发展同拉美国家的关系。毛泽东指出:"只要巴西和其他拉丁美洲国家愿意同中国建立外交关系,我们一律欢迎。不建立外交关系,做生意也好。不做生意,一般往来也好。……所有亚洲、非洲、拉丁美洲国家的共同历史任务,就是争取独立,发展民族经济和发展民族文化。"③周恩来提出了"积极开展民间外交,争取建立友好联系和发展文化、经济往来,逐步走向外交"的基本方针④。1952年10月,中国与智利签订了民间贸易协定。1960年,中古建交。中拉贸易自50年代以来,不断增加,从1961年起,历年均超过1亿美元。1965年上升到60年代的最高水平,达3.4312亿美元,比50年代增长了54倍多⑤。

新中国成立以后,挪威、瑞典、丹麦、芬兰等相继与中国建立外交关系。1964年,法国冲破美国阻挠,与中国建立正式外交关系。1964年1月27日,中法两国发表"联合公报":"中华人民共和国政府和法兰西共和国政府一致决定建立外交关系。两国政府为此商定在三个月内任命大使。"⑥

① 《毛泽东外交文选》,中央文献出版社、世界知识出版社1994年版,第370页。
② 齐鹏飞、李葆珍:《新中国外交史》,人民出版社2014年版,第72页。
③ 《毛泽东外交文选》,中央文献出版社、世界知识出版社1994年版,第338页。
④ 黄志良:《中拉建交纪实》,上海辞书出版社2007年版,前言。
⑤ 王泰平:《中华人民共和国外交史:1957—1969》,世界知识出版社1998年版,第483—484页。
⑥ 《中国和法国决定建立外交关系两国政府商定在三个月内任命大使》,《人民日报》1964年1月28日。

中法建交推动了中国与资本主义国家的联系，有利于打破以美国为首的整个资本主义世界对于新中国的政治孤立和经济封锁。在此影响下，中意、中澳相继建立外交关系。与此同时，逐步推动中日关系的发展。周恩来对此指出："先从中日两国人民进行国民外交，再从国民外交发展到半官方外交，这样来突破美国对日本的控制"①，"在一个时期内中日邦交不能恢复，不能签订政府间协定，我们就进行民间往来，以促进友好"②。1958年，中国政府提出发展中日关系的政治三原则，即"日本政府停止敌视中国政策、不参加制造'两个中国'的阴谋，不阻挠两国关系正常化的趋势"。1964年8月，中日互设贸易代表机构。20世纪50年代末至60年代末，十年新中国外交曲折发展所积累并揭示的最为重要的历史经验、历史教训和现实启示就是：新中国独立自主的和平外交，必须是从中国人民和世界人民的根本利益出发，根据事情本身的是非曲直，来决定自己的国际事务的立场和政策；不以意识形态画线，不以社会制度的异同来决定国家关系的好坏或亲疏。国家利益至上，而非意识形态或社会制度，是新中国和平外交的根本出发点③。

---

① 《周恩来外交文选》，中央文献出版社1990年版，第228页。
② 《周恩来外交文选》，中央文献出版社1990年版，第309页。
③ 齐鹏飞、李葆珍：《新中国外交史》，人民出版社2014年版，第83页。

第四章

改革开放中国与人类命运的共生

　　1978年党的十一届三中全会实现了新中国成立以来党的历史上具有深远意义的伟大转折,开启了改革开放和社会主义现代化的伟大征程①。我们党作出改革开放的历史性决策,是基于对时代潮流的深刻洞察,是基于对党和国家乃至人类前途命运的深刻把握。改革开放推动了中国特色社会主义事业蓬勃发展,以不可辩驳的事实彰显了科学社会主义的鲜活生命力。改革开放以来,中国顺应和平与发展的时代潮流,实现了由封闭半封闭到全方位开放的历史转变,以开放的国际视野积极融入经济全球化进程,为推动人类共同发展作出了应有贡献。中国在富起来、强起来的新征程上始终坚持独立自主的和平外交政策,旗帜鲜明反对霸权主义和强权政治,为世界和平与发展不断贡献中国智慧、中国方案、中国力量。

一、顺应和平与发展的时代主题

　　关注和研究时代主题是马克思主义政党高层决策的基础,对时代主题的科学认识以及国家民族所处的历史方位的准确判断,是中国共产党探寻治国理政之道的根本依据。中国社会主义革命、建设和改革实践表明,科学研判时代主题是党和国家事业顺利发展的前提。改革开放以来,以邓小平同志为主要代表的中国共产党人遵循历史发展规律,深刻洞察时代潮流,科学研判时代主题和中国所处的历史方位,作出实行改革开放的历史性决策,深刻改变了中国和世界的发展进程。

(一)对时代主题的科学研判

　　1985年3月4日,邓小平在会见五岛升为团长的日本商工会议所百人访华团时指出:"现在世界上真正大的问题,带全球性的战略问题,一个是

---

① 习近平:《在庆祝改革开放40周年大会上的讲话》,《人民日报》2018年12月19日。

和平问题,一个是经济问题或者说发展问题。"①这是邓小平首次将"和平与发展"作为世界的两大问题来谈。1987年党的十三大报告总结党的十一届三中全会以来,我们党领导人民取得的外交成就时进一步明确指出,"围绕和平和发展两大主题",我们"调整外交格局和党的对外关系,发展了独立自主、反对霸权主义、维护世界和平的对外政策。"②这是党中央文件中首次公开使用"和平与发展两大主题"的说法。1992年党的十四大报告指出"和平与发展成为时代主题",既是社会主义建设的外部条件,也是建设有中国特色社会主义理论的历史条件③。1997年,江泽民在党的十五大报告中指出:"和平与发展已成为当今时代的主题,世界格局正在走向多极化,争取较长时期的国际和平环境是可能的。"④此后,历届党代会报告中都有关于"和平与发展是当今时代主题"的明确表述。党的十五大和十六大在总结国际形势和对外工作时,既看到霸权主义、强权政治等威胁世界和平与稳定的根源,也看到发展中国家的利益受损,贫富差距不断扩大的现实。但始终坚持"和平与发展(仍然)是当今时代的主题"⑤,原因是多方面的。如世界多极化和经济全球化的发展,"要和平、求合作、促发展已经成为时代的主流"⑥,"维护和平,促进发展,事关各国人民的福祉,是各国人民的共同愿望"⑦。党的十七大报告、十八大报告都把"和平与发展仍然是时代主题"作为我们推进人类和平与发展的崇高事业的历史条件。尽管世界局势出现了许多新变化,"世界仍然很不

① 《邓小平文选》第3卷,人民出版社1993年版,第105页。
② 《两个历史问题的决议及十一届三中全会以来党对历史的回顾》(简明注释本),中共党史出版社2013年版,第215页。
③ 张士义、王祖强主编:《决策:中国共产党全国代表大会纵览》,浙江教育出版社2012年版,第279、282页。
④ 张士义、王祖强主编:《决策:中国共产党全国代表大会纵览》,浙江教育出版社2012年版,第300、306页。
⑤ 《江泽民文选》第2卷,人民出版社2006年版,第39页。
⑥ 《江泽民文选》第2卷,人民出版社2006年版,第39页。
⑦ 《江泽民文选》第3卷,人民出版社2006年版,第566页。

安宁"，"和平与发展面临诸多难题和挑战"，但"求和平、谋发展、促合作已经成为不可阻挡的时代潮流"①。党的十八大报告进一步指出，"世界多极化、经济全球化深入发展，文化多样化、社会信息化持续推进，科技革命孕育新突破，全球合作向多层次全方位拓展，新兴市场国家和发展中国家整体实力增强，国际力量对比朝着有利于维护世界和平方向发展，保持国际形势总体稳定具备更多有利条件。"②因此和平与发展的时代主题并没有发生改变。党的十九大报告指出，"世界正处于大发展大变革大调整时期"，"世界面临的不稳定性不确定性突出"，各种传统安全威胁和非传统安全威胁持续蔓延，但对于时代主题的认识没有变化。正是基于"人类面临许多共同挑战"，而"和平与发展仍然是时代主题"的认识，我们党创造性提出"构建人类命运共同体"的命题。由此可见，自邓小平在20世纪80年代提出和平与发展问题以来，中国共产党就在"和平与发展"的时代背景下制定并实施改革开放的各项方针政策。

(二) 对和平与发展的生动诠释

党的十三大以来，邓小平关于"和平与发展是当今世界两大问题"的论断标志着时代主题的转换，即"和平与发展"成为时代主题。基于这一判断，中国共产党一改过去强调战争迫在眉睫和世界革命很快胜利的观点，并终止据此作出的加紧备战备荒、积极支援世界革命等决策，把全国工作重心逐渐转移到经济建设上来。然而，党内外长期存在关于时代主题的争论，尤其在国内外环境出现较大波动时，对"和平与发展"的质疑就比较多。如20世纪80年代末90年代初，我国经历了国内外的重大政治动荡，不少人质疑"和平与发展"作为时代主题是否准确。1999年美国发动科索沃战争，紧接着我国驻南联盟使馆被炸，又引起学界关于时代主题

---

① 《胡锦涛文选》第2卷，人民出版社2016年版，第649页。
② 《胡锦涛文选》第3卷，人民出版社2016年版，第650—651页。

的较大争议。有学者不认同和平与发展是时代主题，因为现有公开的邓小平文稿里并没有"和平与发展是时代主题"的语句①。实际上，邓小平等党和国家领导人多次谈到和平与发展，生动阐释了和平与发展的内涵。它不仅是中国改革开放的外部环境，也是中国人民和世界各国人民的共同愿望。

1.作为外部环境的"和平与发展"

和平是指世界虽不太平，但和平的力量在发展壮大。和平的国际局势既是中国现代化建设必需的外部环境，也是确立独立自主和改革开放等大政方针政策的重要依据。邓小平对国际局势的判断经历了一个转变。"毛主席在世时和整个七十年代、八十年代的头一二年，我们强调战争的危险"②。这段时间邓小平多次谈到战争的因素没有减少，国际局势没有什么缓和，"第二次世界大战以后，实际上没有什么和平，大战没有打，但小战不断。"③他同时指出，战争可以延缓，只要"一切愿意保持国际和平、安全和稳定的力量联合起来"，就有可能"争取比较长的和平环境"④。进入20世纪80年代，邓小平对战争与和平的看法开始发生变化，他指出："战争的因素在增长，但制止战争的因素也在增长。"⑤比如第三世界的兴起，就使得霸权主义"随意主宰世界人民命运的时代"成为过去。"我们不要自己吓唬自己，造成人为的紧张。如果当前老是强调战争马上打起来，使我们的精力都集中到打仗上面，就会影响四个现代化建设"⑥。1983年11月他在会见罗马尼亚共产党人时谈到，战争的危险确实存在，但至少五年内打不起来⑦。

---

① 陈岳：《如何认识时代特征和世界主题》，《世界经济与政治》2002年第2期，第78页。
② 冷溶、汪作玲主编：《邓小平年谱（1975—1997）》下，中央文献出版社2004年版，第1019—1020页。
③ 《邓小平文选》第2卷，人民出版社1994年版，第415—416页。
④ 冷溶、汪作玲主编：《邓小平年谱（1975—1997）》上，中央文献出版社2004年版，第467页。
⑤ 《邓小平文选》第2卷，人民出版社1994年版，第415—416页。
⑥ 冷溶、汪作玲主编：《邓小平年谱（1975—1997）》下，中央文献出版社2004年版，第717页。
⑦ 冷溶、汪作玲主编：《邓小平年谱（1975—1997）》下，中央文献出版社2004年版，第945—946页。

1984年开始，他对战争与和平的看法更加乐观，"我们现在感觉和平的力量发展壮大，不仅是第三世界，东欧、西欧都反对战争"①。1984年10月，邓小平同联邦德国总理谈话时指出，我们对战争与和平的看法有了变化，十年前我们只谈战争的危险，"我们现在感到战争危险仍然存在，仍要提高警惕，但防止新的世界战争爆发的因素在增长"②。邓小平在会见苏丹总统时谈到世界上的问题可以概括为两大问题，就是东西问题和南北问题。东西问题也就是和平问题……当前的国际形势是，战争的危险依然存在，但总的说来，和平力量在发展③。1989年，以美国为首的西方七国孤立和制裁中国，邓小平称之为"一场没有硝烟的第三次世界大战"④。即使在中国外部环境恶化的情况下，邓小平对国际问题的看法仍保持乐观。他从世界发展大势上分析，尽管"和平问题没有得到解决，发展问题更加严重"，但世界格局将来总是向多极化发展，而且中国算一极。我们要观察国际形势并利用矛盾，把握机遇，扎扎实实抓建设⑤。可见，邓小平对于中国所处的外部环境总体持乐观态度。他认为世界从对抗转向对话、由紧张转向缓和的趋势是明显的，至少在今后30年50年内这一趋势还会发展。即使出现局部紧张和冲突，只要世界多极化发展趋势不变，中国也能主动创造条件维持总体和平的国际局势。

发展问题是指世界发展不平衡，突出表现为发展中国家和发达国家的经济发展状况差异巨大，这是一个关系世界可持续发展的重大问题。"发达国家越来越富，发展中国家越来越穷，南北问题不解决就会对世界经济

① 冷溶、汪作玲主编：《邓小平年谱（1975—1997）》下，中央文献出版社2004年版，第1019—1020页。
② 冷溶、汪作玲主编：《邓小平年谱（1975—1997）》下，中央文献出版社2004年版，第1003页。
③ 冷溶、汪作玲主编：《邓小平年谱（1975—1997）》下，中央文献出版社2004年版，第1017—1018页。
④ 冷溶、汪作玲主编：《邓小平年谱（1975—1997）》下，中央文献出版社2004年版，第1302页。
⑤ 冷溶、汪作玲主编：《邓小平年谱（1975—1997）》下，中央文献出版社2004年版，第1310页。

发展带来障碍。"①邓小平对世界发展问题的分析既是中国必须大力发展生产力的国际背景,也是广泛开展国际合作的外部条件。在全球化时代,世界经济愈发成为密切关联的整体,南北差距扩大只会阻碍全球经济发展进程。一方面,发达国家也希望发展中国家发展起来,因为"占世界人口百分之八十的南方国家不发展起来,发达国家就难找到市场","南方得不到适当的发展,北方的资本和商品出路就有限得很,如果南方继续贫困下去,北方就可能没有出路。"②另一方面,发展中国家也希望加强合作,通过南南合作主动缩小南北差距。毕竟,发展中国家要发展起来主要靠自己,靠别人施舍,希望不大。发展中国家可以互取长处,而不能把命运完全放在发达国家的恩赐上。而且进行南南合作的条件是存在的。欧洲市场有限,美国搞贸易保护主义,在第三世界可以找到出路。"一个拉美,一个北非,东南亚也可以研究"③,可以尝试以货易货的方式,如泰国,用我们的东西同它的糖、米交换,"对每一个地区、每一个国家都要整体研究一下。"邓小平多次强调"南南合作有出路,我们要寄很大希望于南南合作。"④由此可见,发展繁荣符合世界各国的利益要求,在普遍求发展的时代,中国也应当利用外部发展契机,尽快改变落后的面貌。

2.作为愿望和目标的"和平与发展"

一方面,和平与发展是中国人民的共同愿望。中国珍惜和平、渴望发展。回顾近代中国历史,从鸦片战争起,中国就备受列强欺辱,备受战乱之苦。因此,中国人民更加懂得和平的宝贵,更加珍惜和平的环境,决不会主动破坏和平。即使在国际环境仍有战争危险的年代,中国也尽力争取和平。如20世纪80年代初,邓小平对国际局势的判断还比较谨慎,他说:"八十年代是

① 冷溶、汪作玲主编:《邓小平年谱(1975—1997)》下,中央文献出版社2004年版,第979页。
② 冷溶、汪作玲主编:《邓小平年谱(1975—1997)》下,中央文献出版社2004年版,第1031页。
③ 冷溶、汪作玲主编:《邓小平年谱(1975—1997)》下,中央文献出版社2004年版,第1138页。
④ 冷溶、汪作玲主编:《邓小平年谱(1975—1997)》下,中央文献出版社2004年版,第1100页。

个危险的年代"①，当时国际社会发生的阿富汗事件、伊朗问题、越南问题、中东问题等让国际局势变得难以预料。所以他对演习部队全体指战员谈到苏联霸权主义加速推进全球战略部署，严重地威胁着世界的和平和我国的安全，要求部队保持高度的警惕。即使在这种情况下，邓小平对国际局势的判断也并不悲观。他认为外部环境不是决定因素，解决国际、国内问题的最主要的条件还是取决于我们自己的事情干得好不好②。虽然国际上很难预料会发生什么问题，甚至可以说是"非常动荡、充满危机"的年代，但我们有信心争取更长一点时间的和平。这是可能的，我们也正是这样努力的。维护和平是中国外交政策的核心，为了维护和平必须反对霸权主义。不管霸权主义来自哪一方面，我们都反对。1984年邓小平会见联邦德国总理时指出，我们的对外政策是反对霸权主义、维护世界和平。在这个总政策下，我们同美国和苏联改善关系，加强同第三世界的合作，同欧洲、日本也在发展关系，加强合作。中国是一支和平的力量，我们认识到，要发展自己，只有在和平的环境里才有可能。要争取和平的环境，就必须同世界上一切和平力量合作③。

另一方面，和平与发展符合全人类的共同愿望。纵观人类发展进程，千百年来人类一直期盼永久和平，过上幸福美好的生活。建设一个远离恐惧、普遍安全、远离贫困、共同繁荣的世界符合世界各国人民的共同期盼。为了早日实现人类和平与发展的愿望，中国必须发展起来，成为维护世界和平、促进共同发展的中坚力量。首先，几千年的中华文明发展历程表明，"协和万邦""天下一家"的理念根植于中华民族的血脉之中，中国人民热爱和平、憧憬大同，是维护世界和平、促进共同发展的可靠力量。近百年来中国人民历经苦难，在中国共产党的领导下历经艰辛的革命、建设和改革，国家逐步和平稳定、人民安居乐业。中国共产党和中国人民深知和平的可

---

① 《邓小平文选》第2卷，人民出版社1994年版，第240页。
② 《邓小平文选》第2卷，人民出版社1994年版，第240—241页。
③ 《邓小平文选》第3卷，人民出版社1993年版，第82页。

贵,也具有维护和平的坚定决心。因此,中国只有发展起来了才能更好地维护和平、促进发展。"中国发展得越强大,世界和平越靠得住"[1],"中国每发展一步,就使国际的和平力量增加一分"[2]。中国发展起来了,"就可以对人类做出更多一点贡献"[3]。邓小平多次强调发展问题,要放到人类发展的角度来解决,把世界经济发展提高到全人类经济发展的角度来考虑。他认为必须改变人类四分之三人口的贫困状态,否则没有市场,世界经济也难以持续发展。中国的发展意味着人类的五分之一摆脱了贫困,这本身就是对人类的重大贡献[4]。如果中国长期处于贫困、落后状态,就谈不上对人类的贡献。

二、以开放的国际视野发展中国

中国共产党历来具有开阔的国际视野。作为坚持马克思主义指导的无产阶级政党,中国共产党把人类解放和实现共产主义作为最高奋斗目标,长期坚持无产阶级的国际主义原则促进世界共同繁荣。改革开放以来,中国共产党主动研究国际形势,适时调整内外政策,在与世界的交融互动过程中抓住发展机遇,取得令人瞩目的发展成就。中国共产党无论是领导新民主主义革命,还是领导社会主义革命和建设事业、改革开放事业,都具有开放的国际视野。正是有了这种视野,才使得其所领导的事业始终立于人类发展的前沿,永远朝气蓬勃!

(一)准确把握国际局势的新变化

中国共产党开阔的国际视野具体体现在对国际局势的全面考察、密切

---

① 冷溶、汪作玲主编:《邓小平年谱(1975—1997)》下,中央文献出版社2004年版,第1035页。
② 冷溶、汪作玲主编:《邓小平年谱(1975—1997)》下,中央文献出版社2004年版,第1035页。
③ 冷溶、汪作玲主编:《邓小平年谱(1975—1997)》下,中央文献出版社2004年版,第1251页。
④ 冷溶、汪作玲主编:《邓小平年谱(1975—1997)》下,中央文献出版社2004年版,第1114页。

跟踪、深度研究。但经过"文化大革命"时期"左"的错误的干扰,国内一度产生自我封闭的错误倾向,"四人帮"歪曲毛泽东关于自力更生的指示,把引进学习西方先进成果批判为"洋奴哲学",严重破坏了正常的国际研究氛围。许多国际问题只能通过内参形式传达给党中央主要领导人,能够接触国外新闻动态的也只有少数外交工作者。经过谨慎筛选的有限国际信息也只向有限的对象公布,如党政机关领导干部、科研院所研究人员等。

1. 研究国际问题的新风气

1977年邓小平再次复出后,他注意到国际形势变化很大,许多老的概念、老的公式已不能反映现实,过去老的战略规定也不符合现实了[1]。因此必须抓紧国际问题研究,世界形势变化那么快,要搞清楚世界政治格局发生了什么变化,这是"很值得研究"的问题[2]。为了研究新的国际情况,邓小平多措并举,通过创造宽松的科研环境,支持党政领导干部出国考察,恢复侨务和统战工作等渠道为研究国际形势创造有利条件。

(1)大兴国际问题研究之风

过去限于"左"的政治环境,研究国际问题主要是政府职能部门的工作。党的十一届三中全会以来,政治风气逐渐开放,学术界相关研究明显增多。以"国际问题"为关键词检索中国知网的论文显示,1978年以前相关研究每年仅发表个位数,而且多数是商贸、体育、纺织、水利、地质、食品等具体研究领域的国际会议综述,或者国际共运相关问题的研究。而1978年开始,国际问题研究成果迅速增多,现实性、宏观性研究增多,如从历史和现实考察中国与世界的关系,译介国际关系史和国际关系问题的国外研究成果,也有针对地区国际形势或当前中国所处的国际局势的专题研究。这些研究的数量、质量迅速提升,也证明了国内、国际问题研究环境的历史性转折。1982年上海国际问题研究所、中国社会科学院世界经济与政治研

---

① 冷溶、汪作玲主编:《邓小平年谱(1975—1997)》下,中央文献出版社2004年版,第200页。
② 冷溶、汪作玲主编:《邓小平年谱(1975—1997)》下,中央文献出版社2004年版,第1299页。

究所、北京问题研究所等多家国际问题科研单位合作撰写《国际形势年鉴1982》,这是我国首次出版论述国际形势的专业性年鉴[①],此后成为一年一版的常规性出版物。此外,国际问题研究的学术期刊数量也在20世纪80年代开始增加。此前仅有《国际贸易》《国际经济评论》等研究国际经济问题的刊物,或者《世界知识》《世界文学》《世界电影》《世界美术》等不涉及国际政治问题的科普类刊物。从1980年开始,研究国际政治问题的学术期刊明显增多,如《国际共运史研究》(后更名为《当代世界与社会主义》)、《国际问题资料》《国际研究参考》、《世界政治资料》(后更名为《国际政治研究》)、《当代世界社会主义问题》、《政党与当代世界》(后更名为《当代世界》)等。还有一些曾经属于有限发行的国际问题研究资料,如《参考消息》逐步扩大发行面,1985年取消了"内部刊物,注意保存"的报头下字样,到20世纪90年代又取消了"内部发行"字样[②],成为所有关注国际形势的老百姓都能订阅到的报纸。2004年外交部正式向公众开放外交档案,进一步便利了国际问题研究。不断增加的国际问题研究平台和日益繁荣的相关研究成果表明,随着改革开放进一步推进,党和政府正以更加包容、开放、自信的姿态支持国际问题研究,并欢迎优秀的研究成果为党和政府的政治决策提供参考建议。

(2)拓宽了解世界的渠道

研究国际问题、研判国际局势,起关键作用的还是人。改革开放以来,为了拓宽了解世界的渠道,我们党也采取了"请进来"和"走出去"的战略。"请进来"的主要工作有恢复侨务工作和统战工作,广泛开展对外交往,以对华友好人士为沟通桥梁,增进对世界各国的了解和友谊。"文化大革命"时期我国侨务工作遭到严重破坏。1970年中侨委被撤销,工作人员去

---

① 《〈国际形势年鉴1982〉即将出版》,《国际问题资料》1982年第35期,第8页。
② 尹韵公:《论中国独创特色的内部参考信息传播工作及其机制》,《新闻与传播研究》2012年第1期,第9页。

"五七"干校劳动，业务移交外交部①。正如邓小平后来说的，"海外侨胞、台湾同胞的事情，过去都有机构管，后来统统没有了。"粉碎"四人帮"之后，邓小平特别重视恢复和开展侨务工作、统战工作。1977年邓小平对侨胞代表承诺，我们要把侨务工作提到日程上来，恢复过去的侨务工作机构。过去由毛主席、周总理定的侨务工作政策，绝大部分要恢复，有些需要改正，有些不完善的要完善起来，不妥当的要改进②。他邀请更多侨胞、朋友来华，以发挥他们增进我国同世界各国的友谊和相互了解的积极作用。"走出去"的工作主要有增加留学生人数，尽管仍然建议留学生学习自然科学，但邓小平明确表示要改变过去对待留学生的错误态度，即管得过严又缺乏信任。他主张留学生可以住在外国朋友家里③。这也是增进中外了解与友谊的重要渠道。派出考察团去发达国家、国际组织学习交流。1978年起，全国掀起了一股声势浩大的出国考察热潮。比如以林乎加为团长的赴日经济代表团，以李一氓为团长的赴罗马尼亚、南斯拉夫代表团，以段云为团长的港澳经济贸易考察团和以谷牧为团长的赴西欧五国考察团④。中国代表团频频走出国门，表明中国开放的国际视野和学习国际上一些先进事物的决心。

2. 国际形势的新变化

以日益丰富的国际问题研究成果为基础，中国共产党和中国人民对国际形势的认识逐渐深入。对许多问题的看法也发生了深刻变化。比如关于战争的威胁，过去很长一段时间我们都认为第三次世界大战不可避免，要保持警惕，做好准备。20世纪80年代以来，我们逐渐改变了看法。1981年邓小平就说过，"提高警惕是必要的，但不要过分严重估计形势。"⑤这一时

---

① 国务院侨办干部学校编：《侨务工作概论》，中国致公出版社2006年版，第237页。
② 冷溶、汪作玲主编：《邓小平年谱（1975—1997）》下，中央文献出版社2004年版，第209—211页。
③ 冷溶、汪作玲主编：《邓小平年谱（1975—1997）》下，中央文献出版社2004年版，第329页。
④ 张静如主编：《中国共产党历届代表大会一大到十八大》中，河北人民出版社2012年版，第533页。
⑤ 冷溶、汪作玲主编：《邓小平年谱（1975—1997）》下，中央文献出版社2004年版，第708页。

期兴起的国际问题研究译介将国际战略学中的威慑理论引入国内,"核威慑平衡"的观点进一步改变了我们对世界大战的看法。总的来看,改革开放以来随着国际问题研究的深入,我们对国际形势作出了三个基本判断。

（1）世界向多极化发展

1985年日本《二十一世纪太平洋地区经济结构研究会》公布了《太平洋时代的展望》研究报告,推测太平洋地区将成为21世纪世界经济发展最快的地区[1]。一时间,世界舆论都在说"二十一世纪是太平洋世纪。"[2]邓小平则认为这个说法过早,尤其在中国经济还比较落后的时候,太平洋地区就有十几亿人口处于不发达状态。他认为与其预测太平洋地区的发展,不如期待"太平洋时代、大西洋时代和拉美时代同时出现。"[3]他"不仅希望下个世纪出现太平洋时代,而且希望出现拉美时代,出现西亚时代,出现非洲时代,这样全球就能真正稳定起来。"[4]也就是世界应该向多极化发展,而不仅仅是哪一个地区发展。当时国际经济发展形势确实趋向于多极化。二战后生产国际化、资本国际化空前发展,推动世界经济进入了一个加速发展时期。世界经济已经形成了三个力量中心:美国、西欧和日本。同时,北欧、大洋洲、加拿大的经济发展也很快,中国香港、新加坡等经济发展更是高速[5]。从国际政治发展形势上世界也在向多极化发展。从20世纪60年代开始,冷战之初的美苏两极体系就受到多极化的冲击,中苏关系破裂、西方阵营也有法国退出北大西洋公约组织,美苏两大阵营都发生了分裂。再加上战后风起云涌的民族独立运动中纷纷独立的第三世界国家,在世界上

① 傅骊元：《"太平洋经济中心"与多极化世界》,《北京大学学报（哲学社会科学版）》1985年第6期,第67页。
② 冷溶、汪作玲主编：《邓小平年谱（1975—1997）》下,中央文献出版社2004年版,第1096页。
③ 冷溶、汪作玲主编：《邓小平年谱（1975—1997）》下,中央文献出版社2004年版,第1231页。
④ 冷溶、汪作玲主编：《邓小平年谱（1975—1997）》下,中央文献出版社2004年版,第1233页。
⑤ 伍贻康：《"未来是太平洋时代"吗？——浅谈世界经济的多极化趋势》,《亚太经济》1985年第1期,第14—16页。

的地位和作用也不断凸显①。1971年中国恢复在联合国中的合法席位可谓明证。所以无论从政治还是经济角度看，世界格局都在向多极化发展。从1997年党的十五大开始，世界多极化的发展态势写入党代会报告，正式成为我们党对国际形势的一大判断。

（2）国际矛盾错综复杂

两个阶级和两种制度的对立和斗争，很容易成为中国共产党和中国人民的重点关注。应当承认，这两对矛盾客观存在且将长期存在，但世界已经发生了深刻的变化，各种矛盾层出不穷，在不同的具体历史时段表现的激烈斗争程度也有差异。复杂的民族矛盾、宗教矛盾、领土纠纷等地缘政治经济冲突，历史遗留问题、内部政局动荡、周边国家民族宗教冲突等各种内外困境，使得世界上许多国家和地区长期处于困窘状态。邓小平明确指出，和平与发展是当今世界两大问题，并且长期难以解决。在这种世界大势下，我们不能再延续"以阶级斗争为纲"的意识形态斗争思维，那种"认为中国政府信奉的意识形态旨在摧毁类似美国这样的政府"的观点不是20世纪80年代的观点，也不是70年代的观点，而是恢复了60年代以前的观点②。20世纪80年代末90年代初苏东剧变，再加上中国政府制止国内政治风波遭遇以美国为首的七国制裁，渗透与反渗透、颠覆与反颠覆、"和平演变"与反"和平演变"的斗争③一度被看得相当尖锐。邓小平仍然认为"过去的矛盾是东西矛盾"，美苏两霸没有了，这是彻底打破"旧的秩序"建立新秩序的开始。虽然"新的秩序还未露端倪"，但我们要"冷静""耐心"地处理国际问题④。这绝不是放松警惕和放弃斗争，而是认识到国际形势已经不同于以往，不单纯是两个阶级和两种制度的矛盾，"现在国际形势不可

① 万光：《世界多极化的发展趋势》，《瞭望周刊》1987年第11期，第31页。
② 《邓小平文选》第2卷，人民出版社1994年版，第378页。
③ 肖枫：《世界社会主义：热点·焦点·难点》，当代世界出版社2016年版，第6页。
④ 冷溶、汪作玲主编：《邓小平年谱（1975—1997）》下，中央文献出版社2004年版，第1320—1321页。

测的因素多得很,矛盾越来越突出。过去两霸争夺世界,现在比那个时候要复杂得多,乱得多。"①这种错综复杂的国际形势对于中国而言既是机遇也是挑战。要看到"世界上矛盾多得很,大得很,一些深刻的矛盾刚刚暴露出来",要善于利用矛盾,把握机遇。在矛盾中寻找对我们有利的条件②。

随着时代发展,国际形势果然朝着更加错综复杂的方向演变。从党的十三大报告开始,历次党代会报告都增加了描述当前国际局势的语句。从"国际政治风云变幻""国际局势剧变""世界格局的剧烈变动""国际局势正在发生深刻变化""复杂多变的国际环境""国际局势风云变幻",到党的十九大报告中对人类面临的共同挑战的描述:世界经济增长动能不足,贫富分化日益严重,地区热点此起彼伏,恐怖主义、网络安全、重大传染性疾病、气候变化等非传统威胁③,表明世界已经进入大发展大变革大调整时期。这些新的矛盾已经超越意识形态分歧,成为世界各国共同的威胁,也为寻求解决途径的国际合作提供了契机。

(3)科技大发展时代的综合国力竞争日益激烈

20世纪是人类社会有史以来科技革命发展迅速的世纪。20世纪前期,量子论、相对论以及原子结构和基本粒子理论的建立,使人类对客观世界的认识从宏观世界深入到微观领域;20世纪中叶,系统论、信息论、控制论等理论的建立,使人类对宏观世界的认识从简单性向复杂性方向发展;20世纪70年代以来的新技术革命,在电脑、网络、基因、航天等领域取得重大成就;从20世纪70年代末到80年代,计算机小型化和微型化,信息高速公路的开通,人类社会由因特网联系在一起,掀起了90年代的"网络革命",直接促进人类开始由"工业社会"向"信息社会"发展④。20世纪的历史事

① 冷溶、汪作玲主编:《邓小平年谱(1975—1997)》下,中央文献出版社2004年版,第1323页。
② 冷溶、汪作玲主编:《邓小平年谱(1975—1997)》下,中央文献出版社2004年版,第1310页。
③ 习近平:《决胜全面建成小康社会 夺取新时代中国特色社会主义伟大胜利——在中国共产党第十九次全国代表大会上的报告》,人民出版社2017年版,第58页。
④ 吴恩远等:《改革开放的中国与世界》,江西人民出版社2010年版,第1—2页。

实证明了马克思关于科学技术是生产力的论断，谁掌握了先进的科学技术，谁就在国际竞争中占据优势地位。

近代中国贫弱落后的屈辱历史让所有有识之士认识到，落后就要挨打，必须大力发展科学技术。毛泽东、周恩来等老一辈无产阶级革命家在带领中国人民赢得民族独立之后，举全国之力在国防科技上取得了"两弹一星"等重要成就，稳固了新中国的国际地位。然而，新中国追赶世界科技发展的道路十分曲折。早在1954年召开的第一届全国人民代表大会上，我们就提出要实现工业、农业、交通运输业和国防的现代化任务，第三届全国人民代表大会再次提出"四个现代化"的宏伟目标，即要把我国建设成为一个具有现代农业、现代工业、现代国防和现代科学技术的社会主义强国。然而国内政治局势动荡阻碍了科技发展，"四人帮"集团破坏教育和科研工作，污蔑知识和科技，迫害科研工作者，导致新中国错失战后世界科技大发展的一段黄金时期。1975年邓小平全面整顿，率先恢复科学和教育工作。他说科研工作要走在前面，如果科学研究工作不走在前面，就要拖整个国家建设的后腿[①]。

改革开放以来，我国科技工作迅速恢复发展，得益于以邓小平同志为主要代表的中国共产党人对世界科技形势的深刻洞察和对科技重要性的正确认识。1977年5月邓小平在多个场合讲加快发展科教事业的重要性。因为同发达国家相比，我们的科学技术和教育整整落后了20年[②]。我们同国外的科技水平比，在很多方面差距拉大了，世界在前进，特别是科学技术领域在突飞猛进地发展[③]。我们的许多领域踏步不前，有些领域甚至是后退了。但世界科学技术的发展是一日千里，进步是以天计算而不是以年来计

① 《邓小平文选》第2卷，人民出版社1994年版，第32页。
② 《邓小平文选》第2卷，人民出版社1994年版，第40页。
③ 科学技术部、中共中央文献研究室编：《邓小平科技思想年谱（1975—1994）》，中央文献出版社、科学技术文献出版社2004年版，第36页。

算的①。我们如果再不努力赶上,差距就会越来越大。邓小平强调科学技术的重要性,从1978年重申马克思关于"科学技术是生产力"的观点,发展到"科学技术是巨大生产力",1988年提出"科学技术是第一生产力"的著名论断。1990年海湾战争爆发,美国以军事科技的强大优势迅速取得战争胜利,再一次刷新了人们对科技重要性的认知。正是有了对世界科技发展形势和中外科技差距的正确认识,改革开放以来我们能够制定正确的科技发展规划,并沿着既定目标稳步前进。

(二)开放中国的新发展

改革开放以来,中国共产党以开放的国际视野全面审视国际形势,及时调整内外政策。对内把党和国家的工作中心转移到经济建设上来,经受住国内外复杂形势、世界社会主义严重曲折、国际霸权主义和强权政治等重大考验,抓住重要发展机遇期坚持推进改革。对外转变了过去以意识形态划线的外交模式,立足于国家的根本利益和长远利益,持续扩大开放,推动建设和谐世界。

1.改革发展的伟大成果

党的十一届三中全会以后,以邓小平同志为主要代表的中国共产党人团结带领全国各族人民,深刻总结我国社会主义建设正反两方面的经验和教训,借鉴世界社会主义历史经验,创立了邓小平理论②。邓小平理论科学回答了什么是社会主义,如何建设社会主义等一系列基本问题,解决了社会主义国家想解决而没有解决好的发展问题。在邓小平理论的指导下,中国开启了大刀阔斧的改革。从实行家庭联产承包责任制到乡镇企业异军突起,从搞好国有企业改革到发展个体私营经济,从传统的计划经济体制到

---

① 科学技术部、中共中央文献研究室编:《邓小平科技思想年谱(1975—1994)》,中央文献出版社、科学技术文献出版社2004年版,第46页。

② 习近平:《在庆祝改革开放40周年大会上的讲话》,《人民日报》2018年12月19日。

有计划的商品经济，从以经济体制改革为主，到党和国家机构改革——创立了党的领导人退休制度，从以经济建设为中心到坚持一个中心、两个基本点，从物质文明建设到两手抓、两手都要硬。中国以前所未有的速度实现日新月异的发展，解决了中国人民的温饱问题，开创了中国人民迈向小康的道路。

党的十三届四中全会以后，以江泽民同志为主要代表的中国共产党人团结带领全国各族人民，沿着改革开放的宏伟蓝图继续前进。坚持党的基本理论、基本路线，加深了对什么是社会主义，如何建设社会主义，建设什么样的党和如何建设党的认识，形成了"三个代表"重要思想。在国际霸权主义、强权政治仍然存在，世界社会主义遭遇重大挫折，恐怖主义蔓延等国内外复杂形势中，中国共产党坚持和发展了中国特色社会主义，确立了前无古人的社会主义市场经济体制的改革目标和基本框架，确立了以公有制为主体的多种所有制并存的经济结构，与我国社会主义初级阶段的国情相适应，大大增强了经济发展的活力。在宏观调控方面进行不懈的探索和改革，初步建立了宏观调控体系。在收入分配方面，初步形成了以按劳分配为主、多种分配方式并存的格局。开创全面改革开放新局面，推进党的建设新的伟大工程，成功把中国特色社会主义推向21世纪。

党的十六大以后，以胡锦涛同志为主要代表的中国共产党人团结带领全国各族人民，在全面建设小康社会进程中推进实践创新、理论创新、制度创新，深刻认识并回答了新形势下中国特色社会主义要实现什么样的发展、怎样发展等重大问题，形成了科学发展观。在我国改革发展的关键阶段，经济体制深刻变革，社会结构深刻变动，利益格局深刻调整，思想观念深刻变化。党的十七大之后，来自国际国内经济政治以及自然界的严重困难和挑战接连不断。在党中央的坚强领导下，中国人民团结一致，沉着应对各方面的严峻挑战，抓住重要战略机遇期。加快转变经济发展方式，发展社会主义民主政治，推进社会主义文化强国建设，构建社会主义和谐社会。

坚持以人为本的核心立场，按照中国特色社会主义事业总体布局，坚持全面、协调、可持续发展。党的十七大进一步强调要用统筹兼顾的方法，统筹中央和地方关系，个人利益和集体利益，局部利益和整体利益，当前利益和长远利益，统筹国内国际两个大局。在全面建设小康社会进程中推进中国特色社会主义迈上新的历史台阶。

2.对外开放的辉煌成就

开放是国家繁荣发展的必由之路。党的十一届三中全会以来，中国坚持对外开放的基本国策，打开国门搞建设，实现了从封闭半封闭到全方位开放的伟大历史转折。

从1979年4月邓小平首次提出开办"出口特区"开始，中国共产党人带领中国人民积极探索对外开放的战略举措。先后设立了深圳、珠海、厦门、汕头四个经济特区，1984年5月设立了大连、秦皇岛、天津等十余个沿海开放城市，随后又设立长江三角洲、珠江三角洲、辽东半岛、胶东半岛等沿海经济开放区，1988年新增海南经济特区。按照"特殊政策、灵活措施"的方针，我国对外开放的范围由点到线、由线到面逐步开展，实现了"大量吸收外国资金和技术来加速我国的四个现代化建设"的初衷。这一时期，我国抓住"亚洲四小龙"产业结构升级、劳动力密集型产业向外转移的机遇，以经济特区、沿海经济开放城市、沿海经济开放区为龙头，充分发挥我国自然资源和劳动力资源优势的比较优势，大力发展劳动密集型出口加工业，同时注重引进国外先进资金、技术、人才和管理经验，为推动国内经济增长注入了新的活力。值得注意的是，这一时期中国的对外开放并不局限在经济领域，邓小平十分注重扩大中外人文交流。1978年他提出要增大派遣留学生的数量："要成千上万地派，不是只派十个八个。……要千方百计加快步伐，路子要越走越宽。"①自此，我国出国留学工作不断发展，留学归国人员成为我国现代化建设的重要力量。

---

① 冷溶、汪作玲主编：《邓小平年谱（1975—1997）》下，中央文献出版社2004年版，第331页。

党的十四大确立了建设社会主义市场经济体制的目标,中国共产党带领中国人民继续推进对外开放政策。1993年党的十四届三中全会,提出"发展开放型经济,与国际互接互补"的新要求。党中央决定开放上海浦东新区,以上海浦东为龙头,实行沿海开放向沿江、沿边开放,使我国对外开放由沿海向内地纵深推进,形成全方位的区域开放格局①。1996年江泽民在河北考察工作时,提出要加紧研究国有企业如何有重点有组织地走出去,做好利用国际市场和国外资源这篇大文章。1997年江泽民进一步指出,"引进来"和"走出去"是我们对外开放基本国策两个紧密联系、相互促进的方面,缺一不可。2001年底,中国正式加入世界贸易组织,我国对外开放进入一个新的阶段,也为我国实施"引进来"和"走出去"战略带来更多的机遇②。对外开放不仅仅是经济领域的开放,还包括科技、教育、文化等领域的开放。在20世纪90年代至21世纪初,中国的建交国从137个上升到165个,中国先后同俄罗斯、法国、德国、英国、美国、日本建立"伙伴关系"。从加入世界贸易组织、到APEC多边论坛,再到上海合作组织的诞生,中国积极参与国际组织和国际经贸合作。江泽民以年均六次的出访频率增加中国的国际曝光率和影响力,从1998年中央民族乐团在维也纳金色大厅举办虎年春节中国民族音乐会,到1999年中法两国决定互办文化年,中国在越来越频繁的国际交流中开创对外开放新格局。

党的十六大以来,中国共产党坚持"引进来"和"走出去"相结合,全面提高对外开放水平。中国抓住加入WTO和全球范围内新一轮产业结构调整的重大机遇,保持鼓励扩大出口政策的稳定性和连续性,改革出口退税机制,建立健全外贸促进体系,完善检验检疫制度,实施"大通关"等贸易投资便利化措施,进一步降低关税总水平,大幅减少非关税措施,对外贸

---

① 于培伟:《中国开放式发展道路》,http://www.china.com.cn/news/zhuanti/09dlms/2009-09/30/content_18636935.htm(2020年12月8日)。
② 施红主编:《精准扶贫与中国特色发展经济学研究》,经济日报出版社2018年版,第189—190页。

易得到了快速增长①，2010年我国进出口贸易总额接近3万亿美元，成为仅次于美国的世界第二大经济体。随着我国综合国力提升，中国更加积极地参与多边事务，承担相应的国际义务。在应对国际金融危机、气候变化等重大国际和全球性问题上，配合我国领导人的密集出访，我们加大力度宣传介绍中国的原则立场，树立我国开放、合作的国际形象。2008年第二十九届夏季奥运会在北京成功举办，2010年第四十一届世界博览会在上海成功举办。可以说，这一时期中国的国际地位和国际影响力显著上升，在国际事务中发挥了重要建设性作用。

中国实行对外开放战略30多年来，我国对外贸易实现了跨越发展。通过主动参与经济全球化，我国成功向比较优势和竞争优势相结合的出口模式转变，逐步成长为对外贸易大国②。30多年来，我国在实践中不断完善"引进来"和"走出去"战略，引进外资水平日益提高，企业国际竞争力明显增强。对外开放以特区先行为先导，带动了从沿海到内地的区域经济发展，推动我国市场经济体制机制不断完善，为国内各项改革和制度创新输入了源源不断的动力。以对外开放为引领，中国的综合国力显著增强，中国的国际地位迅速提升，中国日益走向世界舞台的中央。

三、勇担国际责任和使命

中国走上改革开放的道路，也受到中国共产党强烈的国际责任感与使命感驱使。中国共产党是为中国人民谋幸福的政党，也是为人类进步事业而奋斗的政党。中国共产党始终把为人类作出新的更大的贡献作为自己的使命③。邓小平曾明确指出，中国作为社会主义国家，在政治上、道义上支

---

① 于培伟：《对外开放三十年》，《经济研究参考》2008年第29期，第3页。
② 盛垒：《"对外开放40年"丛书：中国对外开放与亚洲经济崛起》，上海社会科学院出版社2019年版，第18页。
③ 《习近平谈治国理政》第2卷，外文出版社2017年版，第66页。

持一切被压迫民族和被压迫人民的斗争,这是我们义不容辞的责任①。中国共产党成立以来,始终坚持履行无产阶级国际主义义务。新中国成立以后,中国输出大量人力、物力资源支援世界被压迫国家和人民的正义斗争。然而,革命是不能输出的,历史证明各国的革命与发展必须依靠本国先进政党和人民根据本国的实际情况作出自己的选择。改革开放以来,中国调整履行国际责任和义务的方式,以我国经济发展和社会主义建设事业为工作重心。中国以日益增长的综合国力为支撑,维护世界和平、促进共同发展,中国的崛起为人类社会发展探索出一条不同于资本主义的发展道路,为世界各个谋求和平发展的国家和民族贡献了中国智慧和中国方案。

(一)从"开除球籍"到融入世界

20世纪50年代—70年代中期,中国的国际责任感主要体现在两个方面:一是作为率先获得民族独立和民主解放的国家,中国有义务去支援世界人民的反殖民主义、反帝国主义斗争。1949年毛泽东在中国人民政治协商会议开幕式上的讲话中说,"诸位代表先生们,我们有一个共同的感觉,这就是我们的工作将写在人类的历史上,它将表明:占人类总数四分之一的中国人从此站立起来了"②。尽管新中国并不富裕,自身困难重重,但对第三世界国家和人民争取民族独立和解放的斗争总是慷慨援助,这是无产阶级国际主义精神赋予马克思主义政党的义务。不能自己独立了就不管别人了。所谓管别人是指给予友好的支持、帮助。毛泽东坦率地对非洲朋友说,我们现在还有些困难,给予的帮助不大。再过五年、十年,我们的情况可能好一些,那时给予的帮助可能多一些③。中国共产党充分认识到国际反殖民主义、反帝国主义斗争对中国的支持,这些国家和人民的正义斗争分散了敌

---

① 冷溶、汪作玲主编:《邓小平年谱(1975—1997)》下,中央文献出版社2004年版,第627页。
② 《毛泽东文集》第5卷,人民出版社1996年版,第343页。
③ 《毛泽东外交文选》,中央文献出版社、世界知识出版社1994年版,第491页。

人的力量,使我们身上的压力减轻了[1]。从这个角度看,中国也有义务支持世界反殖、反帝斗争。二是作为世界上新独立的社会主义国家,必须要尽快发展起来作出应有的贡献。毛泽东著名的"开除球籍"论,就是说中国必须尽快实现工业化和现代化。过去人家看不起我们是有理由的,因为你没有什么贡献。所以我们这个国家一定要建设成一个伟大的社会主义国家,完全改变过去100多年落后的那种情况,被人家看不起的那种情况,倒霉的那种情况,而且要赶上世界上最强大的资本主义国家美国,这是一种责任,否则就要从地球上开除你的球籍[2]。

邓小平重新复出工作后,对内对外的一系列改革举措体现出中国强烈的国际责任感与使命意识。一是做合格世界公民的决心。改革开放以来,邓小平重提毛泽东在中共八大上提出的国家工业化任务,提出以经济建设为中心,迅速发展生产力。20世纪70年代末邓小平先后访日、访美,他亲眼目睹了中国和发达国家之间的巨大差距,也说:"我们中国再不发展起来,我们就会被开除球籍。"[3]不仅如此,邓小平把毛泽东的"开除球籍"论发展为"世界公民"说。他说,"现在如果谈到作为世界公民,中国还是不够格的。"他把中国作为一个整体称作世界公民[4]。但是中国人口这么多,地方这样大,(发展却如此落后)同自己在国际上应该尽的责任是不相称的[5]。因此中国必须要尽快发展起来,中国的发展首先是自己的责任,是中国人民对人类的责任[6]。只有发展起来了,中国才能成为合格的世界公民。邓小平充满豪情地表示,中国人民将通过自己的创造性劳动根本改变自己国家的落后面貌,以崭新的面貌自立于世界的先进行列[7]。二是为世界作更

---

① 《毛泽东外交文选》,中央文献出版社、世界知识出版社1994年版,第408页。

② 《毛泽东文集》第7卷,人民出版社1999年版,第88—89页。

③ [美]库恩:《中国30年:人类社会的一次伟大变迁》,上海人民出版社2008年版,第74—75页。

④ 《伟大的理论光辉的旗帜》编委会编:《伟大的理论光辉的旗帜:天津市纪念邓小平诞辰一百周年文章集》,天津人民出版社2004年版,第258页。

⑤ 冷溶、汪作玲主编:《邓小平年谱(1975—1997)》下,中央文献出版社2004年版,第530页。

⑥ 《国外企业家希望加强同中国合作》,《人民日报》1988年5月27日。

⑦ 冷溶、汪作玲主编:《邓小平年谱(1975—1997)》下,中央文献出版社2004年版,第714页。

大贡献。改革开放以来的历史时期不同于改革开放前,世界反殖民主义、反帝国主义的斗争浪潮逐渐褪去,和平与发展成为时代主题。中国对世界的贡献体现在维护世界和平和促进共同发展方面。维护世界和平是中国共产党一贯的主张。1982年党的十二大报告强调:把爱国主义和国际主义结合起来,从来是我们处理对外关系的根本出发点。我们是爱国主义者,绝不容忍中国的民族尊严和民族利益受到任何侵犯。我们是国际主义者,深深懂得中国民族利益的充分实现不能离开全人类的总体利益。我们坚持独立自主的对外政策,同我们履行维护世界和平、促进人类进步的崇高的国际义务是一致的①。1985年邓小平在军委扩大会上说:"现在树立我们是一个和平力量、制约战争力量的形象十分重要,我们实际上也要担当这个角色。"②从邓小平主持的裁军百万,国际安全问题上的仗义执言,地区冲突问题决议时的反对票,到积极参与国际维和行动,我们用事实证明,中国的发展壮大等同于维护世界和平的力量壮大。早在苏东剧变,世界社会主义阵营遭受重大打击时,邓小平就明确指出,中国不能把自己搞乱,这当然是对中国自己负责,同时是对全世界全人类负责。一打内战就是各霸一方,生产衰落,交通中断,难民不是百万、千万而是成亿地往外面跑,首先受影响的是现在世界上最有希望的亚太地区。这就会是世界性的灾难③。改革开放以来,中国遭受的各方面冲击不断,在中国共产党的坚强领导下,中国人民战胜了各种挑战,赢得了更加富裕、美好的生活。占世界四分之一的人口走向小康,这不可谓是中国为世界和平与发展作出的一大贡献。

20世纪90年代以来,中国共产党实施更加开放的外交战略,积极与世界大国建立各种伙伴关系,全面参与国际事务。尽管由于中外思想文化传统的巨大差异,西方国家经常在人权、民主等问题上指责中国,江泽

---

① 《十二大以来重要文献选编》,人民出版社1986年版,第39—40页。
② 《邓小平文选》第3卷,人民出版社1993年版,第128页。
③ 《邓小平文选》第3卷,人民出版社1993年版,第361页。

民汲取中国传统文化哲学中的"和合"理念,在国际关系领域求同求和,主张尊重世界多样性,阐释"和而不同""以诚为本,以和为贵,以信为先""和平合作""共同发展"等外交原则,努力宣介树立中国爱好和平的负责任国际形象①。冷战结束后,江泽民本着"经济融入、安全合作、政治对话"的精神,推动中国全面参与国际事务。如在朝鲜半岛核危机、伊拉克武器核查危机等事务中发挥出独特作用②。党的十六大报告明确指出中国的外交宗旨是"维护世界和平,促进共同发展",说明随着中国综合国力增强,中国将更加关注人类共同命运,承担更多国际责任和义务。

进入21世纪以来,中国主动加入经济全球化,同世界的联系更加紧密。中国共产党汲取中国和合文化和睦邻外交传统,创造性地提出"和谐世界"理念。2005年,胡锦涛在雅加达亚非峰会上的讲话中提出"推动不同文明友好相处、平等对话、发展繁荣,共同构建一个和谐世界",同年9月,胡锦涛在联合国总部发表演讲时全面阐述了"和谐世界"的内涵:政治上相互尊重、平等协商,共同推进国际关系民主化;经济上相互合作、优势互补,共同推动经济全球化朝着均衡、普惠、共赢方向发展;文化上相互借鉴、求同存异、尊重世界多样性,共同促进人类文明繁荣进步;安全上相互信任、加强合作,坚持用和平方式而不是战争手段解决国际争端,共同维护世界和平稳定;环保上相互帮助、协力推进,共同呵护人类赖以生存的地球家园③。"和谐世界"的提出,表明中国对人类共同命运的深度关切,积极为维护国际秩序的稳定和世界人民的共同利益贡献中国智慧和中国方案。

随着自身实力的增长,中国以更加坚定的步伐融入世界,主动参与国际事务,承担更多国际义务,加深在全球体系中的参与度,增强国际话语权,积极发挥大国责任,维护国际秩序的稳定,促进世界经济的发展。

---

① 郭永虎、张杨:《社会主义外交观》,吉林文史出版社2016年版,第109—111页。
② 郭永虎、张杨:《社会主义外交观》,吉林文史出版社2016年版,第113页。
③ 《胡锦涛文选》第2卷,人民出版社2016年版,第650页。

（二）坚持社会主义，探索落后国家的发展道路

20世纪的世界历史从某种意义上说也是资本主义和社会主义在实践层面激烈竞争的历史。以俄国十月革命为开端，社会主义在世界范围展开实践。社会主义走上坡路的同时，资本主义开始陷入全面危机。正如英国历史学家埃里克·霍布斯鲍姆所说，在20世纪上半叶的大部分时间里，资本主义本身似乎也在证明着社会主义的正确性。从1914年到1950年前后，资本主义经历了两次战争、两轮民主和社会革命，庞大的殖民帝国消亡，人类社会三分之一脱离了资本主义，自由民主制在全世界到处被推翻；资本主义经济也经历了有史以来最严重的衰退，头一次显现出全面崩溃的迹象①。而同一时期苏联以高度指令性的计划经济体制迅速实现赶超战略，一跃而起，不仅成为深陷经济困境的资本主义国家取经的模板，而且释放出强大的示范效应，许多希望迅速发展起来的落后国家借鉴苏联模式，使"社会主义大家庭"在1980—1987年间达到了顶峰状态。最多的时候，世界上宣称实行社会主义制度的国家有26个，社会主义国家的人口和面积都超过世界的30%②。然而，资本主义从20世纪50年代开始逐步走出低谷，同时苏联模式的弊端逐步显现。社会主义国家纷纷改革、调整，却几乎没有哪个国家既能坚持社会主义制度又能成功走出困境。可以说，整个20世纪下半叶，社会主义和资本主义的发展势头掉转过来。80年代末的苏东剧变给社会主义实践造成沉重打击，资本主义国家在"历史终结论"中庆祝冷战的胜利。

当世界社会主义运动跌入谷底时，邓小平清楚地指出帝国主义肯定想要社会主义国家变质。不管苏联的旗帜倒不倒，中国的旗帜不能倒。只要中国旗帜不倒，继续发展下去，社会主义就显示出优越性，就会有很大影

---

① [英]埃里克·霍布斯鲍姆：《从历史看社会主义的未来》，《马克思主义与现实》1998年第2期，第59页。

② [匈]科尔奈：《社会主义体制共产主义的政治经济学》，张安译，中央编译出版社2007年版，第5—9页。

响。①20世纪八九十年代交替的中国正面临严峻的内外形势,外部环境突变加上国内资产阶级自由化浪潮的冲击,国内政治形势出现动荡。以邓小平同志为主要代表的中国共产党人顶住国内敌对分子的进攻和西方资本主义国家的制裁,依然坚持以经济建设为中心,努力推进对外开放。改革开放的直接动因是要摆脱中国贫穷落后的状态,大力发展生产力。这不仅是中国自己的问题,更关系社会主义制度的国际形象和影响。苏东剧变后,以中国为代表的少数社会主义国家的发展状况,承担着全世界对社会主义实践的检验。邓小平明确指出,只有中国发展起来了,才能真正体现社会主义制度的优越性。这不但是给占世界人口四分之三的第三世界走出了一条路,更重要的是向人类表明,社会主义是必由之路,社会主义优于资本主义。只有中国的发展水平达到了中等发达国家的水平,才能理直气壮地说社会主义优于资本主义②。如果中国要对国际共运、对人类作出重大贡献的话,关键是生产力的发展。这种发展不仅表现在国际上社会主义对资本主义比重的增加,而且要体现在社会主义比资本主义更加优越③。应当指出的是,中国的发展战略不同于一些坚持零和博弈西方国家,中国从来没有把自己的发展看作对其他国家的威胁,而是作为促进世界和平与发展的积极力量。早在20世纪末,有人认为21世纪是太平洋世纪,邓小平就说我们不仅希望下个世纪出现太平洋世纪,而且希望出现拉美世纪、出现西亚世纪、出现非洲世纪。这样,全球就真正稳定了④。中国的发展除了和平竞争意义上的赛过资本主义,更希望世界共同发展,尤其帮助落后国家和地区尽快发展起来,缩小南北差距。近年来随着我国综合国力和国际地位的迅速提升,国际社会出现"中国威胁论""修昔底德陷阱"等论调,中国却提出来和平、发展、合作、共赢的中国梦和构建人类命运共同体理念,并以实际行动表

---

① 《邓小平文选》第3卷,人民出版社1993年版,第320页。

② 《邓小平文选》第3卷,人民出版社1993年版,第225页。

③ 冷溶、汪作玲主编:《邓小平年谱(1975—1997)》下,中央文献出版社2004年版,第944页。

④ 《国外企业家希望加强同中国合作》,《人民日报》1988年5月27日。

明马克思主义政党的世界关照和情怀。

四、促进世界密切联系与发展

改革开放以来,中国共产党根据新的国际形势,立足于国家的根本利益和长远利益,开展独立自主的广泛外交,扭转世界对中国的刻板印象,为国家改革发展营造了有利的外部环境,中国的经济发展也为世界经济发展注入了新的动力。中国主动参与国际事务,积极倡导构建国际政治经济新秩序,为维护世界和平作出了重要贡献。

(一) 调整外交政策主动融入世界

新中国成立以来长期坚持以意识形态划线确立外交对象,曾经犯过"关起门来搞建设"的错误。改革开放以来,我们党认清世界多极化的发展态势,科学研判时代主题,国家和民族利益取代意识形态成为外交工作的根本依据。中国共产党开始调整外交政策,兼顾党际交往、大国外交,同发达国家、周边国家和广大发展中国家外交,发展官方外交和民间外交,双边外交和多边外交,逐渐形成"全方位"对外交往态势。

1. 确立维护世界和平,促进共同发展的外交目标

1982年邓小平在党的十二大开幕词中提出:"加紧社会主义现代化建设,争取实现包括台湾在内的祖国统一,反对霸权主义、维护世界和平,是我国人民在八十年代的三大任务。这三大任务中,核心是经济建设,它是解决国际国内问题的基础。"这也是维护中国人民和世界人民根本利益的基础。正是基于上述考虑和认识,中国把反对霸权主义、维护世界和平,发展同各国友好合作和促进共同经济繁荣,作为这一时期对外工作的根本目标[1]。围绕

---

① 《当代中国外交》编辑委员会编:《当代中国外交》,当代中国出版社、香港祖国出版社2009年版,第287页。

这一目标,中国共产党适时调整外交战略,为中国特色社会主义建设争取了较长时间的有利外部环境。

改革开放以来,中国共产党处理国际关系问题以是否有利于世界和平与发展为标准。一切有利于促进和平与发展的事我们就坚持,一切霸权主义、强权政治我们都反对。这样一来,中国处理对外关系不再以意识形态或社会制度的异同为依据,外交工作有了更灵活的发展空间。中国领导人频繁出访世界各个国家和地区,如邓小平访美、访日,主动加强中美、中日外交关系。因为恢复和发展中美、中日友好关系有利于世界和平,扩大中美、中日经贸往来有利于促进世界经济发展。但当日本修改教科书篡改侵华历史时,我们也采取严正的外交姿态予以谴责。当涉及美国干涉中国内政、对台出售武器、通过《与台湾关系法》等问题时,我们提出严正交涉,批评美国在中东问题、南非问题包括南朝鲜问题上是霸权主义[1]。美国人不理解中国的外交立场,怎么一边要求合作,尤其是技术转让,一边又批评得如此"刺耳"[2]。因为美国对我国的外交目标和外交原则缺乏了解,"我们对外政策的最主要目标是反对霸权主义,维护世界和平","中国需要和平,没有和平的国际环境,就不能安心建设,改善人民的生活。当然为了反对霸权主义,需要中国做的事,中国也可以做出牺牲。"[3]因此对待国际问题,中国始终"从我国人民和世界人民的根本利益出发,根据事情本身的是非曲直,独立自主地确定自己的立场和态度。"不依附、屈从任何一个超级大国[4]。任何干涉他国内政、破坏世界和平的霸权主义行为我们都坚决反

① 冷溶、汪作玲主编:《邓小平年谱(1975—1997)》下,中央文献出版社2004年版,第874—875页。
② 冷溶、汪作玲主编:《邓小平年谱(1975—1997)》下,中央文献出版社2004年版,第935—936页。
③ 本社编:《中国特色社会主义理论体系形成与发展大事记马克思主义中国化90年》,中央文献出版社2011年版,第35页。
④ 冷溶、汪作玲主编:《邓小平年谱(1975—1997)》下,中央文献出版社2004年版,第890—891页。

对,但这不妨碍我们积极争取开放的国际经贸环境,因此我们主动加入经济全球化的贸易体系,积极开展对外经贸往来,以中国的经济发展促进世界经济发展,以更加强大的国力维护世界和平。

2. 适时转变党际交往原则

革命战争年代中国共产党同社会主义国家的党际交往为新民主主义革命的胜利作出了杰出贡献,新中国成立后中苏两国外交关系也建立在中共和苏共两党的亲密关系基础之上。1956年中国社会主义制度得以确立离不开苏联的帮助。在这种历史传统之下,中国共产党很长一段时间都坚持以我划线,只同各国共产党交往。改革开放以来,中国共产党正确把握时代主题的转变,科学判断国际形势,深刻总结党际交往的历史经验与教训,调整过去为应对"苏霸"威胁的"支左反修"政策,提出并阐述了新的党际交往原则。

(1)坚持独立自主、完全平等、互相尊重、互不干涉内部事务四项原则

1980年邓小平同中央领导同志谈话时指出:一个党评论外国兄弟党的是非,往往根据的是已有的公式或者某些定型的方案,事实证明这是行不通的。各国党的国内方针、路线是对还是错,应该由本国党和本国人民去判断。最了解那个国家情况的,毕竟还是本国的同志。各国的事情,一定要尊重各国的党、各国的人民,由他们自己去寻找道路,去探索,去解决问题,不能由别的党充当老子党,去发号施令。我们反对人家对我们发号施令,我们也决不能对人家发号施令[①]。

1982年党的十二大报告中正式提出了党际交往的"四项原则":独立自主、完全平等、相互尊重、互不干涉内部事务[②]。并以此为指导逐步打开党际交往新局面。1984年邓小平会见南斯拉夫共产主义者联盟代表团时又说,真正的马克思主义者一定要根据本国的实际制定自己的政策,同样要

---

① 《邓小平文选》第2卷,人民出版社1994年版,第318—319页。
② 肖枫:《世界社会主义:热点·焦点·难点》,当代世界出版社2016年版,第589页。

尊重别的国家、别的党的实际。对别的党指手画脚肯定要犯错误。我们不可能比铁托同志更了解南斯拉夫的实际情况①。承认过去的错误,寻求兄弟党的理解,这是我们在党际交往四项原则指导下发展新型党际关系的前提。同时,中国共产党也希望各国兄弟党根据自己的特点决定自己的道路和走这条道路的方式。对第三世界国家强调中国只是第三世界的一员,不是"头头",不要给中国什么特殊地位②。建议第三世界国家也秉持独立自主原则,在相互尊重、平等相处的基础上联合和合作。

(2)求同存异扩大党际交往范围

长期以来,中国共产党的党际交往对象仅限于各国共产党,20世纪70年代初周恩来决定扩大党际交往范围。1973年周恩来带领中联部负责人会见了阿根廷正义党领袖,这按过去的惯例并不是中联部的工作范围③。党的十一届三中全会以后,中国共产党的党际交往对象进一步扩大。从1982年党的十二大报告中提出的"发展同各国共产党和其他工人阶级政党的关系",到党的十三大报告修改为"发展同外国共产党和其他政党的关系",说明中国共产党的党际交往对象从过去限制在意识形态相同或相近的范围扩大到不同意识形态的其他政党。1992年党的十四大则开始强调"同各国政党建立和发展友好关系",中国共产党逐步开创了空前活跃的党际交往新局面。到党的十五大前,世界上已有130多个国家和地区的310多个不同类型的政党同我们党建立了各种不同形式的联系和交流④。党的十五大报告进一步阐述了中国共产党党际交往的宗旨和方针:"坚持在独立自主、完全平等、互相尊重、互不干涉内部事务原则的基础上,同一切愿与我党交往的

---

① 冷溶、汪作玲主编:《邓小平年谱(1975—1997)》下,中央文献出版社2004年版,第974—975页。
② 冷溶、汪作玲主编:《邓小平年谱(1975—1997)》下,中央文献出版社2004年版,第865页。
③ 肖枫:《世界社会主义:热点·焦点·难点》,当代世界出版社2016年版,第588—589页。
④ 朱达成:《社会主义初级阶段我党与外国政党交往的宗旨与方针——学习江泽民同志十五大报告的一点思考》,《当代世界》1997年第11期,第4页。

各国政党发展新型的党际交流和合作关系,促进国家关系的发展。"这里的"一切"即不区分意识形态异同,不看政党实力大小,也不管政党地位是执政、参政或在野,只以其对待中国共产党的态度为标准决定交往与否。政治表述的变化反映了中国共产党党际交往范围逐步扩大,从仅同共产党和左翼政党交往,扩大到不区分政治意识形态,广泛建立党际交往。

值得注意的是,1992年党的十四大报告在述及党际关系时特别增加了"本着求同存异精神"的提法,这是为了适应党际交往新形势提出的指导精神。过去我们只同意识形态相同或相近的政党交往,总体上意见分歧不大。而一旦交往范围扩大,就必然出现涉及意识形态、理想信念、价值取向等方面的较大分歧。出现差异时如何处理,这是我们开展全新党际交往工作必须回答的重要问题。过去我们搞过公开辩论,公开评论,说过的话也不全都是对的。党的十一届三中全会后,我们党认真总结经验教训,提出"同各国朋友打交道",要采取求同存异的原则,即"找出共同点","即使有不同点,双方仍可保留自己的观点。"①秉持这一原则,中国共产党的党际交往迅速打开局面,交往对象包括各种不同类型的共产党、工人党、社民党、工党、民族民主政党以及发达国家右翼政党,这对促进国家关系向广度和深度方面发展,增进相互了解,消除可能产生的误解都有不可替代的作用②。中国共产党作为长期执政党,广泛的党际交往可以为我国外交工作奠定良好的基础,我国的改革开放政策和成就、内政外交的原则立场都可以通过党际会见和交谈向外传达,为中国特色社会主义事业争取更加有利的国际环境。

3. 开创"全方位"外交格局

随着党际交往扩大,我国外交局面全面打开。从维护世界和平和发展

---

① 冷溶、汪作玲主编:《邓小平年谱(1975—1997)》下,中央文献出版社2004年版,第352页。
② 李淑铮:《意识形态的差异不应成为建立新型党际关系的障碍》,《当代世界》1996年第2期,第5页。

的战略全局出发,中国共产党坚持独立自主的和平外交政策,重申和平共处五项原则,强调"各国之间互相尊重主权和领土完整、互不侵犯、互不干涉内政、平等互利、和平共处",迅速打开了我国对外关系新局面。

（1）重申和平共处五项原则

和平共处是列宁提出应对不同社会制度国家之间关系的概念。二战之后世界形势发生了改变,苏联不再是唯一的社会主义国家。在世界民族民主解放运动中不断涌现的社会主义国家和新独立的主权国家丰富了国际社会的结构,也使应对多元化的国际关系成为亟待解决的现实问题。1954年中国提出的和平共处五项原则在中印协定中问世,在日内瓦会议期间中印、中缅又发表了和平共处五项原则的联合声明。1955年万隆会议上,和平共处五项原则得到二战后新独立的亚非国家的广泛支持,并在此基础上扩大和发展为以"万隆精神"文明的十项原则[①]。和平共处五项原则同帝国主义和殖民主义奉行的霸权主义和强权政治形成鲜明对比,一经提出就激起强烈的世界反响,不仅成为亚非拉国家争取民族独立和解放的精神武器,也打破了"社会主义国家间只强调无产阶级国际主义,把大国沙文主义等同于国际主义,忽视主权国家间的独立自主和平等原则"的乱象[②]。改革开放以来,中国共产党深刻反思"文化大革命"时期以"支援世界革命"为目标的革命外交工作,结合新的时代背景和国际形势,重申和平共处五项原则指导中国迅速打开外交局面。

1984年,邓小平在会见缅甸总统吴山友时指出:处理国与国之间的关系,和平共处五项原则是最好的方式。其他方式,如"大家庭"方式,"集团政治"方式,"势力范围"方式,都会带来矛盾,激化国际局势[③]。在和平共处五项原则的指导下,中国的对外关系迅速发展。中国领导人先后出访

---

① 中共中央文献研究室科研管理部编:《中共中央文献研究室个人课题成果集2012年》上,中央文献出版社2013年版,第303页。

② 陈特安等:《弘扬时代主旋律的旗帜》,《人民日报》1994年6月23日。

③ 《邓小平文选》第3卷,人民出版社1993年版,第96页。

欧美等发达国家、南亚、中东、拉美、苏联和东盟国家,许多国家的领导人和特使也相继来华访问。同我国建交和恢复正常邦交关系的国家迅速增加。中国20世纪80年代以来的外交新局面证明,"国与国之间不管社会制度如何不同,意识形态多么相异,相互关系经历多少曲折的过程,只要彼此恪守和平共处五项原则,就能广泛地发展相互间的正常关系。"[1]"如果违反和平共处五项原则,即使意识形态和社会制度相同的国家,也可能发生对抗,甚至武装冲突。"[2]和平共处五项原则的精神和作用历久弥新,赢得了越来越多爱好和平的国家和人民的认同。

(2)外交范围全面拓展

改革开放以来,中国共产党在正确认识时代特征、科学研判国际局势的基础上,适时调整外交目标和党际交往原则,重申和平共处五项原则,对外交往全方位拓展,取得了丰硕的外交成果。

第一,大国外交取得全新进展。中国长期围绕与美国、苏联这两个超级大国的外交关系展开大国外交战略博弈。新中国成立之初,中国共产党采取"一边倒"战略联苏反美;20世纪60年代中苏交恶,中国共产党实行既反"苏修"又反"美帝"的"两个拳头打人"战略,积极发展同亚非拉国家的团结合作;70年代随着苏联对中国威胁上升,毛泽东提出"三个世界"的划分理论,开始实行"一条线、一大片"的联美反苏战略;80年代以来,中国总结结盟外交的历史经验教训,确立了不依附、不结盟的独立自主外交政策。中国同美国在1979年已经恢复正常邦交,但中美邦交正常化之后的两国关系并未如预期的顺利发展,美国反而多次在台湾问题上干涉中国内政,插手中东、海湾地区事务也沿用霸权主义和强权政治思维。鉴于当时的内外形势,中国共产党反思联美反苏战略,主动同美国拉开距离,开始缓和

———————————

[1] 《和平共处五项原则的强大生命力》,《人民日报》1990年9月26日。

[2] 李鹏:《在和平共处五项原则发表四十周年纪念大会上的讲话》,《人民日报》1994年6月28日。

同苏联的关系。中苏关系有着复杂的历史渊源,正确看待中苏关系的历史问题是开创中苏外交新局面的前提。对此,中国共产党采取的态度是"结束过去,开辟未来"。1989年邓小平会见戈尔巴乔夫时开诚布公地谈到中苏关系破裂的历史原因,指出问题的实质是"不平等,中国人感到受屈辱"。讲"历史账",是为了结束过去,只有把问题讲清楚,这些问题才能"一风吹","双方讲了,就完了,过去就结束了"①。那么未来要如何相处? 邓小平明确指出,"中苏之间像50年代那种'同志式'、'同盟式'的关系已经过时了,现在需要用和平共处五项原则来确定新的中苏关系。"②1990年,邓小平仍然强调指出,"不管苏联怎么变化,我们都要同它在和平共处五项原则的基础上从容地发展关系,包括政治关系,不搞意识形态的争论。"③同美苏两个大国恢复邦交后,中美苏关系被世界称为"大三角"。出乎一些观察家预料,中国共产党并没有利用三角关系的相互牵制,没有为了压制一方而迎合另一方,中国"坚定地站在和平力量一边,谁搞霸权就反对谁,谁搞战争就反对谁。"④我们认为国际交往应该"从国家自身的战略利益出发。着眼于自身长远的战略利益,同时也尊重对方的利益,而不去计较历史的恩怨,不去计较社会制度和意识形态的差别"⑤,邓小平对苏联和美国领导人的谈话中都强调中国对外交往最看重"平等相待"。因此恢复中苏、中美正常邦交以来,中国对苏(俄罗斯)、美外交总体保持稳定向好发展,经贸、科技、文化等领域的交往日益紧密。对大国霸权主义、强权政治的表现"就事论事",政治上不予认同,但其他领域的合作仍继续发展,总体上符合中国自身的战略利益和长远利益。

第二,双边和多边关系迅速发展。改革开放以来中国积极同周边国家

① 中共中央文献研究室编:《改革开放三十年重要文献选编》上册,中央文献出版社2008年版,第516页。
② 刘水明:《邓小平倡议建立国际政治新秩序》,《人民日报》1988年12月3日。
③ 冷溶、汪作玲主编:《邓小平年谱(1975—1997)》下,中央文献出版社2004年版,第1310页。
④ 《邓小平文选》第3卷,人民出版社1993年版,第128页。
⑤ 《邓小平文选》第3卷,人民出版社1993年版,第330页。

和不同社会制度的国家发展双边合作，越来越多地参与多边区域合作，逐渐形成多层次全方位的外交格局。自20世纪70年代以来，中国迅速发展同日本、欧洲等资本主义国家的双边关系，但彼时的双边关系仍然置于联美反苏的"一条线"战略框架中。尽管中国领导人反复强调日本、欧洲等国对于维护世界和平的积极作用，但在以意识形态划分敌、我、友的思维定式下，这一时期中国共产党同西方国家的双边关系难以摆脱"权宜"之嫌。邓小平重新复出工作以来，中国共产党逐渐抛弃意识形态桎梏，同世界各国的双边关系迅速发展。1978年以来，中日关系进入全面发展新时期，《中日和平友好条约》和中日《联合宣言》相继出台，宣告了两国致力于和平与发展的友好合作伙伴关系[①]。中国同西欧国家交往日益密切，中国领导人更加强调西欧国家在维护世界和平、促进世界发展方面能够发挥的积极作用，同时，西欧、日本等西方国家也是改革开放以来中国向发达国家学习技术的重要渠道。随着中苏关系的改善，中国与东欧、古巴、蒙古等社会主义国家的关系也得到改善。这些国家的宣传机构停止了对中国的攻击，正面报道增多，恢复了党际关系，人员往来增多，级别不断提高[②]。此外，中国特别注重发展同周边国家的睦邻友好双边关系。自20世纪70年代末到20世纪末，我国同印度恢复高级互访和边界谈判，调整对东南亚国家的政策，严格区分党际关系和国家关系，妥善处理同邻国的历史遗留问题，相继同印尼、新加坡、越南、老挝等周边国家恢复正常邦交，同朝鲜保持传统友好关系，同韩国实现关系正常化，同俄罗斯构建战略协作伙伴关系[③]。为中国的现代化建设营造了友好的周边环境。中国同广大发展中国家的外交也更加务实，开展多种形式的经济合作，建立广泛的经贸利益联系。与传统的双边外交

---

① 中央政策研究室本书编写组：《改革开放30年的辉煌成就和宝贵经验》，研究出版社2008年版，第182页。

② 钟龙彪：《构建新型国际关系：改革开放以来的中国外交转型研究》，天津人民出版社2016年版，第104页。

③ 杨洁篪：《改革开放以来的中国外交》，《求是》2008年第18期，第33—34页。

相比,中国参与的多边外交成就更加显著。80年代以来中国一改过去"自力更生""不依附""不结盟"的态度,积极参与国际事务与多边合作。截至2005年,中国已加入130多个政府间国际组织,加入了267个国际多边公约,参加了16项联合国维和行动。在能源、环境、国际空间交流与合作、知识产权、人权等众多领域也积极参与国际合作,推动国际机制的完善[1]。

第三,民间外交范围进一步拓展。有学者称其为人民外交,即新中国基于阶级分析理论、由党政对外机构主持但以人民团体名义出现、以政治上可信用的外国政治活动分子和非政府组织为主要工作对象、为建立人民友好关系和国际政治斗争统一战线而展开的对外活动[2]。最典型的是20世纪50年代中国同日本的人民外交,虽是经济贸易往来的形式,但交往对象必须经过严格筛选,通常应有进步政党或组织背景,我方宁愿选择牺牲一定经济利益,通过同日本进步政党和友好人士的交往达成同日本亲美政府"斗争"的目的。这种带有明显"以民促官"目的的人民外交收效并不理想,容易引起交往对象所在国当局的警惕和阻挠。不过,改革开放前中国人民外交学会、中国人民对外文化协会、全国妇联、全国总工会、中国共产主义青年团等民间外交机构和群众团体同欧美日等西方国家和广大亚非拉国家人民的广泛交往,大大拓展了我国的外交空间[3],增进了世界人民与中国人民的友谊,为日后中国同世界各国广泛建交奠定了良好的基础。改革开放以来,随着中国整体外交战略调整,民间外交也发生重大变化。一是外交指导思想的非意识形态化,由过去阶级斗争意义的人民外交向增进各阶层有益的民间外交转变。以"增进人民有益、推动国际合作、维护世界和平、促进共同发展"为宗旨为国家总体外交服务。二是外交对象更加广泛。民间外交对象和渠道大大拓宽,同各国政界、企业界、金融界、学术界

① 蔡拓:《全球化观念与中国对外战略的转型——改革开放30年的外交哲学审视》,《世界经济与政治》2008年第11期,第69页。
② 刘建平:《中国的民间外交:历史反思与学术规范》,《国际观察》2008年第5期,第29页。
③ 吴清和:《民间外交光辉50年》,《和平与发展》季刊1999年第4期,第26页。

等不同行业的人士建立广泛的联系①。随着官方外交全方位发展，我国民间外交形势更加多样，方式更加灵活。从20世纪80年代开始，政府开始支持并有意扩大民间的对外交往。1981年胡耀邦谈外事工作时特别提出要做好对外宣传工作。适当增加学术、科学、艺术、体育交流。出国访问要适当减少官方代表团，适当增加专家、学者、党外人士、少数民族、劳模出国访问②。除了组团出访和邀请外国朋友到中国访问，国际学术交流活动也更加频繁，如国际双边、多边研讨会，邀请国际专家来华讲学等，有力推动了中国与世界民间的高层次交往。对于增进国际社会对我国的了解，增进世界人民和中国人民的友谊发挥了重要作用，配合官方外交为中国的现代化建设营造了和平友好的国际环境。

（二）积极倡导构建国际政治经济新秩序

现有国际政治经济秩序是二战后建立在雅尔塔体系上的国际秩序，从根本上说仍然是世界各国根据实力进行的权利和利益分配格局，由少数大国制定国际政治经济运行规则，并对国际事务进行支配、控制。随着发展中国家和社会主义国家力量的发展壮大，改变不公正、不合理的国际政治经济旧秩序、建立国际新秩序的呼声日益高涨③。然而，以美国为首的发达国家仍然希望维持国际经济政治体系中的优势地位，建立公正、合理的国际新秩序面临较大阻力。改革开放以来，中国主动参与国际事务，积极融入现有的国际秩序，从一个国际社会之外的政治革命性大国转变为维护国际社会稳定的经济发展中国家④。随着中国经济实力和国际地位的提升，中国

---

① 刘建平：《中国的民间外交：历史反思与学术规范》，《国际观察》2008年第5期，第28页。

② 张黎群等主编：《胡耀邦：1915—1989》第3卷，唐非、严如平撰，北京联合出版公司2015年版，第892页。

③ 周琦、朱陆民主编：《当代世界经济与政治》，湘潭大学出版社2016年版，第83页。

④ 秦亚青：《权力·制度·文化》，北京大学出版社2005年版，第348—362页；转引自钟龙彪：《构建新型国际关系改革开放以来的中国外交转型研究》，天津人民出版社2016年版，第8页。

参与国际事务的深度和广度不断加深。中国在国际社会更加坚定发声,成为倡导构建国际政治经济新秩序的主要力量。

邓小平多次强调反对霸权主义和强权政治,构建维护和平与发展的国际政治经济新秩序。1975年邓小平谈到第三世界用石油和其他原料做武器来对付帝国主义、资本主义,表达出中国对于第三世界国家改变过去旧的国际经济秩序,建立新的国际经济秩序的行动,给予高度的评价和支持①。1988年他明确提出建立新的国际政治秩序,就是要结束霸权主义,实行和平共处五项原则②。建立国际政治经济新秩序,既是对和平与发展的时代要求的回应,也是解决东西问题和南北问题的关键。要从全人类的高度,动员发达国家和发展中国家共同为之努力。邓小平明确指出,建立国际政治新秩序和经济新秩序,归根到底还是要靠自己去发展,不能指望发达国家,同时不要闭关自守,要在和平共处五项原则的基础上从容地发展外交关系,多方面找朋友,欢迎国际合作。东欧剧变之后,邓小平针对一些第三世界国家希望中国扛起社会主义大旗的说法,明确作出回应。即中国永远站在第三世界一边,中国永远不称霸,也永远不当头③。中国要在国际问题上有所作为,主要的任务就是积极推进建立国际政治经济新秩序。

20世纪90年代以来,江泽民在多个国际场合声明,中国作为国际社会的一员,愿意同世界各国一道,为建立公正、合理的国际政治经济新秩序而不懈努力。2000年在"中非合作论坛——北京二〇〇〇年部长级会议"开幕式上,江泽民指出世界发展不平衡加剧,霸权主义和强权政治依然存在。根本原因在于现行的国际政治经济新秩序存在许多不公正、不合理的因素,不利于世界和平与发展问题的解决。江泽民再次呼吁,在人类即将跨入21世纪之际,必须坚持和平共处五项原则、联合国宪章的宗旨和原则、非统宪章的原则和精神以及其他公认的国际法准则为基础,确立国际新秩

① 冷溶、汪作玲主编:《邓小平年谱(1975—1997)》下,中央文献出版社2004年版,第14页。
② 冷溶、汪作玲主编:《邓小平年谱(1975—1997)》下,中央文献出版社2004年版,第1251页。
③ 冷溶、汪作玲主编:《邓小平年谱(1975—1997)》下,中央文献出版社2004年版,第1323页。

序。江泽民进一步阐述，国际政治经济新秩序应该保障各国享有主权平等和内政不受干涉的权利；应该保障各国享有平等参与国际事务的权利；应该保障各国享有平等的发展权利；应该保障各个民族和各种文明共同发展的权利①。这样的国际政治经济新秩序符合时代发展要求，也是全世界人民的共同呼声。

21世纪以来，中国共产党领导人反复在国际舞台阐述建立国际政治经济新秩序的主张。2003年胡锦涛在俄罗斯发表"世代睦邻友好共同发展繁荣"的演讲，指出各国人民共同生活在一个"地球村"里，应该携手合作、共同努力，从促进国际关系民主化，维护和尊重世界的多样性，树立互信、互利、平等和协作的新安全观，促进全球经济均衡发展尊重和发挥联合国及其安理会的重要作用这五个方面来推动建立公正合理的国际政治经济新秩序②。2005年在纪念中国人民抗日战争暨世界反法西斯战争胜利60周年大会上的讲话中，胡锦涛指出人类发展面临恐怖主义、武装冲突和局部战争、贫困、环境污染、重大传染性疾病传播、跨国犯罪等各种全球性问题。人类面临的挑战和问题需要世界各国人民共同应对。各国政府和人民应该共同承担起维护世界和平、促进共同发展的历史使命，积极推动建立公平合理的国际政治经济新秩序③。

改革开放以来中国为推动建立更加公正合理的国际政治经济新秩序进行了不懈的努力。例如，在1981年到1982年的联合国秘书长选举时，中国坚决要求由第三世界国家的人担任。在南北首脑举行的坎昆会议上，中国坚决支持发展中国家举行全球谈判、改善南北经济关系的要求④。中国关

---

① 《中非携手合作　共迎新的世纪》，《人民日报》2000年10月11日。
② 《胡锦涛在俄演讲阐述国际政治经济新秩序五主张》，https://www.chinanews.com/n/2003-05-28/26/307974.html（2020年12月10日）。
③ 胡锦涛：《推动建立公正合理的国际政治经济新秩序》，http://news.sohu.com/20050903/n226857431.shtml（2020年12月10日）。
④ 华麻：《探讨中国的独立自主外交——兼答某些"中国问题专家"》，《瞭望》1982年第10期，第10页。

于建立国际新秩序的主张得到了广大发展中国家的赞赏，也得到了一些发达国家有识之士的支持①。随着中国综合国力的发展，中国积极参与国际政治、经济事务，以渐进、温和、民主的方式推动变革现有国际政治经济秩序中不合理的因素，以世界关怀彰显社会主义中国文明、和平、负责的国际形象。

（三）推动世界共同繁荣

改革开放根本改变了中国的面貌，使中国人民实现了从站起来到富起来的伟大飞跃，并正阔步前进走在强起来的征途中。中国的发展离不开世界经济全球化进程加快的外部环境，中国积极加入国际分工，主动融入世界经贸体系，为世界经济发展提供了新动能，为推动世界共同繁荣作出了积极贡献。

改革开放以来，中国人民在中国共产党的领导下朝着社会主义现代化目标稳步前进。从"五五"计划到"十二五"规划，推进我国社会经济发展的宏伟蓝图逐步实现。我们始终坚持以经济建设为中心，不断解放和发展社会生产力，我国国内生产总值由1978年的3679亿元增长到2012年的54万亿元，年均实际增长速度超过9%。中国的经济总量在国际上的排名也从1978年之前的排不进前十，到超过日本成为仅次于美国的世界第二大经济体。中国的制造业、冶金、机械、器材、化工等重要行业的发展速度惊人，中国产品已经遍布世界各个角落，中国制造已经成为国际热门词，中国成为新的"世界工厂"②。改革开放30多年来，我国外向型经济迅速发展，深度参与融入国际经贸体系，2007年我国外贸进出口总额比改革开放之初增长了400多倍。改革开放30多年来，中国的贸易伙伴扩展到220多个国家和地区；中国与129个国家和地区签订了双边投资保护协定；截至2009年我国

---

① 汪荣有、胡伯项主编：《当代世界经济与政治》第2版，安徽大学出版社2013年版，第305页。
② 王广谦：《中国崛起："北京共识"与"中国模式"》，《财贸经济》2008年第2期。

连续17年成为全球吸收外资最多的发展中国家[①]；1978年中国进出口贸易总额仅206亿元，到2012年中国进出口贸易总额超过3.8万亿美元[②]，与1978年相比增加了184倍。中国经济与世界经济加速融合，中国经济在全球经贸体系中的重要性不断提升。

在中国经济高速发展的过程中，世界经济遭遇过两次重大冲击：1998年的亚洲金融风暴和2008年的国际金融危机。面对国际经济环境的巨变，中国以化危为机的辩证思维稳住国内经济形势，以中国经济发展促进世界经济恢复和发展。1998年亚洲金融风暴严重冲击了"亚洲四小龙"等亚洲国家和地区的经济形势。中国中央政府以果断的金融举措帮助香港抵御了国际金融投机者的攻击，稳住了香港的金融局势，也为亚洲经济停止多米诺骨牌式的连锁崩溃，尽快恢复发展奠定了基础。2008年国际金融危机从美国爆发，以滚雪球的方式迅速波及全球。中国已经加入经济全球化的浪潮，进出口贸易同样遭遇重创，但中央政府果断实施4万亿一揽子计划，防止中国高速发展的经济出现断崖式下跌的后果，成功实现中国经济软着陆，使中国率先从这场影响广泛、威力巨大的国际金融危机中摆脱出来，使中国经济继续保持高速增长，成为世界经济恢复和发展的重要动能。

作为世界上最大的社会主义国家，中国以"兼济天下"的胸怀关注世界共同发展的问题，即邓小平指出的南北问题。在不公正、不合理的国际政治经济旧秩序下，南北问题不仅没有解决，还呈现贫富差距日益扩大的趋势。改革开放之初，随着国家工作中心向经济建设转移，中国调整对外政策。注重以市场经济为导向，突出对外交往的互惠性与多样化，减少了对外直接援助，改变了对外援助的方式。因此有人指责中国为了同西方合作，势必软化它支持第三世界的立场，说中国"背叛"了第三世界。事实上，中国不断扩

[①]　徐萍等：《新兴市场国家融入体系还是挑战格局》，长春出版社2011年版，第147页。

[②]　数据来源：中国海关统计数据、中国商务部综合司2013年1月进出口统计数据，1978年数据来自于外经贸业务统计，https://wenku.baidu.com/view/25bca16cc850ad02de804146.html（2020年12月11日）。

大同第三世界国家和人民的友好合作。中国支援发展中国家的方式从提供义务援助，变为鼓励第三世界国家自力更生，引导他们增强自我发展的能力。邓小平曾明确指出：对第三世界的援助，要着眼对受援国确有益处，不要让它躺在援助国的身上。比如可以把援助改成低息贷款，这有益处，它自己有个经济核算，会把钱用得更好些。邓小平还多次向非洲领导人介绍中国自力更生的发展经验，他说从历史经验看，第三世界国家必须靠自力更生，靠自己的力量，使自己发展起来，才能受到人家的尊重[①]。随着时代发展，中国不断拓展同第三世界国家的经济技术合作，包括优惠贷款、工程项目建设和劳务合作、医疗卫生和教育领域的援助等，中国根据实际情况丰富对第三世界国家的援助形式，从依赖型援助转为"授人以渔"，真诚地帮助第三世界国家提高自我发展能力，为缩小南北差距，促进世界共同繁荣作出了巨大贡献。

① 苏长和主编：《中国话语与国际关系》第12辑，上海人民出版社2013年版，第179—180页。

第五章

世界新问题挑战人类命运

"这是最好的时代，也是最坏的时代"，习近平总书记借用英国文学家狄更斯的话来描述我们今天生活的矛盾世界。一方面，随着全球化进程加快，世界经济、科技、文化全方位变革，促进人类文明呈几何倍速发展。可以说，物质财富的积累和科技水平的进步都达到历史最高水平。另一方面，人类的生存空间并没有变得更加安全，区域发展不平衡愈演愈烈，国际突发事件的种类、数量、频率和影响范围不断提升。后现代主义理论家关于"风险社会"的预言在全球范围得到验证，经济风险、环境风险、地缘政治风险、社会风险和技术风险等，因日益频发的国际突发事件而成为人类迫近的威胁。传统型国际突发事件和非传统型国际突发事件叠加，加上传媒和信息技术发展放大了人类对失控世界的恐惧。面对各种风险和挑战，国际社会不断尝试联合行动，但收效甚微。国际政治领域，欧洲分裂主义倾向加剧，美国预感二战以来的世界霸主优势地位不可持续，焦虑情绪的直接后果是美国的逆全球化政策在内政外交的演绎。种种迹象表明，20世纪纷乱暂息的人类社会并没有找到长久安宁的相处之道，人类急需探寻新的出路。分析研究问题是解决问题的前提，全面考察人类面临的各种风险挑战和国际联合行动的局限，有助于理解人类命运共同体理念提出的现实语境和时代价值。

一、全球化时代的普世风险

在全球化不可逆转的时代，风险与文化价值观一样轻易跨越国界。诚如社会学家贝克所言，现代化风险具备一种内在固有的全球化趋势。这种由工业文明带来的普世主义危险已经脱离了它诞生的场所，把地球上每个人都串连起来①。什么是"普世主义危险"？各领域的研究者都能列举出具

---

① [德]乌尔里希·贝克：《风险社会：新的现代性之路》，张文杰、何博闻译，译林出版社2018年版，第28页。

体的风险。经济学家侧重研究世界贸易的金融风险,国际政治学关注地缘关系紧张乃至爆发武装冲突的风险,思想领域研究价值观碰撞或者文明的冲突,环保主义者关注气候恶化与资源枯竭,科技发展研究预言超越现实制度规范的不当应用冲击伦理价值与人类身份认同的风险。达沃斯世界经济论坛历年的全球风险报告也习惯将全球风险分为五大类:经济风险、环境风险、地缘政治风险、社会风险以及技术风险[1]。说明风险研究本身必须跨越学科界限,要说明普世风险,还需要广阔的历史视野和国际视野。

(一)普世风险的概念与特征

开辟"世界风险社会"理论的著名学者贝克指出,风险是预测和控制人类活动的未来结果,即激进现代化的各种各样、不可预料的后果的现代手段,是一种拓殖未来(制度化)的企图,一种认识的图谱[2]。风险不等于迫近的危机,可能长期存在于假设状态之中。因此有研究断言,没有可视化技术,没有象征形式,没有大众媒体,风险什么也不是[3]。风险一旦被预期或实际危机所验证,就能迫使人们采取行动以消除可能的威胁。据此,普世风险可以概括为,全人类面临的可预期造成危害后果并激起世界一致行动的不安全因素。全球风险至少具有以下三个特点:

1.时空的延展性

风险在空间上具有全球性。风险的起因、酝酿和后果不受国界的限制。这是全球化带来的一项毫无争议的问题,在世界交往不断加深、人类社会联系日益紧密的时代,风险将对全人类产生无差别的威胁。某一地区

---

① http://reports.weforum.org/global-risks-2015/part-1-global-risks-2015/introduction/?doing_wp_cron=1564648381.7705008983612060546875(2019/8/1)。

② [德]乌尔里希·贝克:《世界风险社会》,吴英姿、孙淑敏译,南京大学出版社2004年版,第4页。

③ [德]汉斯·冈特·布劳赫等编:《应对全球环境变化、灾害及安全:威胁、挑战、缺陷和风险》,叶觅译,南京出版社2015年版,第65页。

的政治动荡不仅威胁当地人民的安全，还可能带来世界性的难民问题；局部地区的无政府状态将冲击当地海外投资的经济利益和海外侨民的人身安全；非洲的贫困状况不会直接影响华尔街精英的生活，但贫困地区成为恐怖主义的温床，谁也不敢对"9·11"事件是否重演掉以轻心。更不用说生态环境的问题，发达国家通过产业转移改善了本地的生存环境，但酸雨、雾霾和全球气候变暖仍然是世界各国共同面临的威胁。环境破坏既不受空间限制，时间上也不可转换，既无等级也与产生地无关。它们的作用是全球性的，而且形成危机网链，在世界范围内使危害者和受害者命运相连，休戚与共①。事实表明，全球化时代正向传播的科技、文化密切了人类的联系，也便利了风险的全球扩散。在全球风险面前，世界越来越成为不可分割的风险世界，个人生活、国际政治、全球金融都充满了风险。

风险在时间上具有很长的潜伏期。今天能够在全球凝聚广泛共识的生态环境问题，也只是从20世纪60年代通过著名的《寂静的春天》才开始引起世界的普遍关注。在此之前，人类对生态环境的破坏活动已经持续了几个世纪，直到中美的玛雅、南美的莫切和蒂瓦纳科、非洲的大津巴布韦、亚洲的吴哥窟和楼兰、太平洋的复活节岛②从人类文明史上消亡，人们才开始在断壁残垣之上反思社会崩溃的原因。安全专家据此总结出社会自我破坏的八种方式：森林退化和栖息地的破坏、土壤问题（侵蚀、盐碱化和养分流失）、水资源管理问题、过度狩猎、过度捕鱼、引进新物种对原生物种的影响、人口膨胀及人均增长对人类产生的影响，以此解释社会的局部崩溃③。风险在人类意识中的滞后性还有诸多表现，如核废料、太空垃圾、消费过剩的电子垃圾等。2019年世界经济论坛发布的《全球风险报告》将大规模

---

① [德]赖纳·特茨拉夫主编：《全球化压力下的世界文化：来自各大洲的经验和反应》，吴志成等译，江西人民出版社2001年版，第6页。

② [美]贾雷德·戴蒙德：《崩溃——社会如何选择成败兴亡》，江滢、叶臻译，上海译文出版社2011年版，第4页。

③ [美]贾雷德·戴蒙德：《崩溃——社会如何选择成败兴亡》，江滢、叶臻译，上海译文出版社2011年版，第5—6页。

杀伤性武器列为头号威胁,恐怕远超一个世纪前核物理和生物科技取得突破时的人类认知。可以预见的是,风险被感知的滞后时间将随着科技与理性的发展而缩短,从而留给人们更多可操控的时机。

2.分布的不均衡

风险的全球性并不意味着风险在世界范围平均分布。事实上,随着全球化造成世界发展的不平衡日益加剧,风险在全球的分布也更加不均衡。一方面,尽管风险普世存在,但不同地区面临的首要风险不同。落后地区遭遇的风险绝大多数是紧迫而可预期的,如污染、社会失序、教育医疗卫生保障不足等直接危害人类生存发展的问题。这使得南半球许多人口面临疾病、死亡的威胁。西亚、北非的不稳定局势也让曾经远离战争风险的人落入流离失所的现实困境。2015年世界经济论坛发布的《全球风险报告》更能说明风险的不均衡。欧洲最大的风险来自大规模的非自愿移民引起的社会不稳定;北美则可能遭受大规模的网络攻击和气候变化的风险。撒哈拉以南的非洲最迫近的风险是传染病和失业,拉丁美洲、中东、北非、东南亚等地区社会动荡的风险最高[①]。另一方面,就同一风险而言,不同地区所承担的风险后果也不均衡。以生态环境恶化的风险为例,全球生态环境恶化的进程几乎同发达国家主导的全球化进程同步,但发展中国家的人民却更多地承担了生态环境恶化的后果。联合国开发计划署的人文发展指数报告指出,发展中国家的居民饱受空气和水污染、土壤贫瘠、气候变暖引发的水灾、地震和歉收之害。世界卫生组织的数据也表明,每年270万人死于空气污染,其中90%的是发展中国家人民。穷人生活在生态脆弱的边缘地带,在发生自然灾害时最先遭到劫掠[②]。自然环境恶化让穷人付出生命的代价,这

---

① http://reports.weforum.org/global-risks-2015/part-1-global-risks-2015/preparedness-at-the-regional-level-is-different/(2019/8/1)。

② 杜宝玲:《俄罗斯"新马克思主义者"社会主义思想》,辽宁人民出版社2016年版,第20—21页。

是世界发展不平衡的直接结果，因为应对风险的能力，甚至感知风险的想象力都受制于经济、文化、科技的发展水平。

3.难以绝迹

风险随着文明社会的演进并不会完全消失，而是取代以新的形态，或者以更加隐蔽、多样的方式渗透到人类生产和生活方式之中。21世纪之初，联合国千年首脑会议上189个成员国依据当时看来具有普世意义的风险，就千年发展目标（Millennium Development Goals）达成一致承诺，在21世纪共同致力于消除极端贫困和饥饿，普及初等教育，促进实现性别平等和妇女赋权，降低儿童死亡率，改善产妇健康，与艾滋病、疟疾和其他疾病作斗争，确保环境的可持续性，建立全球发展的伙伴关系①。这表明21世纪之初人类面临的风险至少包括贫困、疾病、生态破坏、低教育水平、落后的医疗卫生水平。经过十余年的联合行动，国际社会推动世界和平与安全的努力取得了显著成效。跨国合作减少了疾病，世界各地建立了更安全的交通系统、网络通讯设施，全球煤炭用量已大幅减少，科技突破和技术应用正在加速改善人类社会状况……2015年联合国宣布千年发展目标成功达成。但在许多方面，如清洁水、粮食、就业、恐怖主义、有组织犯罪和污染的风险仍然存在，并有更加迫近的危险。2017年联合国《未来展望》报告中详细列出十几项全球性挑战。

（1）在全球气候变化进程中如何实现全人类的可持续发展？

（2）如何使每个人都获得清洁的水而避免冲突？

（3）如何实现人口增长与资源的平衡？

（4）专制政权中如何诞生真正的民主？

（5）如何在前所未有的加速变革中整合全球展望以加强决策？

（6）信息技术的全球一体化如何为每个人服务？

---

① 《千年发展目标及2015年后进程》，https://www.un.org/zh/millenniumgoals/getinvolved.shtml（2019/7/30）。

（7）如何使道德成为全球决策的常规考虑因素？

（8）如何减小新兴的和卷土重来的疾病和免疫微生物的威胁？

（9）教育如何使人类更聪明和知识渊博足以应对全球挑战？

（10）共同价值观和新安全战略如何减少种族冲突、恐怖主义和大规模杀伤性武器的使用？

（11）妇女地位的变化如何有助于改善人类的状况？

（12）如何阻止跨国有组织犯罪网络发展为更强大复杂的全球企业？

（13）如何安全有效地满足日益增长的能源需求？

（14）如何加快科技突破以改善人类状况？

这些全球性挑战涉及生态环境、国际政治、伦理道德、经济发展、科技、教育、医疗、卫生保障等方方面面。与21世纪之初的千年发展目标相比，当前人类面临的风险种类更多、涉及的领域更广。

风险难以绝迹，一方面同风险产生于被感知的意识领域有关。只要人类不绝于想象与预测，风险就不会消失。另一方面，科技发展拓展了人类的活动空间，旧的风险得到管控，新的风险源源不断出现。例如，人类缓和人与环境紧张关系的努力并没有消除生态环境与人类生存不相适应的风险。森林砍伐、草场破坏造成的土地荒漠化风险已经减小，但社会发展带来了新形态的生态危机：人为造成的气候变化、环境中有毒化学物质的增加、能源短缺和人类对地球光合作用的极限利用等。此外，信息技术、生物科技、人工智能的发展也将带来更多潜在风险。

（二）从普世风险到国际突发事件

普世风险的现实危害通常以国际突发事件的形式表现出来。风险长期存在，只是容易被人忽略，或者因政治、经济等原因被选择性忽视，而国际突发事件的爆发将普世风险从想象空间带进现实，激发了人类的风险意识。恐怖袭击事件警示人们关注贫困、社会失序、宗教民族复杂的地区可能成为恐怖组织庇护所的风险，日益频发的自然灾害事件说明人类生存的自然环境在人为因素作用下变得不适宜居住，传染性疾病的爆发提醒各国政府加紧疾病防控，经济危机给那些经济结构失衡、过度依赖国际金融市场的政府敲响警钟，网络安全事故频发让政府认识到信息技术设施不具有自主知识产权的巨大风险。

纵观风险的舆论环境，加强风险管控的论调总在重大的国际突发事件发生的时机出现。恐怖袭击、"非典"、禽流感等传染性疾病，海盗和跨国犯罪、网络犯罪、地震、海啸、飓风，以及局部地区的武装冲突等国际突发事件将世界面临的风险传感给每一个人，舆论、政策行动乃至个人的行为都具有了动力和合法性。可以说，国际突发事件对激发应对风险的积极态度发挥了促进作用，国际突发事件将风险从想象空间带入现实生活，以剧烈的震荡催生应对和防控风险的集体行动。

当然，国际突发事件也可能引发应对风险的消极态度。自然灾害、传染病、战争、经济危机等突发事件的冲击可能令人失去冷静与清醒，走向束手无策而放弃抵抗的极端①。18世纪里斯本大地震及海啸灾难摧毁了西班牙的首都，让一大批沉醉于启蒙思潮的乐观主义哲学家感受到自然世界充满风险、苦难和残忍，没有人能够掌握自己的命运，继而转向悲观主义。也有一些人没有沉溺于悲观和怀疑，例如伏尔泰。他认为这不是消沉的借口，人类遭遇的无差别的灾难启发哲学家放弃了大而无当的乐观主义，转向脚踏实地尽我所能地与命运对抗，在日常生活中坚持不懈一点一滴地进行改革②。面对国际突发事件的冲击采取消极策略的毕竟是少数，大多数人、国家和组织属于"执乐观与悲观之两端而恪守中庸的坚定者"，积极采取行动在未来的变革中尽力而为。

---

① [法]雅克·阿塔利：《危机求生：在全球危机中寻求自己的活路》，中国发展出版社2012年版，第75页。

② [美]斯特罗伯格：《西方现代思想史》，刘北成、赵国新译，金城出版社2012年版，第148页。

应当注意的是,风险的不确定性使得突发事件与风险之间的因果联系很难通过科学方法得到验证。总的来说,已被突发事件验证的风险容易激发广泛自主的预防和补偿措施,而现实威胁较小或发生概率较低,以及存在于预期和想象中的风险则可能引起怀疑与争论。

二、日益频发的国际突发事件

进入21世纪,刚刚走出冷战的世界朝着政治多极化和经济全球化方向发展,国际局势总体趋于缓和。但是不公正不合理的国际政治经济旧秩序没有得到根本改变,霸权主义和强权政治仍然存在,由民族、宗教、领土、资源等因素引发的局部冲突此起彼伏,各种分裂势力、恐怖势力和极端势力威胁着国际社会的稳定,还有生态、跨国犯罪、难民等长期存在的全球性问题日益突出。历史和现实表明,人类的生存空间仍然很不安宁,国际突发事件正在频繁发生。2004年美国国土安全部应急管理署(FEMA)出台的《国家应急预案》(*National Response Plan*)指出,21世纪的威胁不仅来自传统人为或自然危害——火灾、洪水、油泄漏、危险材料流失、交通事故、地震、飓风、龙卷风、流行病、国家能源和信息科技基础设施的破坏,还包括致命的恐怖主义,如果恐怖分子装备有生化、发射性、核武器、大规模爆炸性武器将造成毁灭性的后果[①]。国际突发事件因发生时机突然、影响范围广泛而深刻牵动国际局势,也对各国执政党和政府应急处置能力产生了重大挑战。

(一)国际突发事件的概念

学界关于国际突发事件的概念并没有达成共识,研究者基于各自的学科背景和研究目的进行概念解读。新闻传播领域的研究者注重突出国际突

---

① National Response Plan, December 2004, p.1.

发事件的灾害性和公众吸引力。将国际突发事件定义为发生在中国境外的不可预测的自然灾害（如地震等）、事故灾害（如坠机等）、公共卫生事件（疾病暴发等）、社会安全（如政变）以及战争爆发等新闻事件[1]，能够在极短时间内吸引全世界关注，具有重大性（能引起国际受众的显著或普遍关注）、国际性（能产生跨国或区域性影响）、突发性（即事件发生时是不可预测的）的特征[2]。行政学的研究者认为国际突发事件是突然发生的政治动乱、政府危机、经济危机、自然灾害等影响国内政治、经济、文化的完全在世界各国政府意料之外的事件，因为这些国际突发事件会对行政环境造成突变[3]。危机管理领域的研究者借用世界卫生组织（WHO）关于"国际突发公共卫生事件"的概念，将世界上各种因自然因素、人为因素、综合因素造成重大损失的事件囊括在内。

综合以上概念，本书研究的国际突发事件是指突然发生、冲击社会秩序、引发社会紧张情绪、激发风险意识和维护共同安全的联合行动的国际性事件。具体而言，国际突发事件包含四个要素：一是事件性质，从价值层面看，国际突发事件具有明显的危害性，破坏正常的社会秩序、危害人类的生命和财产安全、引发社会紧张心理。二是事件特征，国际突发事件具有国际性、突发性的特征。国际性是指事件不论发生在世界哪个地区，在信息化全球化时代能够迅速传播开来，引起广泛的国际关注。突发性是指事件的发生事件、发生地点、造成的危害后果都具有不确定性。三是事件影响，因难以预测、普遍的社会危害而激发人类共同的不安全感，激发应对突发事件的国际联合行动。四是事件类型，可分为传统型国际突发事件和非传统型国际突发事件。传统型国际突发事件主要指人类历史上长期存在的自然灾害和人为事故灾难，非传统型国际突发事件是指随着时代发展、

---

[1] 李宇：《如何做好国际突发事件报道——从2010年中央电视台国际新闻突发事件报道特点谈起》，《新闻与写作》2011年第3期，第13页。

[2] 王庚年：《文化发展论集》，中国国际广播出版社2007年版，第572页。

[3] 齐明山：《行政学导论》，中国人民大学出版社2010年版，第22页。

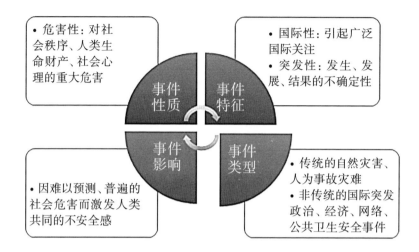

图 5-1　国际突发事件的四要素

技术进步而产生，或者在21世纪引发广泛国际关注的各类国际突发政治、经济、网络、公共卫生安全事件。

（二）人类遭遇的国际突发事件威胁

21世纪以来，国际形势跌宕起伏、复杂多变，人类遭遇的国际突发事件更加复杂多样，危害程度和发生频率都在刷新历史纪录。尤其是"9·11"事件——美国本土有史以来遭受的最大规模恐怖袭击，引起国际社会极大的震惊和强烈的反应，也为错综复杂的国际局势增加了许多不确定因素。综合来看，21世纪以来人类遭遇的国际突发事件既有传统的自然灾害和人为事故灾难，也有恐怖主义、跨国犯罪等非传统型国际突发事件。

1.传统型国际突发事件

国际突发事件对人类造成的巨大危害在商业保险领域是可测算的。世界著名瑞士再保险公司Sigma每年对全球自然灾害和人为灾难进行损害评估报告，本书将依据过去十年Sigma公司的年度国际灾难报告对人类遭遇的突发事件状况进行宏观描述。

从总体上看，人类面临的巨灾事件①逐渐增多。其中自然灾害数量不断增加，人为事故在21世纪的前十年达到峰值，随后出现下降趋势（见图3）②。这说明在突发事件应急管理和危机预防领域的工作发挥了作用，人为事故如火灾、油气泄漏等安全生产事故、交通事故，以及社会动乱、恐怖主义等能通过加强防控措施降低发生频率和损害程度。与此相反，重大自然灾害并没有因人类环保意识的增强而减少，极端天气引发的灾害、地震、海啸发生的频次和造成的危害反而呈上升趋势。

2009年，全球有1.5万人因灾害死亡，经济损失约620亿美元。亚洲受灾最严重。造成死亡人数最多的自然灾害是台风和地震。2009年有5900人因人为灾难丧生，受灾最严重的地区也在亚洲。死亡人数最多的事故是船运灾难（印度尼西亚一艘轮渡沉船事故，造成370人丧生）、航空事故（法航坠机造成228人丧生）、暴恐活动（新疆暴恐事件造成197人丧生）。经济损失最大的地区在欧洲，风暴是主要原因。造成经济损失最大的人为事故是工业火灾、爆炸③。

2010年全球共30.4万人因灾死亡，经济损失达2180亿美元。22.2万多人丧生于海地大地震。俄罗斯夏季热浪和森林大火、烟雾造成的高温使近5.6万人丧生。亚洲的经济损失最大，洪灾导致约750亿美元的损失。智利和海地的地震也使拉丁美洲和加勒比地区的损失猛增至530多亿美元。人为灾难造成6000多人遇难，最严重的是尼日利亚一处非法金矿爆发的铅中毒事

---

① 根据保险公司的理赔额度来划定巨灾：船运损失达2080万美元，航空损失达4170万美元，其他损失达5180万美元，或经济损失总额达1.035亿美元，死亡或失踪人数达20人，受伤达50人，无家可归达2000人。参见《瑞士再保险》2019年第2期，第28页。https：//www.swissre.com/dam/jcr：4315430a-1315-4df8-8d46-16eadbf69a5e/sigma_2019_02_ch.pdf（2019/8/10）。

② 《瑞士再保险》2019年第2期，第2页。https：//www.swissre.com/dam/jcr：39033538-fd05-4f24-82cf-9ebd9e092390/sigma1_2010_en.pdf（2019/8/10）。

③ 《瑞士再保险》2010年第1期，第3—4页。https：//www.swissre.com/dam/jcr：39033538-fd05-4f24-82cf-9ebd9e092390/sigma1_2010_en.pdf（2019/8/10）。

件（400人死亡，主要是儿童）。柬埔寨一次节庆活动的踩踏事件（375人死亡），塞拉利昂发生的金矿坍塌事件（200人丧生）。人为灾难经济损失最严重的是深海水平线油井爆炸[①]。

2011年约3.5万人因巨灾丧生，经济损失超过3700亿美元。危害最大的是日本三一一地震、菲律宾热带风暴天鹰以及巴西和泰国的洪水。非洲因严重干旱而爆发饥荒，但丧生人数没有被纳入全球数据，一般认为这是当年最严重的人道灾难。遇难人数最多的人为灾难是埃及发生的骚乱，反政府示威造成846人遇难。"阿拉伯之春"因为属于内战或类似战争事件，而没有把埃及之外的其他地区整体遇难人数纳入全球数据。还有坦桑尼亚海岸超载轮渡沉没事件、恐怖袭击（挪威发生的两起连环恐怖袭击）也造成约500人丧生。经济损失方面，日本地震及接踵而至的海啸造成了约2100亿美元经济损失。还有新西兰地震和泰国水灾。人为灾难中破坏性最强的是钻井平台事故、石油天然气设施事故以及塞浦路斯的发电厂事故[②]。

2012年全球自然灾害和人为灾难导致1.4万多人丧生，并造成约1860亿美元经济损失。自然灾害中伤亡最大的是菲律宾的台风、巴基斯坦的水灾、伊朗的地震和欧洲的寒潮。人为灾难造成约5000人死亡，遇难人数最多的人为灾难是洪都拉斯一所监狱的火灾，导致361人丧命。还有刚果共和国一所军火库爆炸、巴基斯坦一家制衣厂火灾，航运、航空灾难，以及恐怖主义袭击。经济损失最严重的自然灾害是重创美国的飓风桑迪，人为灾难是游轮搁浅、钻井平台和其他石油天然气设施发生破坏性的火灾和爆炸[③]。

2013年全球约2.6万人在灾害中遇难，经济损失达1400亿美元。袭击菲

---

① 《瑞士再保险》2011年第1期，第2—4页。https：//www.swissre.com/dam/jcr：a5294ec1-3154-4946-af14-079e880ef490/sigma1_2011_ch.pdf（2019/8/10）。

② 《瑞士再保险》2012年第2期，第2—4页。https：//www.swissre.com/dam/jcr：570843fc-4ce1-48cc-b47a-91b4cb0e426c/sigma2_2012_ch.pdf（2019/8/11）。

③ 《瑞士再保险》2013年第2期，第2—4页。https：//www.swissre.com/dam/jcr：7a2f8542-0e8e-4243-a4c2-1d599e2aec30/sigma2_2013_ch.pdf（2019/8/11）。

律宾、越南、中国的台风海燕是造成最大生命损失的灾害，其次是印度水灾。人为灾难造成约6000人丧生，最严重事故是孟加拉国的一家制衣厂的火灾，一艘从北非前往意大利的移民船着火后倾覆，以及巴西夜总会烟花引起的火灾。经济损失方面，亚洲损失最为惨重，太平洋气旋造成的极端天气、水灾，北美和欧洲的极端天气事件，如欧洲的雹灾和风暴、美国对流雷暴、菲律宾的台风[①]。

2014年全球自然灾害和人为灾难共造成12700多人丧生或失踪，经济损失约1130亿美元。自然灾害主要是地震、洪水和其他恶劣天气事件，造成7000多人丧生或失踪，且多集中在亚洲地区。人为灾难造成5700人丧生，其中韩国一艘客轮沉没造成的死亡人数最多，共304人溺亡。船运灾难共造成2118人丧生，因为很多逃避战乱的难民希望乘船寻求更好的生活，但由于船只沉没而不幸遇难。还有土耳其的煤矿火灾、飞机坠毁的空难、世界各地的恐怖主义。经济损失最大的自然灾害是亚洲、北美洲和欧洲的洪水、热带气旋和强对流风暴。人为灾难方面，美国得州一家化工厂大火造成了最大保险损失，加拿大一家养老院发生火灾，致17人丧生[②]。

2015年2.6万多人在灾害中丧生或失踪，经济损失约920亿美元。亚洲是受灾最严重的地区，造成死亡人数最多的是尼泊尔地震。人为灾难造成死亡人数5900人，其中最严重的是利比亚沿海一艘搭载难民的船只沉没，导致800多人丧生。还有沙特年度麦加朝圣时的踩踏事故，造成769人丧生。财产损失最严重的自然灾害也是尼泊尔地震，太平洋的气旋、美国及欧洲的恶劣天气也产生较大损失。人为灾难造成经济损失较大的是中国天津港发生的两次大爆炸，摧毁了许多资产，包括港口等待转运的高价值轿

---

① 《瑞士再保险》2014年第1期，第2—4页。https://www.swissre.com/dam/jcr：006bb91e-9168-4757-8950-a34887bdfb1d/sigma1_2014_ch.pdf（2019/8/11）。

② 《瑞士再保险》2015年第2期，第2—9页。https://www.swissre.com/dam/jcr：a17cb14d-df03-41d8-99e0-b7b6aa56e161/sigma2_2015_ch.pdf（2019/8/11）。

车，但现场被划为禁区，保险公司很难评估损失①。

2016年全球1.1万人在灾害中丧生，灾害造成的经济损失达1750亿美元。灾害波及的范围遍布全球各地，包括日本、厄瓜多尔、坦桑尼亚、意大利和新西兰的地震。美国、欧洲、亚洲都发生了严重洪涝灾害。当年造成伤亡人数最多的是北大西洋的飓风马修，以及肆虐加拿大的森林火灾。全球人为灾害造成4000人遇难，其中，一艘搭载移民的船只在克里特岛沿海沉没造成358人丧生。尼日利亚教堂屋顶坍塌造成160人丧生。还有飞机坠毁事件、严重火灾、爆炸事故等②。

2017年全球灾害造成1.1万多人丧生或失踪，经济损失达3370亿美元。危害较大的灾难是塞拉利昂发生的滑坡和洪水，共1141人宣告死亡或失踪，印度、尼泊尔、孟加拉国的季风造成1000多人丧生。还有大气引起的北大西洋4级以上飓风（哈维、艾尔玛和玛利亚，简称艾玛HIM）、森林火灾，以及气候变化（气温升高和干旱期延长）。人为灾难造成3000人丧生，埃及清真寺的炸弹爆炸事件是年度死亡人数最多的灾难，共造成311人丧生。其次是恐怖袭击事件、航海灾难。经济损失较大的自然灾害主要是北美洲、加勒比地区和欧洲的飓风、强风暴、森林火灾、洪水及其他天气灾害③。

2018年全球共有13500人在灾害事件中丧生或失踪，经济损失达1650亿美元。许多地区造成了严重天气灾害和地震，其中北美洲遭受的损失最惨重，大多来源于森林火灾、雷暴和飓风。亚洲遭遇了热带气旋和洪水袭击，日本遭遇创纪录的强降雨和台风、地震连环袭击。人为灾难造

---

① 《瑞士再保险》2016年第1期，第2—4页。https：//www.swissre.com/dam/jcr：8823b3d8–a127–4b86–bbad–b0a47047a6f9/sigma1_2016_ch.pdf（2019/8/11）。

② 《瑞士再保险》2017年第2期，第2—3页。https：//www.swissre.com/dam/jcr：a7d22311–8b76–46ad–881a–f4930bad23a7/sigma2_2017_ch.pdf（2019/8/11）。

③ 《瑞士再保险》2018年第1期，第2—4页。https：//www.swissre.com/dam/jcr：ba848bc4–19ed–458e–9ffc–173de648823d/sigma1_2018_ch.pdf（2019/8/11）。

成3600人丧生,其中损害最大的是加利福尼亚州森林和营地火灾①。

综合来看,2008—2018年国际突发事件在全世界各地频繁发生,给人类带来重大的人员伤亡和经济损失。自然原因引发的重大灾害对人类造成的损害更加严重。世界卫生组织指出,气候变化是21世纪对人类健康最大的威胁之一。人类活动产生的温室气体排放造成的气候变化,可能导致极端天气事件更加频繁,且严重程度增加。如温暖、干燥的天气条件造成干旱及大型森林火灾的蔓延。《斯特恩气候变化经济学报告》②(Stern Review on the Economics of Climate Change)指出,如果不加以控制,到21世纪末,气候变化的成本可能会增加到占全球GDP的20%左右③。世界卫生组织孕产妇、新生儿和儿童卫生伙伴关系(Partnership for

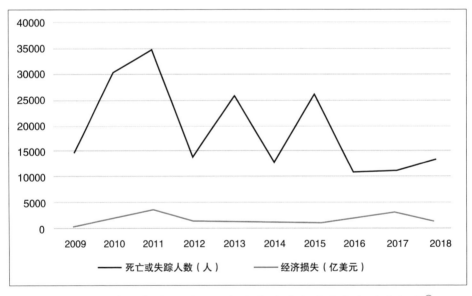

图 5-2　过去十年传统型国际突发事件造成的生命和财产损失②

① 《瑞士再保险》2019年第2期,第2—3页。https://www.swissre.com/dam/jcr:4315430a-1315-4df8-8d46-16eadbf69a5e/sigma_2019_02_ch.pdf(2019/8/11)。

② 根据2009—2018年的《瑞士再保险》报告数据整理。

③ 《斯特恩气候变化经济学报告》,尼古拉斯斯特恩勋爵(Lord Nicholas Stern),2006.转引自《瑞士再保险》2014年第1期,第1页。https://www.swissre.com/dam/jcr:006bb91e-9168-4757-8950-a34887bdfb1d/sigma1_2014_ch.pdf(2019/8/11)。

Maternal, Newborn&Child Health, 简称PMNCH）评估显示, 到2020年气候变化引起的全球粮食减产将导致死于饥饿的人口增加五分之一①。人为灾难对人类的伤害随着全球应急准备和风险管理水平的提升得到一定控制。但是, 经济发展、人口增长和全球城市化进程推进使得易受灾地区资产和人口集中度增加, 灾害事件造成的损失仍然巨大。此外, 受灾最严重的地区往往是那些经济发展水平较低的贫困地区。毕竟同样面临灾难, 经济发达地区的预防措施较好, 基础设施建设能力和水平更高, 因此灾害造成的损害后果要比经济落后地区小得多（详见表5-1）。

表5-1　过去十年国际重大自然灾害和人为灾难②

时间	受灾严重地区	危害重大的自然灾害	危害重大的人为灾难
2009	亚洲	台风和地震	船运灾难、暴恐事件、工业火灾、爆炸
2010	亚洲、北美洲	海地大地震、俄罗斯夏季热浪	尼日利亚非法金矿爆发的铅中毒事件。柬埔寨节庆活动的踩踏事件、塞拉利昂的金矿坍塌事件、深海水平线油井爆炸
2011	亚洲、非洲	日本地震、菲律宾热带风暴天鹰以及巴西和泰国的洪水	埃及骚乱、"阿拉伯之春"、坦桑尼亚海岸超载轮渡沉没事件、恐怖袭击
2012	亚洲、非洲、欧洲	美国的飓风桑迪、菲律宾的台风、巴基斯坦的水灾、伊朗的地震和欧洲的寒潮	洪都拉斯一所监狱的火灾、刚果共和国一所军火库爆炸、巴基斯坦一家制衣厂火灾, 航运、航空灾难, 以及恐怖主义袭击
2013	亚洲、非洲、欧洲、北美	太平洋气旋造成的极端天气、水灾, 北美和欧洲的极端天气事件	孟加拉国的一家制衣厂的火灾, 一艘从北非前往意大利的移民船着火后倾覆, 以及巴西夜总会烟花引起的火灾
2014	亚洲、北美、欧洲	地震、洪水和其他恶劣天气事件	船运灾难、火灾、飞机坠毁的空难、世界各地的恐怖主义
2015	亚洲、美洲、欧洲	尼泊尔地震、太平洋的气旋、美国及欧洲的恶劣天气	利比亚沿海沉船事故、沙特年度麦加朝圣时的踩踏事故、中国天津港发生的两次大爆炸

---

① "Women and Children's Health in the post-2015 Development Agenda Environmental Sustainability", https：//www.who.int/pmnch/media/news/2013/exec_sum_enironmental_sustainability.pdf（2019/8/13）。

② 同上, 第2页。

（续表）

时间	受灾严重地区	危害重大的自然灾害	危害重大的人为灾难
2016	亚洲、欧洲、非洲、美洲	地震、严重洪涝、北大西洋的飓风马修、加拿大的森林火灾	搭载移民的船只在克里特岛沿海沉没、尼日利亚教堂屋顶坍塌、飞机坠毁事件、严重火灾、爆炸事故
2017	欧洲、亚洲、非洲	塞拉利昂滑坡和洪水、印度、尼泊尔、孟加拉国的季风、北大西洋4级以上飓风、森林火灾	埃及清真寺的炸弹爆炸事件、恐怖袭击事件、航海灾难
2018	北美洲、亚洲	热带气旋、洪水、雷暴、飓风、强降雨、台风、地震	加利福尼亚州森林和营地火灾

应当注意的是，Sigma的报告数据并不能详尽统计全世界各类突发事件的损害状况，数据分析选取的自然灾害是指由自然力量引发的灾难，如洪水、风暴、地震、干旱、森林火灾、热浪、寒流、霜冻、冰雹、海啸及其他自然灾害。人为灾难是指与人类活动相关的重大灾难，包括"人为"或"技术"灾难，一般指在非常有限空间内某一个大型标的物受到影响，如重大火灾和爆炸、航空灾难、航运灾难、铁路运输灾难、采矿事故、建筑、桥梁坍塌及其他灾难（包括恐怖活动），但是不包括战争、内战和类似战争的事件①。由于保险公司的经济属性，统计数据中偏向于呈现出保险经济损失和人寿损失，参保比例较高的欧美国家的灾难受到更多关注，而贫困落后地区的灾难，只有那些重大的难以被新闻媒体忽视的突发事件会受到关注，其他数据或者因地方政府的政策未被公开，或者没有收到媒体曝光而难以被统计在内。

因此，在上述传统的突发事件之外，我们还要补充几类对人类存在普

---

① 《瑞士再保险》2012年第2期，第38页。https：//www.swissre.com/dam/jcr：570843fc-4ce1-48cc-b47a-91b4cb0e426c/sigma2_2012_ch.pdf（2019/8/11）。

世威胁而将人类命运紧密联系的国际突发事件：恐怖主义袭击、突发政治事件、突发公共卫生事件、突发网络安全事件、突发国际金融危机。

2.非传统型国际突发事件

随着危机管理理论与实践的发展，人类应对传统型国际突发事件的能力显著提升，在长期的应急处置实践中，人类逐步发展出能够适应传统型国际突发事件的心理机制。比如中国人传统的听天由命思想在自然灾害面前发挥出意想不到的心理安抚作用。相较而言，那些随时代发展而衍生的不可操控、难以预测的非传统型国际突发事件带给人类的不安全感更加强烈。

（1）国际突发政治事件

国际突发政治事件是冲击一国或多国社会秩序或政权稳固进而影响国际局势的突发事件，包括恐怖主义袭击、社会冲突、战乱、颜色革命、难民危机等。

恐怖主义在21世纪上升为人类公敌。2001年发生在美国的"9·11"事件强烈冲击了社会的安全感，超级大国美国突然遭到如此重大的恐怖袭击，仿佛宣告了世界任何地方都不再安全。2002年美国颁布的《国土安全法案》，将恐怖主义定义为包含行为和意图的活动。行为上涉及危害人的生命或可能破坏关键基础设施或核心资源，以及违反美国或州或美国其他分支机构的刑法。意图上故意恐吓或胁迫平民，用恐吓或胁迫影响政府的政策，以大规模杀伤、暗杀或绑架来影响政府的行为[①]。事件发生后，美国迅速开展反恐行动。近年来针对美国本土的重大恐怖袭击几乎没有成功，但恐怖主义在全世界范围的威胁并未消除，并呈现出全球化、网络化、分散化的特征。

---

① Homeland Security Act 2002，https：//www.dhs.gov/sites/default/files/publications/hr_5005_enr.pdf（2019/8/8）。

根据恐怖主义研究和反恐中心（START）[1]的全球恐怖主义数据库（GTD），从2000年到2017年，全球发生恐怖主义袭击事件逾十万起，在数量上呈逐年上升趋势，2014年达到顶峰。恐怖袭击最常用的方式是爆炸、武装攻击、绑架、暗杀、毁坏基础设施、劫持等。恐怖袭击的目标最主要是针对平民，其次是军人、警察、政府、商业、交通设施、新闻媒体、非政府组织、外交机构、宗教人物或机构等[2]。

从恐怖袭击的地区分布上看，世界几乎没有净土，澳大利亚和大洋洲、中美、加勒比地区、中亚、东亚、东欧、中东和北非、北美、南美、南亚、东南亚、撒哈拉以南的非洲、西欧，都受到恐怖袭击的威胁。从数量上看，中东、北非是重灾区，17年里共发生4万多次恐怖袭击事件。其次是南亚，发生了3万多次恐怖袭击事件，撒哈拉以南非洲有1万多次，东南亚地区的恐怖袭击9000多次，东欧、西欧、南美也都发生过数千次恐怖袭击。

应当注意，START数据库的数据来源主要是媒体报道，在不允许准确报道恐怖主义的国家就很难得到真实数据。此外，由于世界各国对恐怖主义的定义不统一，而且存在将恐怖主义政治化的倾向，对恐怖主义和叛乱、内部冲突和低强度冲突不加区分，因此START的数据库夸大了当前恐怖主义的形势[3]。例如一些个人因生活不如意、报复社会心理作祟而制造的刑事犯罪案件也被统计在中国发生的恐怖袭击数据中。由此可见，START对恐怖袭击的概念过于宽泛。不过START仍然是研究恐怖主义形势的重要统计和数据分析工具，可以反映世界各地的社会不安全状况。

---

[1]　美国国土安全部设在马里兰大学的全球恐怖主义研究和恐怖主义预警中心（National Consortium for the Study of Terrorism and Responses to Terrorism），参见https：//www.start.umd.edu/（2019/8/10）。

[2]　https：//www.start.umd.edu/gtd/search/Results.aspx?charttype=bar&chart=target&casualties_type=b&casualties_max=&start_yearonly=2000&end_yearonly=2017&dtp2=all（2019/8/10）。

[3]　Anthony H.Cordesman，The Uncertain Trends in the Metrics of Terrorism，https：//csisprod.s3.amazonaws.com/s3fs-public/publication/161129_Trends_Metrics_Terrorism_Updated.pdf（2019/8/10）。

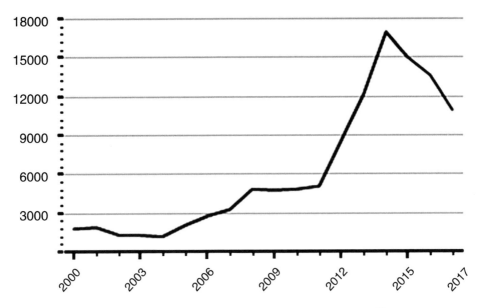

图 5-3　21世纪以来国际恐怖主义发生频次[①]

　　尽管START的数据显示世界整体遭受严重的恐怖主义威胁,尤其是中东、北非地区。但从感官上,发生在欧美发达国家和地区的恐怖袭击带给世界人民更强烈的不安全感。"9·11"事件发生后,针对美国本土的恐怖主义袭击明显减少,欧洲沦为了伊斯兰极端组织在全球扩张的重灾区。特别是2015年巴黎恐怖袭击事件后,"伊斯兰国"(ISIS)认领案件呈常态化。

　　除了恐怖主义,21世纪以来,世界局部地区的冲突、战乱、颜色革命及难民危机频繁发生,严重阻碍人类的和平与发展。政治动荡往往在一国发生并迅速波及全球,在国内外因素共同作用下冲击国际政治稳定。

　　2010年突尼斯突发自焚事件,成为"阿拉伯之春"的导火索。埃及、利比亚、叙利亚、也门相继发生国内反对派暴力运动。所有阿拉伯国家几乎无一幸免,一些国家在短暂混乱后能恢复秩序,而另一些国家持续动荡,陷入"一切人反对一切人"(A War of All Against All)的战乱状态。西方国家的

① 1970—2015年恐怖袭击在世界范围的分布,https://www.start.umd.edu/gtd/images/START_Global Terrorism Database_Terrorist Attacks Concentration Intensity Map_45Years.png(2019/8/10)。

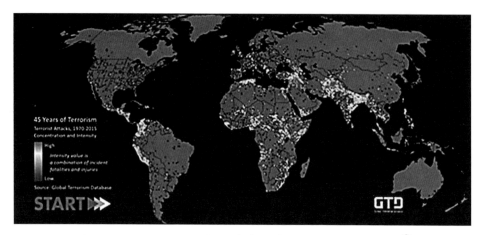

图 5-4　1970—2015 年恐怖袭击在世界范围的分布图[①]

鲁莽干预或放任自流加速了中东国家的失败和政府崩溃,进而给流氓领导人制造夺取权力的机会,让地区争端陷入无休止的绝望境地。

地区动荡局势还制造了新的危机: 涌向欧洲的难民潮。1951年《联合国难民公约》将难民定义为由于迫害、战争或暴力而被迫逃离自己国家的人,或具有可以证明成立的理由, 由于种族、宗教、国籍、某种政治见解,或身为某一特定社会团体成员而害怕遭到迫害的人。21世纪以来,世界上局部地区的动荡局势导致难民急剧增加。从"阿拉伯之春"开始,中东战乱持续升级。2014年ISIS宣布正式成立,战火进一步蔓延,欧洲难民达到难以承载的地步。据估计, 2014年全世界难民数量大约为3750万。而到了2014年年底,这一数字已上升到6000万,其中近三分之二为国内流离失所者[①]。大量难民涌向欧洲,对欧洲的安全和共同体意识提出严峻挑战。一些欧盟国家的政府开始采取以邻为壑的政策来回应移民危机,迫使其邻国承受这一重担的冲击,欧洲一体化的核心要素——几乎不存在边境管制的申根区——也受到严重威胁[②]。这种短视的民族主义、地方保护主义政策严重损害了

---

① [英]伊恩·克夫顿、[英]杰里米·布莱克:《简明大历史》,湖南文艺出版社2018年版,第298页。

② Wolfgang Ischinger. Boundless Crises, Reckless Spoilers, and Helpless Guardians, 转引自同上,陈瑜:《全球智库 军事战略研究动态》,新华出版社2015年版,第13页。

安全共同体的理念和实践。

（2）国际突发网络安全事件

如果说世界国家在现实层面还难以突破民族国家的界限，在网络空间则早已形成一个人类共同体。随着人工智能、区块链、5G、量子通信等领域技术的突飞猛进，大数据、云计算、物联网等基础应用持续深化[①]，世界各国人民已经在信息空间形成政治、经济、军事、文化、生活各方面紧密联系的全球网络社会。突发网络安全事件也与技术发展同步，在强度、频率、规模和影响上不断升级，严重危害国家关键基础设施安全、社会稳定与民众隐私，甚至成为国际关系现实冲突在网络空间的延伸。近年来，网络安全事件已经遍布亚洲、大洋洲、欧洲、非洲、美洲多个国家，成为人类共同的威胁。

突发网络安全事件是指由黑客、组织或国家实施的网页篡改、网络钓鱼、恶意代码、网站后门、拒绝服务攻击、网络漏洞、非授权访问等，造成能源、化工、国防、商业设施、关键制造业、金融服务、政府机构等关键基础设施部门信息服务瘫痪、重要数据库资源泄密、工业领域停产等严重后果和个人的泄露隐私信息、窃取财富等网络攻击活动。突发网络安全事件可分为三类：网络犯罪（网络黑客或黑客组织出于炫技等心理需求或经济目的实施的网络攻击）、网络恐怖主义（极端分子或恐怖组织以网络为媒介便利其恐怖主义信息传播、组织联络、情报收集等活动[②]或利用网络武器[③]实施破坏活动）和网络战争（国家出于政治目的实施的网络攻击）。近年来各类网络安全事件典型案例如表5-2所示。

---

① 杜畅旎：《2018年国际网络安全形势回顾》，《中国信息安全》2019年第1期，第63页。

② 高铭暄、李梅容：《论网络恐怖主义行为》，《法学杂志》2015年第12期，第1—3页。

③ 网络武器一般包括武器传输工具、安全突破工具、有效载荷—恶意代码三部分。这些武器开发成本较低。参见王军：《多纬视野下的网络战：缘起、演进与应对》，《世界经济与政治》2012年第7期，第89页。

表5-2　国际突发网络安全事件类型与典型案例 ①

类型	典型案例
网络犯罪	2012年黑客组织"鬼壳"（Ghost Shell）攻击日本多所大学、俄罗斯和美国政府，大量个人信息被窃取；2014年12月12306官网受撞库攻击，十多万用户数据遭泄露；2016年12月Mirai僵尸网发起物联网DDoS攻击，半个美国瘫痪；2017年WannaCry勒索病毒全球肆虐；2018年4月黑客利用思科智能安装漏洞，攻击多国网络基础设施，全球超过20万路由器受到影响。
网络恐怖主义	2013年"东伊运"组织制作并发布109部恐怖音视频，散布恐怖主义思想、传授恐怖袭击方法和技能。2014年IS武装绑架一名法国公民要求法国政府停止参与攻击"伊斯兰国"的军事行动，遭拒后被斩首，随后恐怖组织发布斩首视频。类似恐怖组织在网络发布血腥暴力视频以扩散社会恐怖心理的事件还有很多，我国法律严令禁止传播此类恐怖视频的流传。
网络战争	2007年爱沙尼亚政府和关键基础设施遭到大规模网络攻击，俄罗斯政府可能参与其中；2010年伊朗核设施受到"震网"病毒攻击，该病毒是美国与以色列合作开发，并得到德国和英国政府的帮助；2013年"棱镜门"事件曝光美国政府对世界多国的信息窃密活动；2014年俄罗斯对乌克兰移动互联网发动大规模网络攻击切断了乌克兰的移动通信网络，2015年乌克兰电网系统遭遇网络入侵而被迫关闭，攻击者可能是俄罗斯和美国；2016年美国大选期间针对选举系统的攻击可能来自俄罗斯。

　　世界各国在维护网络安全、稳定和有序运作方面的共同利益是加强全球网络空间治理的根本动力，但阻碍构建网络共同体安全的因素仍长期存在。一方面大国在网络空间加紧争夺盟友和伙伴。部分发达国家利用信息技术优势，以提供信息设备、技术支持、教育培训等方式向发展中国家传播自己的网络安全理念，扩大国际网络安全影响力。另一方面，大国之间在网络安全治理合作上存在较大分歧和矛盾，主要表现为大国网络霸权主义。如在克里米亚冲突中，美国指责俄罗斯实施网络攻击；在中东事务中，渲染

①　资料参考自冉从敬、王冰洁：《网络主权安全的国际战略模式研究》，《信息资源管理学报》2019年第2期，第13页；刘晓曼等：《网络安全形势分析与未来发展趋势展望》，《保密科学技术》2018年第12期，第10页；本刊编辑部：《2018年网络安全之国际威胁篇》，《保密科学技术》2018年第12期，第31—32页。

伊朗"意图向西方国家发动大规模网络攻击";在东北亚,把"想哭"病毒归因于朝鲜;在中美贸易摩擦背景下,又指责中国进行网络商业窃密[①]。美国一面同中俄发展网络安全合作,另一面又鼓吹网络自由,攻击中俄两国的网络监管措施,发展网络翻墙的技术手段以从网络上进行信息渗透,散布各种不实信息意图破坏他国政治稳定[②]。随着2013年"棱镜门"事件曝光,美国长期通过信息技术优势窃取他国政治、经济、军事情报的事实被揭露,严重削弱了大国之间网络安全合作的信任基础。人类命运共同体已经随着技术发展延伸到虚拟网络空间,这里天然的无政府状态使得突发网络安全事件频繁发生,如果不能形成世界各国人民从意识到实践层面的网络空间治理,那么网络将不再是人类的技术福利,而是危机、混乱、冲突的滋生地。

(3)国际突发公共卫生事件

公共卫生是人类为求生存而适应环境以及与自然界各种危害因素作斗争过程中逐渐形成的概念。19世纪末20世纪初,人类遭遇过天花、霍乱、鼠疫等烈性传染病的重创,逐步认识到要以群体为对象进行预防,运用环境卫生和预防疾病的策略,如注射疫苗、消毒、隔离、处理垃圾粪便、清洁水源、改善营养等[③]。进入21世纪,随着科学知识、医疗技术、公共措施的发展,人类的公共卫生环境明显提升,但突发公共卫生事件对人类健康、地方经济和社会发展仍然造成严重威胁。突发公共卫生事件是指突然发生,造成或可能造成社会公共健康严重损害的重大传染病疫情、群体性不明原因疾病、重大食物和职业中毒、重大动物疫情,以及其他严重影响公

---

① 杜畅旎:《2018年国际网络安全形势回顾》,《中国信息安全》2019年第1期,第65—66页。

② 国防大学战略研究院编:《国际战略形式与中国国家安全 2012—2013》,军事科学出版社2013年版,第328—329页。

③ 吴建军、万学中主编:《突发公共卫生事件及其应急处理》,东北师范大学出版社2011年版,第1页。

众健康的事件^①。2003年暴发的非典型性肺炎（SARS）事件引起我国对突发公共卫生事件的高度重视。

SARS是一种通过飞沫传播的急性呼吸道传染病。由于缺乏经验，地方政府隐瞒疫情，SARS最初在我国没有得到妥善处置，导致数百名患者死亡。一时间谣言四起，民众非理性抢购板蓝根和食盐，社会恐慌心态广泛蔓延。而世界各地陆续出现SARS病例也把中国政府推上风口浪尖，受到世界卫生组织和多个国家的批评。面对严峻形势，我国中央政府立即采取行动，并在世界卫生组织的帮助下，仅用三个月时间基本控制SARS疫情。此次事件警醒了中国和世界，在全球化时代，突发公共卫生事件无论在世界哪个地方出现，都可能迅速波及全球。

根据世界卫生组织发布的2018年世界卫生状况的年度报告，SARS仍然是全球威胁可持续发展目标（Sustainable Development Goal，简称SDG）的传染性疾病之一，此外有艾滋病、疟疾、结核病、乙型肝炎或丙型肝炎以及热带病（NTDs）^②。热带病特指在热带环境中更容易繁殖和传播的传染病，如柬埔寨的淋巴丝虫病、盘位丝虫病、危地马拉和摩洛哥的沙眼。热带病肆虐的国家多属于人口较多的低收入国家，医疗卫生条件受经济实力限制很难有效控制热带病。还有非洲的埃博拉、寨卡、中东呼吸综合征（MERS-CoV）等高危病毒，也在贫困和人口密集地区肆虐。登革热这种在孟加拉、印度等热带国家雨季高发的流行病正在向次热带和温带国家蔓延。流感病毒不分地域在全球肆虐^③，流感病毒变种迅速，畜禽也容易感染流感病毒造成人畜交叉感染，这使得流感病毒的预防和控制形势更加严峻。

突发公共卫生事件威胁人类的健康、生命安全和可持续发展，世界各

---

① 薛澜、钟开斌：《突发公共事件分类、分级与分期：应急体制的管理基础》，《中国行政管理》2005年第2期，第103页。

② "World Health Statistics 2018: Monitoring health for the SDGs", pp.5-6, https://www.who.int/gho/publications/world_health_statistics/2018/EN_WHS2018_Part2.pdf?ua=1（2019/8/13）。

③ "Ten Threats to Global Health in 2019", https://www.who.int/emergencies/ten-threats-to-global-health-in-2019（2019/8/13）。

国都高度重视卫生防御工作。为了人类共同的安全,有能力的国家有义务帮助经济基础较弱、卫生防御能力较差的国家提升医疗卫生水平,一旦出现突发公共卫生事件,全世界都必须联合起来管控突发事件,减少损害。

然而,随着时代和技术发展,人类活动空间不断拓展,国际突发公共卫生事件明显呈增多趋势。一方面是过去曾经被消灭的一些传染性病毒再次死灰复燃,从局部地区蔓延到世界性扩散;另一方面,新的未知传染性病毒出现,一旦将人类作为宿主,将迅速造成大规模的传染性疾病蔓延。2019年底开始出现并迅速蔓延全世界的新型冠状病毒,至今已严重威胁世界各国人民的生存和发展。一方面许多因感染病毒而得不到及时医治的人失去生命;另一方面疫情使本不景气的国际经济形势再受重创,全球产业链、供应链都出现了不同程度的断裂。糟糕的是,在人类共同的敌人——传染性病毒面前,并非所有国家都能团结一致抗击疫情。欧美等国提出的群体免疫法、排斥世界卫生组织等国际组织的协调作用、诋毁其他国家的"甩锅"行为,都无助于保障人类的生命安全。

(4)国际经济危机

学界一般认同马克思主义的观点,认为经济危机是资本主义经济特有的周期性爆发的生产过剩的危机,通过在政治和社会层面的连锁反应引发社会革命,最终导致资本主义的灭亡。也有学者指出经济危机是社会化大生产条件下商品经济或市场经济运行中产生的一种客观现象[①]。换言之,采用市场经济的社会主义国家也可能爆发生产过剩或商品短缺的经济危机。本书研究的经济危机是国际突发经济事件,特指商品严重短缺或生产严重过剩,金融信用危机和其他严重经济失常,引起世界多国经济动荡,冲击国际经济秩序甚至波及国际政治安全的突发事件。

按照这个定义,20世纪影响最大的国际经济危机是1929—1933年的世界经济危机,因美国华尔街股票市场的崩溃引发银行倒闭、企业破产、工

---

① 陈希亮:《当代中国经济问题战略思考》,中国言实出版社2014年版,第325页。

人失业等连锁反应,经济危机迅速波及世界各国,演变成一场空前的世界性经济危机,"大萧条""大恐慌"状态也诱发各国严重的社会危机,加剧世界紧张局势,成为第二次世界大战的诱因。1973年因第四次中东战争爆发,阿拉伯石油生产国削减石油出口量,造成油价飞涨,引发战后最严重的一次世界石油危机。在现代文明社会,能源是国计民生之基,由于世界各国的资源分布不均,资源供应短缺造成的威胁仍将长期存在。1997年亚洲金融危机是国际金融炒家操纵的经济投机行动,这次危机造成亚洲大部分国家货币大幅贬值、股市大幅下跌,工厂倒闭、工人失业、社会萧条消耗了亚洲多国积累数十年的繁荣,甚至引发一些国家政局的动乱。亚洲金融风暴让人们充分警觉经济全球化对世界各国可能带来的负面影响,各国经济联系越来越紧密,但经济实力、抗风险能力参差不齐,发展中国家更容易在发达国家主导的国际金融和货币领域中遭受突发经济事件的损失。2008年美国爆发的次贷危机迅速波及全球,引发各国金融市场的震荡,经济危机迅速从虚拟产业蔓延到实体产业,从一国波及世界并诱发欧洲主权债务危机,导致全世界实体经济低迷、公司倒闭、工人失业、政府破产、政局动荡等严重后果。直到今天,国际经济形势仍然受"金融危机的余威"影响而"复苏乏力"。

经济危机的危害并不局限于经济领域,人民生活水平急剧下降的切身感受将酝酿社会不满情绪,造成社会动乱和政权更迭的严重后果。1997年亚洲金融风暴导致马来西亚、印度尼西亚等东南亚国家中产阶级财富缩水过半,直接导致印尼苏哈托政权倒台和马来西亚"安瓦尔事件"。美国次贷危机也激发了普通民众对金融行业的不满情绪,触发了轰轰烈烈的"占领华尔街"运动,更引发德国、加拿大、澳大利亚、日本等国各种"占领活动"的连锁反应。

(5)科技突发事件

科学技术的发展极大提高了人类改造自然的能力,但人与自然的和谐关系并没有明显改善。前述频繁的自然灾害和极端天气也可能是人类改造自然活动的直接后果。科技发展极大地提高了社会生产力,从蒸汽革命到电气革命、从信息革命到人工智能迅猛发展的今天,近两百年来人类社会不断实现技术突破,持续拓展高科技探索领域,将"科幻"变成"科学",同时科技如果大约束地发展也可能摧毁现存的人类社会伦理,甚至危害人类生存,使许多科学忧虑或警告成为现实。

2018年,中国南方科技大学一副教授宣称已经有一对修改基因的双胞胎健康诞生,婴儿的基因经过人工修改可以免除艾滋病的威胁。然而这个严重违背伦理道德和科研诚信的事件产生了极其恶劣的国际影响,中国人被贴上不讲医学伦理的标签。2018年底,《科学》杂志将"基因编辑婴儿"事件列为"2018三大不幸科学事件"之一[1]。事件引发的争议在于人类是否已经打开了滥用基因技术的潘多拉魔盒。基因编辑的风险是未知的,因此才更容易造成恐慌。从克隆羊多利实验的结局似乎可以预见,贸然将基因编辑技术用在人类身上将造成更多不可预见的严重后果。轻则危害被实验人的健康和生命,重则危害全人类的基因安全。人类在反恐斗争中已经取得了制止核恐怖主义的共识。2007年联合国秘书长潘基文呼吁所有国际迅即签署《制止核恐怖主义行为国际公约》,并指出核恐怖主义是我们这个时代最严重的威胁之一。2001年美国打击基地组织时发现恐怖组织正在制造大规模杀伤性武器[2],恐怖分子使用致命生化武器的事实也对人类安全产生严重威胁。还有无人机技术虽然极大地便利了人类的生产和娱乐活动,但如果被用作攻击武器将颠覆力量格局,冲击战争伦理。尽管同传统国际突发事件相比,新型国际突发科技事件数量较少,但产生的国际冲击较大,其高科技、高风险特征也给广大民众带来无力感,人类仿佛无法掌控命

---

① 《"基因编辑婴儿"列为"2018三大不幸科学事件"》,http://www.shidi.org/sf_727586077 B084CBA9CC623B8150D8514_277_pipi.html(2019/9/27)。

② [美]丹·考德威尔、罗伯特·E.威廉姆斯:《危中求安:如何在动荡的世界寻求安全》,彭子臣译,金城出版社2015年版,第99页。

运,尽管有科技伦理和制止核恐怖主义等国际公约,但并不能有效阻止少数极端狂热分子的冒险行动。人类在应对国际突发科技事件方面还缺乏经验,更需要国际社会团结一致,共同探索维护安全的有效途径。

应当注意,上述各类国际突发事件并非泾渭分明的孤立存在,在全球化时代常常相互影响、相互转化。自然灾害、人为事故等突发事件处置不当可能激化社会矛盾引发政治事件,政治事件造成社会动荡则恶化经济环境,引发经济危机,历史已经无数次证明经济危机与突发政治事件之间的密切联系。各类国际突发事件的起因复杂而易于转化,增加了应对国际突发事件的难度,也促使人类在共同威胁面前合作意识和联合行动的形成与发展。

三、营造安全共同体的现实困境

在国际突发事件的冲击下,"安全共同体"成为全球化时代最广泛而具有现实需求的"想象的共同体"(如同本尼迪克特·安德森在《想象的共同体》中论述的民族共同体、宗教共同体)。维护共同安全并不是主权国家、国际组织和非政府组织的专职。人们意识到有必要采取联合行动,从而在支离破碎的现实世界废墟上架构一个理想的人类安全共同体。在联合国的引领下,国际组织、主权国家、非政府组织、企业、个人的自觉行动推动全球治理的理念和实践迅速发展,但是营造安全共同体的努力仍然受到诸多现实因素阻碍,如全球治理主体不明确,不合理不公正的国际政治经济旧秩序导致治理格局失衡等。

(一)营造安全共同体的主体局限

当前构建安全共同体的主体包括国际组织、主权国家、非政府组织、企业和个人。但在应对普世风险和国际突发事件的实践中,各个主体发挥作用都有局限,如国际组织的信任危机导致国际组织的领导力和组织力下降,主权国家、企业、非政府组织等多方力量的国际应急合作不可持续,个人的能力有限、意愿不持久等。

1.国际组织的局限

国际组织是全球治理体系中的重要力量。经过20世纪世界热战和冷战,加强国际组织在规范国际秩序上的作用已成为全球共识。分门别类的国际组织聚焦某一领域的世界性问题探索解决路径。国际货币基金组织、世界银行、世界贸易组织、关税合作委员会等关注全球经济问题,世界妇女儿童基金会、世界卫生组织、联合国教科文组织等注重解决人权保障和社会服务问题,绿色和平组织(Greenpeace)、地球之友(FOEI)、国际科学理事会(ICSU)等关注全球环境问题,禁止化学武器组织(OPCW)、国际法院(ICJ)等关注国际安全问题[1]。在诸多国际组织中,联合国无疑在全球治理中发挥着最重要的作用。20世纪末联合国推动组建了国际发展问题委员会、裁军与安全独立委员会和世界环境与发展委员会,负责对南北半球发展不平衡、加强南北合作、缓和国际安全局势、改善环境等重大问题进行研究。1992年联合国组建了全球治理委员会(Committee on Government),主张通过"实践性、市民性、规范性"的全球治理,解决困惑人类的全球贫穷与环境问题,以实现人类的核心价值,包括对生命、自由、正义和公平的尊重[2]。

但是国际组织在全球治理中的行动效力长期存在争议。一方面,国际组织章程的低水平制度化决定了国际组织的联合行动缺乏制度约束力。联合国等国际组织经常被批评为"大国俱乐部",安理会的运行记录中清楚地展示了20世纪下半叶大国在世界范围内对一些事务施压的全过程[3]。联

---

① 于军:《全球治理》,国家行政学院出版社2014年版,第123页。
② 樊勇明:《西方国际政治经济学》,上海人民出版社2006年版,第31页。
③ [美]保罗·肯尼迪:《联合国过去与未来》,卿劼译,海南出版社2008年版,第48页。

合国在最新的《未来发展》中承认,尽管世界上最重要的挑战和解决方案都是全球性的,但我们缺少全球性的未来展望和全球性决策制度。全球治理体系没有与全球日益增长的相互依存度相匹配①。另一方面,国际组织的行动需要大量资金和资源,其来源与数量直接关系国际行动的效力。冷战后联合国要处理的危机更加多元,内战、种族和宗教暴力、大规模侵犯人权、权力的崩溃以及人道主义危机都成为联合国维和的重要挑战。这些风险集中在落后的国家和地区,而应对这些危机又需要大量的资源与资金。这就使得一些承担大量救济义务的国家感到不公。美国一些政客要求减少美国所承担的联合国会费,政治家对世界组织的无礼和轻蔑态度在发达国家并不是个例,事实上,很难要求所有国家对联合国持续不断地捐赠付出,哪怕是最衷心的会员国都可能对持续不断的维和行动买单失去耐性。国际组织的章程与其完成任务和目标的手段不相称②,决定了国际组织的信任危机将长期存在。

2.国际应急合作的局限

国际应急合作是主权国家、企业、非政府组织、国际组织等多方力量为应对共同威胁而结成的紧急联盟。在风险迫近或危机爆发的紧急状态下,国际应急合作能够克服常规国际组织程序冗杂、效率低下的弊端,有针对性地处理各种全球性问题。"9·11"事件发生后,美国主导的国际反恐联盟展现出强大的行动力。欧洲各国也加紧应对恐怖主义的联合行动。2003年在保加利亚建立的"欧洲反恐中心"成为欧洲各国执法人员接受反恐战术培训的大本营,同年西班牙、英国、法国、德国和意大利五国联合成立反恐专家小组,负责在欧盟监督各国制定和实施反恐政策③。二十国集团(G20)最初是为应对亚洲金融风暴而形成的国际经济合作论坛,2008年

---

① http://107.22.164.43/millennium/2017SOF-ExecutiveSummary-Chinese.pdf(2019/7/31)。
② Geoffrey Underhill, Xiaoke Zhang ed. , International Financial Governance under Stress, Cambridge, Cambridge University Press 2004, p.311.
③ 张家栋:《全球化时代的恐怖主义及其治理》,上海三联书店2007年版,第179—180页。

美国在国内金融部门临近崩溃，进而可能拖垮全球经济的世界危机面前发出邀请，请G20成员的国家元首或政府首脑汇集华盛顿共商应对世界经济危机的计策。二十国集团（G20）峰会机制就在危机和慌乱之中诞生了①。2014年非洲埃博拉疫情暴发前后，联合国、世界卫生组织、无国界医生、各国疾病控制和预防中心、非洲本地和国际非政府组织以及私人公司的合作为控制疫情的发展作出了重要贡献。随着紧急状态的终结，一些取得良好效果的国际应急合作能够以某种国际联盟的形式确定下来。

但是，国际应急合作及其衍生的国际联盟很难产生持久的行动效力。如G20峰会虽然定期举行首脑会晤，但讨论的问题远比解决的实际问题多，长期来看仍可能变成一个纯粹形式上的聚会②。而对于长期存在的地区动荡、社会冲突、疾病、贫困等问题，国际应急合作只能缓一时之需，根本就不可能形成固定而长期有效的国际联盟。例如非洲国家长期被贫困、债务、艾滋病、干旱、社会冲突、妇女儿童权益等问题困扰，使这块"世界上最边缘的大陆"成为国际应急合作的重点援助对象。但是，由于非洲特殊的地区联系，没有哪一国的冲突或紧急事件能够被限制在一国的边界内。国际应急合作通过建立信任、积极和平建设提供早期预警和冲突后的和解与重构③，只能缓解眼前问题，一旦国际应急合作撤出，非洲的状况随时可能倒回原地。

此外，一些国家对国际联合应急行动的响应并不积极，有能力的国家正在尝试制造私人安全领域④。以美国反恐战略的变化为例，2001年9月11

---

① [土]凯末尔·德尔维什、[澳]彼得·德赖斯代尔主编：《G20峰会进行时：时代的战略领导者》，郭理蓉等译，上海人民出版社2016年版，第3页。

② [土]凯末尔·德尔维什、[澳]彼得·德赖斯代尔主编：《G20峰会进行时：时代的战略领导者》，郭理蓉等译，上海人民出版社2016年版，第5页。

③ [美]凯尔文·C.邓恩、[加]蒂莫西·M.肖主编：《国际关系理论：来自非洲的挑战》，李开盛译，民主与建设出版社2015年版，第288页。

④ [美]丹·考德威尔、罗伯特·E.威廉姆斯：《危中求安：如何在动荡的世界寻求安全》，彭子臣译，金城出版社2015年版，第282页。

日纽约和华盛顿遭受恐怖袭击后，美国一度成为全球反恐战略的主导力量。但随着反恐措施的成效显现，美国及其领导的西方同盟对国际反恐的重视程度和资源投入明显下降。尽管媒体集中曝光的一些欧美暴恐事件仍牵动世界神经，但从全球范围来看，欧美本土发生的由恐怖组织策动的外源性暴恐大案明显呈现减少趋势。发生在发达国家的暴恐事件无论数量还是伤亡严重程度，都远远比不上恐怖主义滋生的民族宗教情况复杂和极端贫困的国家和地区。2018年以来，美国大幅削减反恐经费，而把主要精力和资源用来应对来自中国、俄罗斯的地缘战略竞争①。这对于长期以来美国牵头的全球反恐形势无疑将造成长远的负面影响。这种试图制造私人安全空间的尝试在全球经济复苏乏力的背景下有进一步发展的倾向。世界经济论坛报告指出世界正在进入一个以国家为中心的政治新阶段，"收回控制权"的想法——无论是从多边还是超国家组织——都引起了许多国家的共鸣，这股逆全球化的政治浪潮将严重削弱应对全球风险的集体行动②。

国际组织反复用大量数据和事实证明南北半球相互依存的紧密联系，北方国家和南方国家坐在同一艘船上，如果南方国家下沉，北方国家也将失去浮力③。但事实上，即使是普世风险，不同国家付出的代价也有差异。因所处的环境和各自的实力不同，很难要求所有国家和地区负担同等的管控风险责任。总体上看，发达国际和地区发生不安全事件的频率或概率较低，却占据世界尖端科技、自然资源的强大优势，拥有更多传统的硬权力资源和意识形态、制度上的软权力资源去应对可能的风险。随着应急管理能力和水平的提升，即使风险变为现实威胁，发达国家和地区也有足够的资源和能力去应对危机和减小损失。如果在世界范围内有能力的国家和地区继续尝试拓展私人的安全空间，世界发展不平衡的趋势将不可逆转。

---

① 严帅：《当前国际反恐战略态势》，《国际研究参考》2019年第3期，第47—48页。
② http://reports.weforum.org/global-risks-2019/chapter-one/（2019/8/1）。
③ 樊勇明：《西方国际政治经济学》，上海人民出版社2006年版，第6页。

3.世界公民的局限

普世风险和国际突发事件关系每个人的福利、安全和财富,维护共同安全并不是国际组织、主权国家、非政府组织、企业等集体的专职。在共同威胁面前,世界公民社会有了实现的可能。人们意识到有必要为"地球村"的建构贡献一份力量,从而在支离破碎的现实世界废墟上架构一个理想的人类安全共同体。事实上,人们已经处处表现出强大的力量。国际突发事件发生时,除了最初的震惊、恐惧和愤怒,人们迅速开展维护安全的行动。重大国际突发事件一经报道,各国各地人民自发的祈愿、捐助、献血、取消娱乐活动,密切关注事件的最新进展,组织公众集会、安慰邻舍。这或许是人格心理学所说的环境对人的影响:重大事件会导致人们的相似反应,灾难的爆发将压倒个体的差异①,形成空前的团结。充满善意和希望的人们秉持国际主义精神和世界主义的价值观或许能够使世界公民社会从理想变成现实。

然而,在世界公民社会实现之前,世界公民仍然出于毫无制度规范的无政府状态,个人在风险和危机面前的力量太渺小。当危机降临时,人们很容易陷入恐慌和群氓状态。如SARS流行之初人们从不注重疾病的严重性,演变到盲目消毒、过分关注以致恐惧愤怒。2011年日本福岛核泄漏事故引发民众恐慌性大逃亡,继而牵连中国市民抢购碘盐风波,欧美国家也出现抢购碘片风潮。灾难过后,人类天然的自我保护心理机制又能够很快抚平危机带来的伤痛。加上在媒体掌控信息渠道的时代,大多数人成了电视机另一端的观众,公众对于世界风险的感知并不强烈,对于"远距离的痛苦"也很难产生强烈而持久的感受。对世界苦难的同情方式,如捐赠、风口浪尖的娱乐消停也容易流于形式。当人们对风险的感知因距离而钝化,管控风险的联合行动就缺乏持久的动力。

---

① [美]伯格:《人格心理学》,中国轻工业出版社2014年版,第2页。

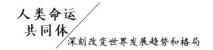
（二）全球治理格局失衡

多元主体共同参与全球治理，理想状态下应当发挥各自的效能以形成最大合力。然而国际政治秩序的无政府状态决定了国际组织、主权国家、非政府组织、企业和个人的联合行动难以长期保持协调一致。在世界历史发展历程中，国际社会形成了少数国家占据优势地位的不合理格局，全球治理的主导权掌握在少数大国手中，这意味着世界各国在全球治理的议题设置、全球治理的资源分配等关系全球治理成效的关键问题上并不具有平等地位。

1.大国主导的全球治理格局

当前全球治理体系同全球化发展路径一样，充满了资本扩张逻辑和大国政治秩序。在全球化进程中，财富和军事化国家权力的高度集中导致种族、宗教和意识形态的对抗加剧，最终将世界变成一个充满"傲慢、怨恨、紧张和不公正"的"全球对抗机器"①。大国在全球治理格局中占据垄断地位，国际组织和国际会议的议题满足大国的利益诉求，发展中国家长期受到排挤和忽视，缺乏尊重与平等的全球治理格局只能维持表面和谐，恐怖主义、生态危机、社会失范等危机正在这种扭曲的表象下滋长，寻找复仇的机会。

必须承认，全球治理最有效的行为主体仍然是主权国家，尽管有人将希望寄托在超主权国家的国际组织和非政府组织身上，但国际事务的天然无政府状态必然要求主权国家出面主持秩序和进行制度性安排。

在威斯特伐利亚体系下，由主权国家构成的国际社会经过数百年世界历史的演进过程，逐渐形成少数国家占据垄断地位的国际政治格局。尽管20世纪新兴国家把握住发展机遇掀起了一轮世界经济社会多极化发展浪潮，并且在资本主义不可克服的经济危机冲击下，部分老牌资本主义强国

---

① Fred Dallmayr, Being in the World: Dialogue and Cosmopolis, Kentucky: The University Press of Kentucky 2013, pp.59–60.

受到重创，国际垄断地位有所动摇。但是，理想中的多极化世界仍然面临着多重挑战。一方面，传统大国并不会将其在全球治理议题上取得的绝对领导权拱手相让，新殖民主义、霸权主义，以及甚嚣尘上的"修昔底德陷阱"论都在努力维系大国主导的国际政治秩序。另一方面，新兴国家尽管迅速推动了社会经济面貌的变迁，但长期被低估的历史底蕴和文化价值削弱了民族自信心，建立在后发优势基础上的发展难以持续，其共时性发展非但不能消化西方国家历时性发展中的诸多社会问题，而且将在内外环境中持续发酵、集中爆发，处置不当则很容易让新兴国家辛苦积累的社会进步一朝退回原地。因此在大国占据主导地位的全球治理体系中，全球治理的议题设置权也被少数国家握在手中，许多国际组织遵循大国的政治意志，如国际货币基金组织和世界银行在政策建议、技术援助以及资金转移过程中已经沦为某些成员国完善本国治理的权宜之计①。而发展中国家的贫困、战乱、生态环境危机等问题即使摆上全球治理的会议桌，也很难得到全球治理资源的倾斜。

2.国际社会时空维度的不平衡发展

大国占据主导地位的全球治理格局根源于国际社会在时空双重维度上的不平衡发展。在时间维度上，世界文明发展史尽管异彩纷呈，东方文明曾一度独领风骚，但文艺复兴之后西方社会率先推动生产力变革，在国际社会发展史上长期居于领先地位。资本主义经过自由资本主义和垄断资本主义，进而发展到帝国主义阶段，基本完成了当代世界政治经济局势的分割。近代世界史上国际政治经济霸权几易其主，不论是罗马帝国，还是16世纪的西班牙、17世纪末的法国、18世纪的英国，以及19世纪的美国，霸权还是掌握在欧美国家手中。毕竟，在全球治理议题产生的20世纪中叶，国际社会只有50多个国家。二战后随着民族解放运动的高涨，许多民族民

---

① 《译者的话：从无政府走向世界治理》，参见[美]詹姆斯·N.罗西瑙主编：《没有政府的治理》，张胜军等译，江西人民出版社2001年版，第13页。

主国家才纷纷成立。20世纪六七十年代，世界上民族国家的数量迅速增加到近两百个。因此，时间维度上欧美老牌资本主义国家把握了发展先机，早以通过各种资本原始积累的方式奠定了雄厚的国力基础。在空间维度上，前述老牌资本主义国家多数位于北半球，而新成立的第三世界国家则大多数分布在南半球的南美洲、非洲。在世界殖民扩张史上，欧美国家以先发展优势为基础，广泛争夺南半球的殖民地，继续为本国经济社会发展提供原材料产地、廉价劳动力和资本主义工商业产品的倾销地。民族解放运动后新成立的许多国家和地区都面临严峻的内外发展形势，尽管资本主义殖民体系已经瓦解，但发达资本主义国家并未放弃对第三世界国家的剥削，而是从政治殖民向经济殖民转变，通过经济手段实现对世界的控制①。许多第三世界国家仍然是西方资本主义国家的经济附庸，国际社会在空间上已经形成以西方为中心、发展中国家处于半边缘或边缘位置的不平等格局。在可预见的未来，要改变这种不平等格局必须依靠南半球落后国家和地区自身的努力，毫无疑问，除了国际社会的既有不平等格局，这些国家和地区的发展还要突破自身发展理念、宗教文化、技术水平、自然资源、地理环境、政治制度和社会生态等多方面问题的障碍。尽管内外困难重重，人类追求更美好生活的愿景将成为世界整体进步的内生动力，问题在于，国际社会始终存在非此即彼和二元对立的简单思维，这是人类共同发展的最大障碍。

（三）全球治理目标的局限

全球治理的困境很大程度是由治理目标的局限决定的。全球治理的目标是什么？这取决于在哪个维度谈论全球治理。人类共同体在世界历史发展过程中发展为由国际社会与全球社会、市民社会与人类社会相互交织的多维结构，在不同维度上全球治理的目标有很大区别，由于多维社会之间

---

① 刘鹏飞：《马克思主义不平衡发展理论与全球治理观重塑——兼论人类命运共同体理念的公平治理逻辑》，《福建师范大学学报（哲学社会科学版）》2019年第4期，第14页。

没有绝对的分界线,彼此交织难以分割,因此当前国际社会在全球治理方面的共同行动,很难完全撇开国家利益而只谈论人类共同体的利益,也很难撇开人类共同体的利益只维护主权国家利益。

1.人类命运共同体构成的多维社会

人类命运共同体随着世界历史的演进,在政治维度分化为"国际社会"和"全球社会",在经济维度分化为"市民社会"和"人类社会"。不同的社会结构有不同的核心利益和运行规则,如果不加以区分,就很难厘清不同情况下全球治理的目标,甚至误以为治理目标前后不一、相互矛盾。

从国际政治维度看待历史和现实,可以发现人类社会随着全球化发展在世界历史进程中分化为"国际社会"和"全球社会"。国际社会以《威斯特伐利亚和约》为关系准则,形成主权国家为主体、以国家利益为准绳的国际关系格局;全球社会是随着二战以来"全球问题"频发而兴起、多元主体相互依存、以人类整体长远利益为核心的人类命运共同体[①]。二者实际上并不能完全分开,"国际社会"与"全球社会"相互联系、共同发展。理想的状态是人类共同体能够摆脱"国际社会"的竞争关系,摒弃非此即彼的二元对立思维,人类不分国籍和种族,共同推动相互依存的"全球社会"发展兴盛。全球治理也应该由超然现实国际政治格局的治理主体,权衡对人类共同体最有利的方案和措施并进行决策。然而,短时间内这样的目标只能是美好的愿景。人类在国际政治交往中仍然将长期处于主权国家为主体、主导国际关系的格局,关键在于寻找化解"国际社会"的矛盾与冲突,加强国际间合作与互信,推动主权国家在不违背国家利益基础上为人类共同的利益作出积极贡献。

从社会形态的变迁视角看人类历史的发展进程,可以将世界历史与现实归入"市民社会",这种社会形态相对于人类自然的联合体,如原始的部

[①] 叶险明:《世界历史的"双重结构"与当代中国的全球发展路径》,《中国社会科学》2012年第6期,第8—11页。

落、封建的氏族而言，当然是一种进步。但是在"市民社会"中，人们因社会分工而紧密联系在一起，"人人互为手段"，"个人为别人而存在，别人也为他而存在"①。这种以市场交换关系为基础的社会形态，表面上看以人们之间的相互需要为纽带，整个社会形成一个和谐的共同体，从而实现了生产的社会化。实际上这种社会化只是建立在满足自己个人需要的基础之上，是使人们相互工具化的"伪社会化"②。马克思将市民社会看成是与人的共同本质相分离、利己的人的权利领域，整个市民社会就是一场露骨的、追逐营利的"普遍运动"。在这场"普遍运动"中，市民社会成员由于受到自身自然禀赋和后天条件的限制，必然会在市民社会内部产生分化，即因个体各方面的差异而形成"等级的差别"③。因此不平等、不公平、不自由等各种弊端在市民社会随处可见，市民社会中人们谈论的自由、平等、公正等美好价值不可能真正实现。

只有从市民社会向下一个更加高级的阶段发展，即达到"人类社会"时，全体人类才能超越经济、利益等市场关系，形成真正自由人的联合体。人类社会立足于"人类社会或社会化的人类"，消除了异化。在"人类社会"，人们的生产并不是生存的手段而是人的能力的释放；人们不再以利己的目的将他人当作满足自己需要的手段和工具，不再将彼此当作对象看待；人也不再将自然当作获利的资源对待，而是将其看作审美对象④。显然，"人类社会"的描述十分符合马克思主义的终极追求，马克思正是基于对现实的批判去谈论人类的自由和自我价值的实现。在马克思主义者眼中，只有"人类社会"才能真正实现符合人性要求的和谐统一。但"人类社会"的实现遥遥无期，人类将长期处于"市民社会"，那么人与人之间的互利关系

---

① 《马克思恩格斯全集》第42卷，人民出版社1979年版，第144页。
② 王新生：《马克思正义理论的四重辩护》，《中国社会科学》2014年第4期，第32—33页。
③ 刘同舫：《构建人类命运共同体对历史唯物主义的原创性贡献》，《中国社会科学》2018年第7期，第6页。
④ 王新生：《马克思正义理论的四重辩护》，《中国社会科学》2014年第4期，第32—33页。

和经济联系应当作为人类自觉超越的现实，"市民社会"人与人之间的和谐共处就只能作为抵达"人类社会"的权宜之计，而不应局限于"市民社会"去谈论人类共同体的利益和未来。

2.现实社会的约束

人类共同体在世界历史进程的当下，仍然处于"国际社会"和"市民社会"当中。从历史唯物主义的理论视野出发，这两种社会形态都是历史的进步，但是随着资本主义全球化发展，"国际社会"和"市民社会"的弊端日益凸显，无论是全球资本主义矛盾的爆发，还是任何一国的经济动荡或政治冲突，都可能通过世界市场体系和全球治理体系蔓延到整个世界政治经济体系，扩展为对全体人类生存和发展的严重威胁[1]。因此，加强全球治理的联合行动已经成为国际社会的普遍共识。然而，"国际社会"和"市民社会"的弊端并不能在内部得到化解，如果不能认识到这一点，谈论再多策略性的全球治理方略都不能达到理想的目标。

这是因为，"国际社会"和"市民社会"是在资本主义全球化进程中形成的，资本主义的国际分工不断巩固加强，于是同"市民社会"内部不可避免地产生阶级分化一样，国际社会也因各国、各民族的天然差异而不可避免地产生等级差别。生产资料和财富逐渐集中在少数国家手中，形成了政治霸权、经济霸主的国际不平等格局。在资本主义经济全球化的意识形态叙事中，现代世界范围内的主权国家、国际组织、族群组织、跨国公司以及个体公民在经济实力、政治影响、生活水平等方面都现实地存在着等级差别，于是在经济上形成"先进—落后"的发展格局，在文化上形成"文化—野蛮"的文明史观，在政治上形成霸权主义的国际秩序[2]。在这样的国际

---

[1] 刘同舫：《构建人类命运共同体对历史唯物主义的原创性贡献》，《中国社会科学》2018年第7期，第10页。
[2] 刘同舫：《构建人类命运共同体对历史唯物主义的原创性贡献》，《中国社会科学》2018年第7期，第7页。

社会和市民社会，怎么可能实现民主、自由、平等、公正、合理的全球善治秩序？人类个体首先就不能被视为平等的成员，人类的共同利益，也只是存在于理想社会中的美好愿景，而现实中沦为那些拥有资本和霸权的成员的利益表达。

第二次世界大战结束以来的历史证明，国际社会和市民社会充满了资本逻辑和霸权主义。美国作为头号世界强国，以无可匹敌的军事、经济、文化和意识形态优势掌握国际政治霸权，并通过区域联盟、主导国际议题、扩展制度网络等方式建立相对稳定的国际体系[①]。长期以来，美国享受着主导国际政治秩序的权力巅峰，冷战时期"美国例外论"（American Exceptionalism）曾宣称"我们将会成为一座山巅之城，所有人的眼目必将仰慕我们"[②]。这种论调并没有随着冷战结束而消亡，反而在美国发展出一种错误认知：将某些"国际化的"事务视为"外在的异数"（out there），而非以某种方式与他们自身相关。如果不是恐怖主义袭击冲击了美国人民的利益，美国也不会在21世纪初大张旗鼓地打响世界反恐战争。更多的事实表明美国的反恐战争夹带了无数以国家利益优先的战略考虑，一旦美国感到本土的恐怖主义威胁降低，而深陷反恐第一阵线不再是划算的事，美国就立即减少对打击恐怖主义的各项投入，着眼于其他对国家利益更紧要的事务，如日益崛起的中国是否会威胁到其世界霸主地位的问题。

这就是当前"国际社会"和"市民社会"之中，资本主义全球治理体系难以发挥实效的原因。在这个维度的社会之中，很少有人、有国家或国际组织等国际社会主体能够超越非此即彼和二元对立的简单思维，能够不顾主权国家利益或一己之私，站在人类共同体的高度去寻找解决全球困境的出路。当然，在世界历史演进过程还没有达到"全球社会"和"人类社会"的

---

① 金灿荣：《"金砖国家"崛起的战略影响和前景展望》，参见于洪君主编：《当代世界研究文选2011—2012》，党建读物出版社2012年版，第160页。

② [美]托马斯·本德：《万国一邦：美国在世界历史上的地位》，孙琇译，中信出版社2019年版，中文版序言。

高度时，很难要求社会主体超然而无私地为人类共同利益着想，但至少应当有意识地为全球治理探寻新思路，为打破霸权主义和资本逻辑桎梏的全球治理秩序、构建多元主体共商共建的全球治理新秩序而努力。

综上，当今世界困扰人类的问题很多，如长期存在的生态环境、国际政治、伦理道德、经济、科技、教育、医疗、卫生保障等方方面面的普世风险，以及风险不断累积而导致国际突发事件不断：日益频发的自然灾害和人为灾难事故，恐怖主义和局部地区的军事冲突，全球突发信息安全事件，国际金融危机，科技突发事件等。世界各国为了应对这些威胁人类安全和发展的问题而采取的联合行动，也由于全球治理主体、治理行动和治理目标等各种原因而难以取得理想成效。人类发展历史表明，有问题不可怕，可怕的是不敢直面问题，找不到解决问题的思路①。中国长期坚持将自身发展与世界发展相统一，以宽广的全球视野和世界胸怀积极思考探索促进人类共同发展繁荣的中国方案。2017年习近平在联合国日内瓦欧洲总部的演讲中发出著名的"世界怎么了、我们怎么办"之问，指明了世界各国人民对这个充满矛盾、充满不确定性世界的困惑，同时以人类命运共同体的理念和一系列国际经贸合作方案作为回应，充分表明我们既有分析问题的智慧，也有采取行动的勇气。

---

① 习近平：《论坚持推动构建人类命运共同体》，中央文献出版社2018年版，第403页。

第六章

人类命运共同体理念的形成

在漫长的人类历史中，既有着从刀耕火种到信息时代的巨大成就，也有着战乱、贫困、饥荒等种种困境。后者的背后是不同文化、不同意识形态、不同地缘政治矛盾、不同国家利益的差异。今天，这些矛盾仍然困扰着人类社会的发展。传统和非传统威胁、国际政治经济秩序的不合理、霸权主义、单边主义、贸易保护主义等所带来的不稳定因素，仍然困扰着人类命运。每个文明都对人类命运做出了回答，但往往以本民族为中心，以本民族的利益为重，人类未来命运的答案仍然悬而未定。进入新时代，国际力量对比深刻调整，单边主义、保护主义、霸权主义、强权政治对和平与发展威胁上升，逆全球化思潮上升，世界进入动荡变革期。面对如此复杂严峻的国际形势和前所未有的外部风险挑战，习近平统筹国内国际两个大局，对中国特色大国外交作出战略谋划，推动建设新型国际关系，构建人类命运共同体。这一主张将人类社会视为你中有我、我中有你的命运共同体，主张国家不分大小、强弱、贫富都一律平等，致力于实现全球的共同发展、共享发展、和平发展，尊重不同民族或国家的文化、制度、宗教和发展道路。这一理念克服了其他文明关于人类命运理念的缺陷，符合人类社会的发展趋势，并在一系列政策措施、体制机制的构建中，切实可行，将大大推动着人类社会的发展。

一、人类命运共同体理念提出的历史必然性

随着全球化、信息化、工业化推动着越来越多的国家在经济、科技、政治、文化等方面的联系日益加深，人类社会从未如此密切地联系着，不同种族、不同文明、不同群体的人们相互影响的程度从未如此之深。在这一背景下，环境污染、粮食危机、能源安全、传播性疾病、恐怖主义、局部性战争等传统与非传统性威胁，愈发成为跨越国界、跨越种族的突出矛盾和问题，深深地影响着人类社会的可持续发展。与此同时，随着各国经济、科

技、军事等领域的不断发展，世界力量格局发生了重大变化，中国、印度、巴西、南非等发展中国家崛起，二战以来由以美国为首的西方发达国家所确立的全球治理体系，不仅面临着美国自身能力衰落、单边主义对全球秩序的破坏，也面临着新兴国家崛起，广大发展中国家期待一个更能体现自身利益诉求、更能维护其作为一个主权国家的各项权益的治理体系。在世界格局深刻变革的背景下，迫切需要弄懂世界怎么了，我们怎么办？迫切回答人类社会从哪里来、现在在哪里、将到哪里去？如前所述，每一种文明都试图回到人类社会从哪里来、现在在哪里、将到哪里去？都以自己的价值标准、利益诉求、历史经验去探索世界怎么了，我们怎么办？然而，大多数文明所影响的世界观，将不断地扩张自身的文明贯穿于这一问题的探索之中，差别仅限于扩张的程度大小而已，这一差别也是自身能力限制所致，而非自身的克制所致。如何构建一种超越于不同文化、制度、种族等差异和分歧的全球治理理念，以克服一种扩张性的世界观为人类社会所带来的霸权主义、局部冲突、恐怖主义等困扰，使世界各国无论强弱、无论大小，都享受平等的主权、应有的尊严、发展的权利和机会、和平的国内国际环境，成为当前以及未来世界各国应携手探讨的重大理论和实践问题。近代以来，在列强的强迫下，中国打开国门、睁眼看世界。自鸦片战争直至现在，中国从衰落到崛起，从闭关锁国到改革开放，从天朝上国自居到寻求人类社会的共同发展，中国的命运与世界的命运日益联系在一起。实现中华民族的伟大复兴是全体中国人梦寐以求的夙愿，关系到中国未来的命运，这一命运与世界命运密不可分。实现中华民族伟大复兴，不仅仅需要全体中国人撸起袖子加油干，也需要获得世界大多数国家的支持。这就需要我们从人类命运的高度去回答世界怎么样、我们该怎么办，以探索一条世界各国和平发展的道路。实现中华民族伟大复兴，需要马克思主义中国化。中国与世界各国的交流合作面临着不同意识形态之间的分歧。中国只有既坚持马克思主义对人类社会发展所指明的方向，又兼顾许多国家国情、制度、文化等不同的客观现实，探索一种和平相处、合作共赢的相处模式，才能获得世界各国的合作意愿。实现中华民族伟大复兴，需要中华文明的与时俱进。中华文明有着协和万邦、天下大同、四海皆兄弟的对人类社会的美好主张，在新的历史阶段，中华文明只有兼顾各国利益，坚持主权平等、和平共处、合作共赢的基本原则，吸收各个文明的合理之处，以最合理的方式回答人类从哪里来、现在怎么样、该走向哪里去，才能获得不同文明影响下的不同国家的理解、认可和支持。

人类命运共同体的提出，正是呼应这一当下和未来、内部和外部、中国和世界的迫切需要。人类命运共同体理念以马克思主义为指导，深深植根于中国的文化传统和历史经验，积极汲取人类社会合理的思想理论和历史经验，为人类社会走向共同发展、共享发展、和平发展指明了方向、提出了方法、奠定了路径。在马克思看来，"每一个单个的人，只有作为这个共同体的一个肢体，作为这个共同体的成员，才能把自己看成所有者或占有者。"[①]也即是说人只有在共同体中才能获得人生存的必要的条件，也只有在共同体中才能获得或者占有其所应有的生产关系，因而人离不开共同体。同时，马克思、恩格斯认为大工业的发展，不仅创造了各个地方的市场联结在一起的必要，也为之提供了条件，这种必要见之于资本扩张的本性，条件是轮船、铁路的发展。因而，大工业的发展、自由贸易的开展、世界市场的建立，使各个民族、各个群体的命运越来越紧密地联系在一起。诚如马克思、恩格斯所言："随着资产阶级的发展，随着贸易自由的实现和世界市场的建立，随着工业生产以及与之相适应的生活条件的趋于一致，各国人民之间的民族分隔和对立日益消失。"[②]然而，以世界市场的形成为主要体现的这种趋势，由于资本主义剩余价值规律和资本家贪婪本性的驱使，造成了工业发达国家对工业欠发达国家的一种掠夺，而这种掠夺又最终体

---

① 《马克思恩格斯文集》第8卷，人民出版社2009年版，第124页。
② 《马克思恩格斯文集》第2卷，人民出版社2009年版，第50页。

现在对欠发达国家无产阶级的压迫上。大工业的发展既生成了人类走向共同命运的历史原动力，也产生了压迫、掠夺以及世界性经济危机的种种矛盾。整体而言，马克思、恩格斯既阐明了人类走向命运共同体的必然趋势和状态，也阐明了其面临的重大障碍以及解决障碍的根本措施。中国的世界图式中，以万物并育、万物共生、各安其安为基本内容，如《中庸》言："万物并育而不相害，道并行而不相悖，……此天地之所以为大也"。这一图式衍生出"四海之内，皆兄弟也"，"四海之内合敬同爱矣"[1]。天下大同观念也由是而生，《礼记·礼运篇》："大道之行也，天下为公。选贤与能，讲信修睦。故人不独亲其亲，不独子其子，使老有所终，壮有所用，幼有所长，矜寡孤独废疾者皆有所养。男有分，女有归。货恶其弃于地也，不必藏于己；力恶其不出于身也，不必为己。是故谋闭而不兴，盗窃乱贼而不作，故外户而不闭。是谓大同。"[2]这不仅仅是对人类命运理想状态的一种描述，也指出了这种友爱、和谐的合理性，也即是说普天之下，不同群体、不同性别、不同族群的人，实现和维持友爱、和谐的关系才是最合理的。这里暗含着人类走向天下大同的必然性。同时，这种友爱、和谐也意味着暂时搁置不同价值观念、文化传统、利益主张，求同存异、美美与共，而不是将自身的信仰视为天下至高之准则，必欲归化持其他信仰或价值观念者而后快。人类命运共同体理念，既秉持马克思、恩格斯关于世界秩序的理解，致力于实现一切人的解放，同时，又将对世界秩序的塑造建立在中国传统文化所蕴含的合理的世界秩序观，坚持独立自主、和平发展，尊重不同国家的价值观念差异，努力与"一带一路"沿线国家实现互联互通、共享发展、共同发展，与世界各国携手应对传统和非传统安全威胁。在西方漫长的历史过程中，也形成了关于人类社会关系和人类命运的一些合理的主张，比如，平等、自由、法治，等等。卢梭认为，"以道德的和法律的平等来代替自然所造

---

① 《老子》，中华书局2006年版，第63页。
② 《礼记·礼运》，上海三联书店2013年版，第120页。

成的人与人之间的身体上的不平等,从而,人们尽可能在力量上和才智上不平等,但是由于约定并根据权利,他们却是人人平等的。"①威斯特伐利亚体系解决国际争端的历史主张及其历史经验也为人类命运共同体思想的形成和发展提供了重要参考。人类命运共同体理念,汲取了西方文明中关于人类命运的合理认识,坚持多边主义,在现有世界秩序框架内,加强合作。整体上而言,人类命运共同体理念,将马克思主义世界秩序观与中国传统文化中尚和合、尊重差异的合理理念相结合,并汲取西方文明中的合理理念,使人类社会超越不同文明差异所带来的分歧,避免单边主义和霸权主义对全球秩序的冲击,是促进人类进步的重要指南。

二、人类命运共同体理念的提出

人类正处在大发展大变革大调整时期。世界多极化、经济全球化深入发展,社会信息化、文化多样化持续推进,新一轮科技革命和产业变革正在孕育成长,各国相互联系、相互依存,全球命运与共、休戚相关,和平力量的上升远远超过战争因素的增长,和平、发展、合作、共赢的时代潮流更加强劲。同时,人类也正处在一个挑战层出不穷、风险日益增多的时代。②面对这些现实问题,习近平在总结世界历史和中国历史经验与教训的基础上,从人类社会发展的基本趋势和世界各国的普遍诉求出发,提出了人类命运共同体,对其内涵作了深刻论述,并从经济、政治、文化、社会、生态等方面,阐述了这一论述得以具体实施的合理路径。

(一)习近平关于人类命运共同体内涵的论述

习近平依据国际关系发展的态势以及人类社会发展的趋势,将国际社

① 卢梭:《社会契约论》,何兆武译,商务印书馆1979年版,第36—37页。
② 习近平:《论坚持推动构建人类命运共同体》,中央文献出版社2018年版,第415页。

会描述为一个你中有我、我中有你的命运共同体，概括出了国际社会相互联系、相互影响、相互作用、相互依赖的基本特征，并依据不同地区和国家的特殊情况，对这一内涵作了不同的丰富。

2012年12月5日，习近平在北京同在华工作的外国专家代表座谈中较为明确地指出，"国际社会日益成为一个你中有我、我中有你的命运共同体"①，并强调面对世界经济的复杂形势和全球性问题，世界各国积极合作，共同发展，建立更加平等均衡的新型全球发展伙伴关系，建设更加美好的地球家园②。在这里，习近平强调了国际社会的"你中有我、我中有你"，实质上阐述了人类命运共同体的基本内涵——国际合作、共同发展，同时指出了构建人类命运共同体的目标："建立更加平等均衡的新型全球发展伙伴关系，建设更加美好的地球家园"。这些论述在随后的讲话中多次被提起，不断被完善和补充。2013年3月23日，习近平在莫斯科国际关系学院演讲时提出，"这个世界，各国相互联系、相互依存的程度空前加深，人类生活在同一个地球村里，生活在历史和现实交汇的同一个时空里，越来越成为你中有我、我中有你的命运共同体。"③在这里，习近平进一步强调了相互联系、相互依存、同处一个"地球村"等。这些论述都强调了随着全球化、信息化的发展，世界各国的联系日益紧密。这一背后是世界各国在经济发展、气候变化、恐怖主义、粮食和能源安全等方面面临的共同风险和挑战，因而各国成了你中有我、我中有你的命运共同体。2013年9月5日，习近平在二十国集团领导人峰会第一阶段会议上的发言中指出，"各国要树立命运共同体意识，真正认清'一荣俱荣、一损俱损'的连带效应，在竞争中合作，在合作中共赢。在追求本国利益时兼顾别国利益，在寻求自身发展时兼顾别国发展。相互帮助不同国家解决面临的突出问题是世界经济发

---

① 《中国是合作共赢倡导者践行者》，《人民日报》2012年12月6日。
② 《中国是合作共赢倡导者践行者》，《人民日报》2012年12月6日。
③ 《习近平谈治国理政》第一卷，外文出版社2018年版，第272页。

展的客观要求。让每个国家发展都能同其他国家增长形成联动效应，相互带来正面而非负面的外溢效应。"①2015年3月28日，习近平在博鳌亚洲论坛2015年年会上的主旨演讲中，较为系统地阐述了人类命运共同体的内涵，习近平指出迈向命运共同体，必须坚持各国相互尊重、平等相待；必须坚持合作共赢、共同发展；必须坚持实现共同、综合、合作、可持续的安全；必须坚持不同文明兼容并蓄、交流互鉴②。从兼顾别国利益、实现共同安全、推动文明交流互鉴等方面进一步丰富了人类命运共同体的基本概念和基本内涵。

习近平在与不同国家、不同国际组织的交流中，依据不同的情况，对上述内涵作了进一步细化。2013年3月25日，习近平在坦桑尼亚尼雷尔国际会议中心的演讲中指出，"中非从来都是命运共同体，共同的历史遭遇、共同的发展任务、共同的战略利益把我们紧紧联系在一起。"③这里的命运共同体涉及核心利益上的支持，相互尊重，共同发展，等等。同年8月16日，习近平在会见中非部长级卫生合作发展会议参会代表时指出，"中非是命运共同体，有共同的历史遭遇、发展任务和光明前途。中方愿与非洲国家和人民一道，把握难得的历史机遇，坚持平等互利、合作共赢，更好地维护中非乃至世界人民的共同利益。"④这里强调了平等互利、合作共赢。2014年5月12日，习近平致第三届中非民间论坛的贺信中进一步指出，"中国和非洲国家是休戚与共的命运共同体。真诚友好、互相尊重、平等互利、共同发展是中非关系的本质特征。"⑤一些崛起为新兴经济体的发展中国家，由于和中国有着共同的发展需要、面临相同的国际政治经济秩序和相同的国际

---

① 习近平：《共同维护和发展开放型世界经济——在二十国集团领导人峰会第一阶段会议上关于世界经济形势的发言》，《人民日报》2013年9月6日。

② 习近平：《迈向命运共同体 开创亚洲新未来——在博鳌亚洲论坛2015年年会上的主旨演讲》，《人民日报》2015年3月29日。

③ 《中非永远做可靠朋友和真诚伙伴》，《人民日报》2013年3月26日。

④ 《习近平会见中非部长级卫生合作发展会议参会代表》，《人民日报》2013年8月17日。

⑤ 《中华人民共和国主席习近平致第三届中非民间论坛的贺信》，《人民日报》2014年5月13日。

风险与挑战，在构建人类命运共同体中有着更多的合作内容和目标。2014年7月16日，习近平在巴西国会的演讲中指出，"我们应该倡导人类命运共同体意识，在追求本国利益时兼顾他国合理关切，在谋求本国发展中促进各国共同发展，建立更加平等均衡的新型全球发展伙伴关系。"①这些论述的背后，是中国和其他新兴经济体基于共同的利益、共同的风险和挑战，寻求国际公平正义、多边主义、选择自身发展道路、反对霸权主义和强权政治等共同利益，因而是相关各方构建人类命运共同体的重要内容。在与周边国家的交流中，习近平强调了以安全、发展、民生等为主要内容的命运共同体。2013年10月3日，习近平在印度尼西亚国会的演讲中指出，中方"愿同印尼和其他东盟国家共同努力，使双方成为兴衰相伴、安危与共、同舟共济的好邻居、好朋友、好伙伴，携手建设更为紧密的中国—东盟命运共同体，为双方和本地区人民带来更多福祉。"②"兴衰相伴、安危与共、同舟共济"强调的是在发展、国家利益、共同安全方面的紧密相连。2014年11月7日，习近平会见柬埔寨首相洪森时指出，努力使中柬结成守望相助的命运共同体。推进"互联互通、农业、水电、经济特区、教育、医疗、电信、旅游等领域合作，共同推进丝绸之路经济带和21世纪海上丝绸之路建设。"③这里，习近平将与周边国家构建人类命运共同体的具体内容细化到了民生、能源、交通等领域。西方国家不仅是中国重要的消费市场，也是重要的技术、投资来源国，同时由于西方仍然在政治、经济、军事、科技、文化等方面主导着全球，与西方的合作、对话、交流等是构建中西方命运共同体的关键。2014年3月31日，习近平会见欧盟委员会主席巴罗佐时指出，"在经济全球化时代，中欧是利益高度交融的命运共同体。推进中欧关系，合作

---

① 习近平：《弘扬传统友好　共谱合作新篇——在巴西国会的演讲》，《人民日报》2014年7月18日。

② 习近平：《携手建设中国—东盟命运共同体——在印度尼西亚国会的演讲》，《人民日报》2013年10月4日。

③ 《习近平会见柬埔寨首相洪森》，《人民日报》2014年11月8日。

共赢是关键。双方要牢牢把握中国发展和欧洲经济复苏两大进程带来的合作机遇，围绕落实中欧合作2020战略规划，把以贸易为主要驱动力的合作，打造为更全面、更强劲、更高端的多引擎合作。中欧双方要尊重彼此选择的发展道路和社会制度，加强在改革等方面对话交流，增进相互理解和信任，把相互尊重、平等相待、求同存异、合作共赢理念贯穿中欧合作始终。"①习近平对以欧美为代表的西方国家，在构建人类命运共同体方面，强调的是利益交融、合作共赢、以贸易为驱动，同时强调了尊重对方发展道路和社会制度，加强对话交流，增加相互理解和信任，等等。

博鳌亚洲论坛、上合组织、二十国集团等国际性论坛和组织，是众多国家交流、合作、发展的重要平台。习近平以这些论坛或者集会为契机，进一步细化了对人类命运共同体内涵的阐述。2013年4月7日，习近平在博鳌亚洲论坛2013年年会上的主旨演讲中指出，"共同发展是持续发展的重要基础，符合各国人民长远利益和根本利益。我们生活在同一个地球村，应该牢固树立命运共同体意识，顺应时代潮流，把握正确方向，坚持同舟共济，推动亚洲和世界发展不断迈上新台阶。"②这里强调的是持续发展、共同发展、同舟共济。9月3日，习近平接受土库曼斯坦、俄罗斯、哈萨克斯坦、乌兹别克斯坦、吉尔吉斯斯坦五国媒体联合采访时指出，"上海合作组织成立12年来，成员国结成紧密的命运共同体和利益共同体。面对复杂的国际和地区形势，维护地区安全稳定和促进成员国共同发展，过去、现在乃至将来相当长时期内都是上海合作组织的首要任务和目标。"③同时，习近平一方面指出了构建人类命运共同体的原因是国际和地区形势的复杂性；一方面指出了维持地区安全稳定、促进成员国共同发展是构建人类命运共同体的重要内容。10月7日，习近平在亚太经合组织工商领导人峰会上的演讲

① 《习近平会见欧盟委员会主席巴罗佐》，《人民日报》2014年4月1日。

② 习近平：《论坚持推动构建人类命运共同体》，中央文献出版社2018年版，第29页。

③ 《习近平接受土库曼斯坦、俄罗斯、哈萨克斯坦、乌兹别克斯坦、吉尔吉斯斯坦五国媒体联合采访》，新华网，http://www.xinhuanet.com/world/2013-09-03/c_117214730.htm。

中指出，"在这个动态平衡的链条中，每个经济体的发展都会对其他经济体产生连锁反应。我们要牢固树立亚太命运共同体意识，以自身发展带动他人发展，以协调联动最大限度发挥各自优势，传导正能量，形成各经济体良性互动、协调发展的格局。"①对共同发展作了进一步的阐述，即"以自身发展带动他人发展"，形成良性互动和协调发展。2014年11月15日，习近平在二十国集团领导人第九次峰会第一阶段会议上的发言中指出，"面对世界经济面临的各种风险和挑战，二十国集团成员要树立利益共同体和命运共同体意识，坚持做好朋友、好伙伴，积极协调宏观经济政策，努力形成各国增长相互促进、相得益彰的合作共赢格局。我们要通过这样的努力，让二十国集团走得更好更远，真正成为世界经济的稳定器、全球增长的催化器、全球经济治理的推进器，更好造福各国人民。"②这里以共同发展为主旨，强调了宏观政策的协调、全球经济治理以及对全球经济风险的防范，等等。

（二）习近平对构建人类命运共同体路径的论述

习近平不仅对人类命运共同体的内涵作出了论述，还对其如何构建作了系统阐述。习近平从经济、政治、文化、社会、生态等方面，阐述了构建人类命运共同体的主要路径。这些路径又依据相关地区和国家的特殊性作了进一步的细化，因地而异，具有可操作性。

周边国家和地区与中国在经济、政治、文化、社会、生态等方面紧密联系，是事关中国发展稳定的重要影响因素。与周边国家建立利益和命运共同体，是从整体上构建人类命运共同体的重要基础。因而，习近平对中国周边国家和地区共建命运共同体作了系统的阐述。2015年4月21日，习近平在巴基斯坦议会的演讲中指出，打造中巴命运共同体，要深化战略合作，在核

---

① 习近平：《深化改革开放　共创美好亚太——在亚太经合组织工商领导人峰会上的演讲》，《人民日报》2013年10月8日。

② 习近平：《论坚持推动构建人类命运共同体》，中央文献出版社2018年版，第189页。

心利益和重大关切问题上相互支持；实现共同发展，深化能源、基础设施、产业等经济领域的合作；加强人文交流，坚持世代友好；加强国际合作，共同应对非传统安全威胁，等等①。2015年5月10日，习近平在会晤卢卡申科时，就建立两国利益和命运共同体提出四点建议：持续增进政治互信，相互构筑牢固的战略支撑；推动两国发展战略对接，共建丝绸之路经济带；扩大人文和地方交流合作，夯实两国友好的社会和民间基础；加大在国际和地区事务中的协调和配合②。2017年1月12日，习近平同越共中央总书记阮富仲举行会谈，构建中越命运共同体，需要加强高层引领，增进政治互信；深化两党合作，促进交流互鉴；深化务实合作，加快战略对接；拓展两军交往，深化安全合作；活跃民间交往，夯实民意基础；妥善管控分歧，推进海上合作；加强国际协调，维护共同利益③。2017年11月13日，习近平在同老挝国家主席会谈时指出，"双方在彼此信赖的基础上，共同打造中老具有战略意义的命运共同体，符合两党两国和两国人民的根本利益和共同愿望，有利于人类和平与发展的崇高事业。"④总的来看，这些论述集中在：以能源、基础设施、双边贸易等为内容，加强经济和科技合作，实现共同发展；以共同应对传统和非传统威胁、加强政治互信和战略合作、尊重彼此核心利益和重大关切问题等，实现共同安全和区域和平稳定；加强教育、媒体、青年学生等人文交流，增强民间互信，奠立合作共赢的民意基础；本着和平共处、合作共赢、求同存异等原则，妥善处理相关矛盾和分歧。除了周边国家之外，台湾与大陆的关系不仅关系到中华民族的命运，也关系到亚太的稳定，构建两岸命运共同体，事关重大。2015年5月4日，习近平在会见国民党主席朱立伦时，对建设两岸命运共同体提出五点主张：坚持"九二共

① 《构建中巴命运共同体　开辟合作共赢新征程——在巴基斯坦议会的演讲》，《人民日报》2015年4月22日。

② 《习近平同白俄罗斯总统卢卡申科举行会谈》，《人民日报》2015年5月11日。

③ 《习近平同越共中央总书记阮富仲举行会谈》，《人民日报》2017年1月13日。

④ 《习近平同老挝人民革命党中央委员会总书记、国家主席本扬举行会谈》，《人民日报》2017年11月14日。

识"、反对"台独";深化两岸利益融合,共创两岸互利双赢;不断增强民族认同、文化认同、国家认同;求同存异、聚同化异,不断增进政治互信;开创两岸关系新未来,共同致力于实现中华民族伟大复兴①。2016年11月1日,习近平在会见国民党主席洪秀柱时指出,构建两岸命运共同体,需要坚持"九二共识",坚决反对"台独"分裂势力及其活动,推进两岸经济社会融合发展,共同弘扬中华文化,增进两岸同胞福祉②。习近平对两岸命运共同体的阐述聚焦在坚持一个中国、反对"台独"分裂活动,积极推动两岸经济社会融合发展,弘扬中华文化等方面,旨在从政治、经济、文化等方面促进两岸和平发展与区域和平稳定,以此实现中华民族伟大复兴。

广大的亚非拉发展中国家,是世界和平稳定的重要力量,长期以来都是中国为维护世界和平稳定的重要团结对象,也是中国实现自身和平发展的重要支持因素。因而,与广大的亚非拉国家建立命运共同体,对中国、对相关国家、对世界都具有重要意义。习近平非常注重中国与亚非拉国家建立命运共同体关系,多次对此进行深入的阐述。2015年4月22日,习近平在亚非领导人会议上的讲话中指出,建设亚非命运共同体需要,在工农业发展、基础设施建设、国际贸易、国际投资等领域,加强亚非合作。以七十七国集团、亚洲相互协作与信任措施会议、金砖国家等为合作平台,建立南南合作新架构。推动建设公平公正、包容有序的国际经济金融体系和更加平等均衡的新型全球发展伙伴关系,增强发展中国家自主发展能力,推进南北合作③。2018年9月3日,习近平在2018年中非合作论坛北京峰会开幕式上的主旨讲话中指出,构建中非命运共同体需要,实施产业促进行动,实施设施联通行动,实施贸易便利行动,实施绿色发展行动,实施能力建设行动,

---

① 《习近平总书记会见中国国民党主席朱立伦》,《人民日报》2015年5月5日。
② 《习近平总书记会见中国国民党主席洪秀柱》,《人民日报》2016年11月2日。
③ 习近平:《弘扬万隆精神 推进合作共赢——在亚非领导人会议上的讲话》,《人民日报》2015年4月23日。

实施健康卫生行动,实施人文交流行动,实施和平安全行动①。这里习近平
指明了,针对广大的亚非发展中国家,在国际政治经济秩序中面临的不公平
问题,这些国家发展中面临的技术、资金、资源等方面的问题,以及这些国
家在意识形态和地缘政治方面存在的矛盾,提出了亚非合作、南南合作、
南北合作,等等。合作的内容既包括工农业生产、基础设施建设、国际贸易
和国际投资等经济内容,也包括建立政治互信、深化战略对接、建立合作
机制等政治性内容,同时包括加强文化交流、增强民间互信、开展公共卫
生合作等社会文化内容。这些措施旨在全方位地推进亚非拉国家的发展以
及世界的和平稳定。2018年7月10日,习近平在中阿合作论坛第八届部长级
会议开幕式上,提出从安全对话、基础设施建设、高新技术合作等方面,加
强中阿合作②。具体包括:在和平发展、集体安全、人道主义救援、海上通
道航行、无核武器区等广泛议题,开展对话协商;在交通基础设施、海洋产
业、航空航天以及在石油、天然气的冶炼、开采、储运等加强合作;在数字
经济、人工智能、新材料、生物制药、智慧城市等领域共同发展;支持中东
工业化的专项贷款和优惠性质贷款,推动中国企业参与园区开发建设、招
商运营,促进产业聚集;我们要深入挖掘不同宗教中增进和谐、健康向上的
内容,结合时代进步要求做好教义阐释。上述合作,涵盖了政治、经济、安
全、科技等众多领域,不仅可以推动中国与亚非拉在经济、人文、安全等方
面的密切合作,也可以以亚非拉国家经济的整体发展、公共教育和生活水
平的整体提升推动南北差距缩小,构建国际政治经济新秩序。

　　习近平在国际性论坛上,也多次阐明构建人类命运共同体的具体路
径,指明了各国合作和共同发展的方向和方式。2015年9月28日,习近平在
第七十届联合国大会一般性辩论时指出,为构建人类命运共同体需作出以

---

① 《中非合作论坛北京峰会隆重开幕　习近平出席开幕式并发表主旨讲话》,《人民日报》
　　2018年9月4日。
② 《习近平出席中阿合作论坛第八届部长级会议开幕式并发表重要讲话》,《人民日报》
　　2018年7月11日。

下努力：建立平等相待、互商互谅的伙伴关系；营造公道正义、共建共享的安全格局；谋求开放创新、包容互惠的发展前景；促进和而不同、兼收并蓄的文明交流；构筑尊崇自然、绿色发展的生态体系①。平等协作、共享安全、共同发展、文明交流、绿色发展等，是人类社会应对诸多共同问题，尤其是广大发展中国家应对自身难题——如贫困、战乱、疾病、大国对小国的压制和剥夺等的必然选择，也是人类社会可持续发展的应有之义。在人类社会中，贫困、饥荒、营养不良等一直是困扰发展中国家的重要难题，在新冠肺炎疫情影响下，数亿人陷入饥荒中。因而，关注贫困、消灭贫困是构建人类命运共同体的重要内容。对此，2015年10月16日，习近平在2015年减贫与发展高层论坛的主旨演讲中指出，应着力加快全球减贫进程；着力加强减贫发展合作；着力实现多元自主可持续发展；着力改善国际发展环境②。习近平从减贫进程、加强合作、可持续发展和国际环境等层面阐述了世界贫困的治理路径，把握住了贫困治理的深层次矛盾和各国治理现状，为加速这一进程贡献了中国智慧。气候变化关乎人类社会的可持续发展，是世界各国不得不面对的问题，习近平提出了应对全球气候问题、构建人类命运共同体的着力点。2015年11月30日，习近平在气候变化巴黎大会开幕式上的讲话中指出，建设人类命运共同体需要，以全球气候治理为着力点，增强应对全球气候变化的危机意识；提高国际法在全球治理中的作用；加强对话、交流和合作③。在增强危机意识的前提下，以国际法为准绳，从减排、绿色技术、低碳生活等方面加强合作，是全球气候治理的合理路径。这些路径是中国在国内环境治理和与其他各国合作过程中所积累的经验，有着很强的实践性和可操作性。人类社会日益面临信息技术革命深刻广泛的影响，互联网已经成为促进经济发展、改变人类生活方式、改变世界各国联

---

① 《习近平出席第七十届联合国大会一般性辩论并发表重要讲话》，《人民日报》2015年9月29日。
② 习近平：《论坚持推动构建人类命运共同体》，中央文献出版社2018年版，第267—269页。
③ 习近平：《论坚持推动构建人类命运共同体》，中央文献出版社2018年版，第289页。

系方式的重要因素，因而，全球互联网治理中的合作关乎人类命运。2015年12月16日，习近平在第二届世界互联网大会开幕式上指出，构建网络空间命运共同体，需要加快全球网络基础设施建设，促进互联互通；打造网上文化交流共享平台，促进交流互鉴；推动网络经济创新发展，促进共同繁荣；保障网络安全，促进有序发展；构建互联网治理体系，促进公平正义①。习近平重点强调了以互联网建设为契机，促进全球政治、经济、社会、文化的联系交流，推动技术变革和经济发展，保障互联网发展中的国家安全，并努力避免信息鸿沟。这些措施，既强调了利用互联网的积极影响促进经济发展和技术变革，又强调了信息鸿沟对南北差距、贫富差距的不良影响，扬长以避短。

区域性组织是中国和周边国家、"一带一路"沿线国家或者新兴市场国家等在经济、科技、安全等方面交流合作的平台，与中国在多个领域关系密切，因而是构建人类命运共同体的重要依托。2017年6月9日，习近平在上海合作组织成员国元首理事会第十七次会议上的讲话中指出，构建人类命运共同体需要加强立法机构、政党、司法等领域交流合作，为各方进行政策沟通提供渠道；遏制极端主义蔓延、打击毒品制贩、打击"三股势力"；积极推动"一带一路"建设同欧亚经济联盟建设等区域合作倡议以及哈萨克斯坦"光明之路"等各国发展战略对接；促进各国民众特别是青年一代心灵相通，使睦邻友好合作事业永葆活力等②。这些具体的内容和路径，是针对上合组织国家在经济发展、恐怖主义、安全问题等突出矛盾和问题而提出的，是成员国共同的利益需求和政策意愿。2018年6月10日，习近平在上海合作组织成员国元首理事会第十八次会议上，围绕上述内容，进一步强调了防务安全、执法安全和信息安全，细化成员国在教育、科技、文化、旅游、卫生等方面合作的内容和途径，推动以国际货币基金组织、世界银行

---

① 习近平：《论坚持推动构建人类命运共同体》，中央文献出版社2018年版，第306—308页。
② 习近平：《论坚持推动构建人类命运共同体》，中央文献出版社2018年版，第448—449页。

等国际金融机构为依托的区域合作等①。新兴市场国家不仅在加强经贸往来、金融合作、技术合作，促进共同发展方面有着许多共同的利益，在改变不合理国际政治经济新秩序方面同样有着共同的利益需要。这些需求为构建人类命运共同体提供了广泛的基础。2017年9月5日，习近平在新兴市场国家与发展中国家对话会上的发言中指出，构建人类命运共同体，需要共同构建开放型世界经济，共同落实2030年可持续发展议程，共同把握世界经济结构调整的历史机遇，共同建设广泛的发展伙伴关系②。在单边主义、保护主义以及逆全球化思潮中，只有构建开放型世界经济才能实现全球商品、技术、资源的自由流通，提高全球经济效率，促进相关国家共同发展。同时，积极推动世界经济结构朝着更利于减少南北差距、更符合世界公平正义的方向发展，以促进发展的良性循环。2018年7月25日，习近平在金砖国家工商论坛上，进一步指出了新兴市场国家构建人类命运共同体基本路径：坚持合作共赢，建设开放经济；坚持创新引领，把握发展机遇；坚持包容普惠，造福各国人民；坚持多边主义，完善全球治理③。习近平在这里明确了以技术创新、普惠包容和多边主义等举措进一步落实上述合作内容。这些举措既把握了世界政治经济发展的一般趋势，也兼顾了相关国家的特殊情况，合理且可行。2019年5月15日，习近平在亚洲文明对话大会开幕式上的主旨演讲中指出，共建亚洲命运共同体，需要坚持相互尊重、平等相待；坚持美人之美、美美与共；坚持开放包容、互学互鉴；坚持与时俱进、创新发展④。2019年6月15日，习近平在亚信第五次峰会上的讲话中指出，构建人类命运共同体，应坚定走和平发展道路，决不损人利己、以邻为壑；坚持开放共赢，同各国分享发展机遇；坚定践行多边主义，维护以国际法为

---

① 习近平：《论坚持推动构建人类命运共同体》，中央文献出版社2018年版，第531页。

② 《习近平主持新兴市场国家与发展中国家对话会并发表重要讲话》，《人民日报》2017年9月6日。

③ 《习近平出席金砖国家工商论坛并发表重要讲话》，《人民日报》2018年7月26日。

④ 《习近平出席亚洲文明对话大会开幕式并发表主旨演讲》，《人民日报》2019年5月16日。

基础的国际秩序①。这些论述指出了文化不同、制度不同或者有着地缘政治矛盾的亚洲各国如何实现和谐相处和共同发展。针对文化、思想、观念的不同，只有坚持美人之美、美美与共、交流互鉴等才能减少分歧。在地缘政治和经贸往来中，只有坚持和平发展、奉行多边主义、遵循国际法等，才能避免以邻为壑、损人利己，进而才能减少矛盾。这些措施是应对当前部分亚洲国家之间存在的突出矛盾的重要方式，有助于求同存异、搁置争议，实现共同发展、共同繁荣。

三、人类命运共同体理念的基本内容

马克思曾指出："一切划时代思想体系的真正内容，都是由于产生了这些思想的那个时期的需要而形成起来的。"②人类命运共同体思想顺应和平、发展、合作、共赢的时代潮流而生，聚焦于人类发展的根本困惑：在人类文明达到历史最高水平的时代，为什么一个持久和平、持续繁荣、可持续发展、和谐有序的世界却仍然只是人类的美好愿景。如何化解世界的苦难，如何实现不同文明的和谐共处，如何实现人与自然的可持续发展，贫困、战争等长期困扰人类的现实问题能否找到治本之策？党的十八大以来，以习近平同志为核心的党中央以广博的世界情怀深切关注这些人类发展的根本困惑，探寻阻碍人类命运共同体实践的思想窠臼，提出摒弃战争思维的国际权力观、实现人类共同发展的共同利益观、促进人与自然和谐共处的可持续发展观、坚持共商共建共享的全球治理观。这四个方面构成了人类命运共同体思想基本的价值观基础，彼此相互依存，构成了以互利共赢为核心的人类命运共同体理念。

---

① 《习近平出席亚洲相互协作与信任措施会议第五次峰会并发表重要讲话》，《人民日报》2019年6月16日。

② 《马克思恩格斯全集》第3卷，人民出版社1960年版，转引自董金华主编：《新时代哲学创新与发展》，浙江工商大学出版社2019年版，第197页。

(一) 摒弃国际权力观中的对抗思维

人类历史无数次证明,不同国家和集体之间对抗性的国际权力争夺必然导致战争和冲突,这是人类苦难的一大源头。冲突与战争带来的紧张氛围和危险处境,与人类寻求安全的本能根本背离。可以说,只要冲突与战争不能绝迹,人类的苦难就没有尽头。如果人类能够消除冲突与战争,那么许多困扰人类发展的难题将很容易找到化解的方法。然而,人类历史可以看作一部冲突与战争史。究其根源,是民族排外主义、霸权稳定论、国强必霸论中所含的对抗性思维,不断激化了国际权力纷争。只有摒弃对抗性思想,构建人类命运共同体才能防止冲突和战争,才能维护世界的和平与稳定。

民族排外主义是指闭关自守,妄自尊大,只看到本国和本民族的长处,而无视其他国家和民族的优势,甚至打着"爱国主义"的旗号,鼓吹本民族落后、保守甚至反动的东西,拒绝向其他国家和民族学习[①]。民族排外主义实质上是民族优越心理的外在表现,导致国际交往中各种不尊重其他国家和民族的行为。霸权稳定论是西方国际关系理论中很有影响的流派之一,该理论认为国际霸权体系和国际秩序稳定之间存在着一种因果关系,一个强大并且具有霸权实力的行为体有利于国际体系的稳定和公益的实现,相反,在不存在霸权国的情况下,国际秩序将会是混乱无序的和不稳定的。霸权国实力越强,国际社会在政治和经济层面就越稳定,随着霸权国实力的衰退,全球秩序趋于动荡不安[②]。霸权稳定论是资本主义强国利用显著的国际话语权优势宣扬的价值理念,为国际社会长期以来霸权主义和强权政治提供合理解释,此外用"公共利益"和"搭便车"的说法掩盖大国制定或左右国际秩序,以强权肆意剥削、干涉弱小国家以维护自身利益的实质。对抗性思维在西方的外交中有着显著影响,为了维护自身的狭隘利益,西方国家奉行单边主义、霸权主义以及贸易保护主义,习惯性零和博弈,不仅干预其

① 张友谊、商志晓主编:《中华民族精神导论》,山东人民出版社2006年版,第116页。
② 倪世雄:《当代国际关系理论》,复旦大学出版社2018年版,第328页。

他国家内政，还悍然军事侵略其他国家，为世界带来不断的冲突与动荡。

人类命运共同体思想跳出了"国强必霸"的狭隘逻辑，主张国家不论大小强弱，平等相待、和平共处、共同发展、共享发展，主张国与国之间和平解决利益分歧和矛盾纷争，强调尊重其他国家主权等。这一思想是合作而非对抗、对话而非冲突、和平而非战争，摒弃了旧有国际秩序观中的对抗性思维，寻找国与国之间的和平、稳定与发展。这一思想建立于对民族主义、霸权主义、单边主义所带来的冲突与战争的反思之上，秉持了全人类的共同价值和共同利益，只有构建人类命运共同体，才能跳出"修昔底德陷阱"，才能和平解决矛盾与冲突，从而实现不同民族、不同国家的共同生存、共同发展、和平相处。

2014年在中国国际友好大会上，习近平坚定回应：中华民族的血液中没有侵略他人、称霸世界的基因，中国人民不接受"国强必霸"的逻辑[①]。在中国的发展历史上，也有过世界瞩目的强盛时期，比如盛唐、明朝郑和下西洋、康乾盛世，与同时期世界其他国家和民族的发展水平相比，我们不可谓不强大。但是中国并没有称霸世界的野心，也没有对外侵略的传统。在中国传统文化中，"和"文化始终占据核心地位，"以和为贵""和而不同"等理念世代相传。中华民族的对外交往也始终秉持薄来厚往的原则，以真诚友善的态度树立起世界文明标杆。即使是中国历史上最强盛的时期，我们有称霸的资本也从不远征，因为我们懂得"国虽大，好战必亡"的道理。对周边附属国也采取怀柔态度，尊重别国文化，不干涉他国内部事务。鸦片战争以来，中华民族饱受外国侵略的苦难，深知和平的可贵。"己所不欲，勿施于人"，中华民族不可能将自己曾经遭受过的侵略战争、外国干涉、欺辱的悲惨经历施加于其他国家和民族。近代中国革命、建设和改革历程艰辛曲折，也深受霸权主义和强权政治的困扰，历经磨难才实现了民族的崛起和国家的富强。

---

① 习近平：《论坚持推动构建人类命运共同体》，中央文献出版社2018年版，第107页。

历史和现实证明,中国坚持走和平发展道路,坚定奉行独立自主的和平外交政策,尊重世界各国人民自主选择发展道路和奉行的内外政策,绝不干涉他国内政,绝不谋求地区事务主导权,绝不经营势力范围。中国国家领导人多次在世界各个场合呼吁构建新型国际权力观。习近平在博鳌亚洲论坛2013年年会上演讲指出,国家无论大小、强弱、贫富,都应该做和平的维护者和促进者,不能这边搭台、那边拆台,而应该相互补台、好戏连台。国际社会应该倡导综合安全、共同安全、合作安全的理念,使我们的"地球村"成为共谋发展的大舞台,而不是相互角力的竞技场,更不能为一己之私把一个地区乃至世界搞乱[①]。2014年,习近平在上海举行的亚洲相互协作与信任措施会议第四次峰会上讲话指出,要跟上时代前进步伐,就不能身体已进入21世纪,而脑袋还停留在冷战思维、零和博弈的旧时代[②]。2014年在和平共处五项原则发表60周年纪念大会上,他指出要坚持共同安全,倡导共同、综合、合作、可持续安全的理念,尊重和保障每一个国家的安全。不能一个国家安全而其他国家不安全,一部分国家安全而另一部分国家不安全,更不能牺牲别国安全谋求自身所谓绝对安全[③]。中国呼吁构建人类命运共同体,是以真正的人类共同利益为契机,凝聚世界各国和各族人民共识,打破国际交往领域"强国必霸"的战争思维窠臼,高举和平发展的旗帜,实现世界各国和睦相处、世界各族人民远离贫困、战乱等苦难的美好愿景。

(二)维护人类共同利益

何谓人类共同利益?联合国宪章里讲到,各成员国应该共同努力,让后代免受战争的祸害,保障基本人权,彰显人的尊严和价值,维护平等、正义

---

① 习近平:《论坚持推动构建人类命运共同体》,中央文献出版社2018年版,第30页。
② 习近平:《论坚持推动构建人类命运共同体》,中央文献出版社2018年版,第111页。
③ 习近平:《论坚持推动构建人类命运共同体》,中央文献出版社2018年版,第131页。

的国际环境，并在更大的自由中促进社会进步和改善民生①。依据上述内容，习近平在第七十届联合国大会上概括了人类的共同价值："和平、发展、公平、正义、自由、民主"②。从共同价值所代表的共同利益层面来看，习近平概括的六个词符合联合国宪章的倡导，也符合世界各国、各民族的共同利益诉求。不过，不同国家因意识形态、社会制度、文化传统、历史背景等方面的差异形成的文化场域，可能对理解这些概念构成障碍。但这并不妨碍维护人类共同利益的实际行动。

维护人类共同利益，关键在于建立一种包容普惠的利益观念。首先，要明确每个人、每个国家都是国际社会的"利益攸关者"。习近平经常对外国各界人士说，国际社会日益成为一个你中有我、我中有你的命运共同体。这是经济全球化发展的必然结果，也是时代发展的必然趋势。人类命运共同体就是建立在人类共同利益基础之上的价值理念和实践目标。即使世界各个不同国家和民族在历史文化、生活环境、社会实践各方面存在显著差异，寻求各国共同利益的最大公约数还是可行的。其次，要坚持互利共赢的国际交往原则。摒弃陈旧的冷战思维、零和博弈的国际交往观念，坚持把本国利益同世界其他国家利益结合起来，要互通有无、优势互补，在追求本国利益时兼顾他国合理关切，在谋求自身发展中促进各国共同发展，不断扩大共同利益汇合点。最后，要将正确的利益观落实到国际交往的实际行动中。经济方面，应该看到世界宏观经济环境的好坏直接影响每个国家的经济发展。因此各国必须努力促成利益融合、增长联动的经济发展形势。习近平明确指出，中国的发展得益于国际社会，中国也为全球发展作出了贡献。中国愿意同各国共同发展、共同繁荣。中国将坚定不移奉行互利共赢的开放战略，坚持正确义利观，发展开放型经济体系，全方位加强和拓展同

---

① 《联合国宪章 序言》，https://www.un.org/zh/sections/un-charter/preamble/index.html（2019/9/1）。

② 习近平：《携手构建合作共赢新伙伴 同心打造人类命运共同体——在第七十届联合国大会一般性辩论时的讲话》，《人民日报》2015年9月29日。

世界各国的互利合作。中国发展绝不以牺牲别国利益为代价,绝不做损人利己的事情①。中国提出"一带一路"倡议,发起成立亚洲基础设施投资银行,建立金砖国家开发银行和丝路基金,中国正在身体力行,以切实行动彰显中国维护人类共同利益、促进世界各国共同繁荣的追求和决心。

(三)实现人类可持续发展

当前,人类面临的生态环境问题已经将世界各国人民紧密联系在一起,对于每一个"地球村""村民"而言,保护共同生活的星球是关乎人类命运的重要议题。纵观人类文明发展史,与物质等其他形态文明的发展进程对比,生态文明理念相对迟滞。20世纪下半叶,随着工业文明迅速扩张,人类活动造成破坏生态的后果逐渐显现,以《寂静的春天》为代表,越来越多的人意识到环境保护的重要性。1972年,著名的国际性未来学研究团体"罗马俱乐部"发表了《增长的极限》报告,摧毁了无限增长的神话,认为人类应在全球范围内采取统一而协调的行动,"有控制地、有秩序地从增长过度到全球均衡"。纯粹技术上的、经济上的或法律上的措施和手段的结合,都不可能带来实质性的改善②。该报告澄清了一个错误观点:技术是解决一切问题的灵丹妙药,而且得出了一个悲观结论:"若世界按照现在的人口和经济增长以及资源消耗、环境污染趋势继续发展下去,那么我们这个星球迟早将达到极限而崩溃。"这一报告引起联合国的高度重视③。同年在斯德哥尔摩召开的人口环境研讨会首次提出"可持续发展"的概念,并发布了许多重要文件。比如《人类环境宣言》,第一原则指出:"人类环境的两个方面,即天然和人为的两个方面,对于人类的幸福和对于享受基本人权,甚至生存权利本身,都是必不可少的。人类有权在一种能够过尊严和福利

① 习近平:《论坚持推动构建人类命运共同体》,中央文献出版社2018年版,第192页。
② 杨通进:《生态》,生活·读书·新知三联书店2017年版,第117页。
③ 张浩:《开放兴邦——新时代中国特色社会主义对外开放思想》,人民出版社、研究出版社2018年版,第105页。

的生活环境中，享有自由、平等和充足的生活条件的基本权利，并且负有保护和改善这一代和将来的世世代代的环境的庄严责任。"①此后，联合国采取了一系列措施，如发表被称为地球宪章的《里约环境与发展宣言》，召集国际环境会议，如联合国环境大会、联合国环境规划署理事会、公约缔约方大会等。在国际环境会议上，参会规模越来越大，参会人员级别越来越高，如2009年的哥本哈根气候变化大会，119位国家元首和政府首脑出席了会议②。这也说明国际环境问题已经受到世界各国的高度重视，保护生态环境，实现人类可持续发展已经成为世界人民共识。

中国共产党高度重视关系人类可持续发展的环境问题，积极响应国际联合行动。早在1992年里约热内卢环境与发展大会上，中国代表团签署了《里约环境与发展宣言》和《全球21世纪议程》等文件，向国际社会表明我国政府积极推进可持续发展的立场。会后我国政府组织由52个部门、300余名专家参与的工作小组制定了中国的可持续发展战略——《中国21世纪议程》。1996年第八届全国人民代表大会第四次会议通过《国民经济和社会发展"九五"计划和2010年远景目标纲要》，明确作出中国今后在经济和社会发展中实施可持续发展战略的重大决策③。江泽民在第四次全国环境保护会议上指出，在社会主义现代化建设中，必须把贯彻实施可持续发展战略始终作为一件大事来抓④。2002年在中央人口资源环境工作座谈会上，他明确指出实现可持续发展的核心问题是实现经济社会和人口、资源、环境协调发展。环境保护工作是实现经济社会可持续发展的基础⑤。2003年胡锦涛在党的十六届三中全会第二次会议上，提出树立和落实全面发展、协

---

① 中国人权研究会编：《构建人类命运共同体与全球人权治理》，五洲传播出版社2016年版，第205页。

② 李金惠等编：《环境外交基础与实践》，中国环境出版集团2018年版，第206页。

③ 胡刚：《中国特色社会主义生态文明建设路径研究》，电子科学技术大学出版社2018年版，第59页。

④ 《江泽民文选》第1卷，人民出版社2006年版，第532页。

⑤ 《江泽民文选》第3卷，人民出版社2006年版，第462—465页。

调发展、可持续发展的科学发展观，要求在开发利用自然中实现人与自然的和谐相处，实现经济社会可持续发展①。2004年在中央人口资源环境工作座谈会上，胡锦涛提出了"保护自然就是保护人类，建设自然就是造福人类"的观点②。党的十七大报告中首次将"建设生态文明"作为全面建设小康社会的一项目标要求，要在全社会牢固树立生态文明观念③。2009年胡锦涛在联合国气候变化峰会上指出，中国高度重视和积极推动以人为本、全面协调可持续的科学发展，明确提出了建设生态文明的重大战略任务，强调要坚持节约资源和保护环境的基本国策，坚持走可持续发展道路④，向世界说明中国为可持续发展作出的贡献，表明中国参与事关人类生存与发展的全球环境治理的积极意愿。党的十八大将生态文明建设纳入中国特色社会主义事业总体布局，确立了走向社会主义生态文明新时代的目标。党的十八大以来，以习近平同志为核心的党中央继续推进生态文明建设，为保护全球生态环境作出更加积极的贡献。在生态文明贵阳国际论坛2013年年会上，习近平指出，走向生态文明新时代，建设美丽中国，是实现中华民族伟大复兴的中国梦的重要内容。同时，保护生态环境，应对气候变化，维护能源资源安全，是全球面临的共同挑战。他表示，中国将继续承担应尽的国际义务，同世界各国深入开展生态文明领域的交流合作，推动成果分享，携手共建生态良好的地球美好家园⑤。习近平赋予生态文明建设双重意义：关乎国内事业发展与国际社会责任，不仅在国内制定了一系列政策措施加强生态文明建设，还在国际舞台上积极呼吁生态保护。首先，对重视气候变化的呼吁和倡议。党的十八大以来，习近平不仅在国内提出了"青山绿水就是金山银山"，阐述了新发展理念，强调

① 《胡锦涛文选》第2卷，人民出版社2016年版，第104页。
② 《胡锦涛文选》第2卷，人民出版社2016年版，第171页。
③ 《胡锦涛文选》第2卷，人民出版社2016年版，第628页。
④ 《胡锦涛文选》第3卷，人民出版社2016年版，第267页。
⑤ 贵阳建设生态文明城市年鉴编辑部编：《贵阳建设生态文明城市年鉴2014》，新华出版社2014年版，第76页。

人与自然的和谐相处等等，在国际上也是多次呼吁重视生态环境保护、重视气候变化的应对、加强对自然灾害的防御等等。2014年6月28日，习近平在和平共处五项原则发表60周年纪念大会上指出："我们要坚持同舟共济、权责共担，携手应对气候变化、能源资源安全、网络完全、重大自然灾害等日益增多的全球性问题，共同呵护人类赖以生存的地球家园。"①2015年9月28日，习近平在第七十届联合国大会一般性辩论时，进一步强调了人与自然的和谐相处以及人类社会的可持续发展，他指出，"我们要构筑尊崇自然、绿色发展的生态体系。人类可以利用自然、改造自然，但归根结底是自然的一部分，必须呵护自然，不能凌驾于自然之上。我们要解决好工业文明带来的矛盾，以人与自然和谐相处为目标，实现世界的可持续发展和人的全面发展"②。这是对气候变化、能源资源安全、重大自然灾害应对等问题的进一步论述，不仅强调了构建生态体系，加强生态保护的系统性、整体性，还强调了增强生态环境保护意识、树立保护观念的重要性。2017年1月18日，习近平在联合国日内瓦总部演讲时再次指出，"人与自然共生共存，伤害自然最终将伤及人类。空气、水、土壤、蓝天等自然资源用之不觉、失之难续。工业化创造力前所未有的物质财富，也产生了难以弥补的生态创伤。我们不能吃祖宗饭、断子孙路，用破坏性方式搞发展。绿水青山就是青山银山。我们应该遵守天人合一、道法自然的理念，寻求永续发展之路。"③这里，把生态环境保护问题视为人类社会可持续发展的重要前提和基础，进一步论述了加强生态保护合作的重要性。

其次，落实全球气候合作。习近平不仅在多个场合呼吁保护生态环

---

① 中共中央文献研究室编：《习近平关于社会主义生态文明建设论述摘编》，中央文献出版社2017年版，第128页。

② 中共中央文献研究室编：《十八大以来重要文献选编》（中），中央文献出版社2016年版，第697页。

③ 中共中央文献研究室编：《习近平关于社会主义生态文明建设论述摘编》，中央文献出版社2017年版，第143—144页。

境，还提出了保护生态环境的政策措施。一是呼吁对《巴黎协定》各种约定的落实。2015年9月27日，习近平在出席联合国气候变化问题领导人工作午餐会时的讲话中指出，"巴黎大会达成的协议要平衡处理减缓、适应、资金、技术等各个要素，拿出切实有效的执行手段。协议必须遵循气候变化框架公约的原则和规定，特别是共同但有区别的责任原则、公平原则、各自能力原则。各国要立足行动，抓好成果落实，根据本国国情，提出应对气候变化的自主贡献。发达国家要履行在资金和技术方面的义务，落实到二〇二〇年每年提供一千亿美元的承诺，并向发展中国家转让气候友好型技术。"①在演讲中，习近平阐述了《巴黎协定》落实应坚持的原则，应努力的方向，各国的义务，落实的条件，发达国家的担当，为落实协定提供了重要遵循。2015年11月30日，习近平在巴黎出席气候变化巴黎大会时进一步阐述了落实《巴黎协定》的原则、做法、内容、方向。他指出，倡议巴黎协议应该有利于实现公约目标，引领绿色发展；有利于凝聚全球力量，鼓励广泛参与；有利于加大投入，强化行动保障；有利于照顾各国国情，讲求务实有效。②2016年9月，习近平再次强调《巴黎协定》的落实，指出，要不断加强和完善全球治理体系；创新应对气候变化路径；推动《巴黎协定》早日生效和全面落实。③这些阐述推动了《巴黎协定》的修订、完善、落实。

二是对新能源推广、荒漠化治理的阐述。能源安全问题是一个世界普遍性的问题，关系到人类社会的可持续发展。2017年5月14日，习近平在出席"一带一路"国际合作高峰论坛时对世界能源安全问题作出了阐述，他指出，"要抓住新一轮能源结构调整和能源技术变革趋势，建设

① 中共中央文献研究室编：《习近平关于社会主义生态文明建设论述摘编》，中央文献出版社2017年版，第129—130页。
② 中共中央文献研究室编：《习近平关于社会主义生态文明建设论述摘编》，中央文献出版社2017年版，第134—135页。
③ 中共中央文献研究室编：《习近平关于社会主义生态文明建设论述摘编》，中央文献出版社2017年版，第140—141页。

全球能源互联网，实现绿色低碳发展。"①指明了以改变能源结构、创新能源技术、构建能源互联网、实现绿色低碳发展为内容的应对措施，为世界能源问题的解决贡献了中国方案。荒漠化同样是威胁世界生态安全的重要因素，荒漠化也给中国的生态环境带来了困扰，中国在党的领导下，广大党员干部和人民群众投身到荒漠治理中，取得了突出成效，比如库布齐沙漠治理、毛乌素沙漠治理、塞罕坝治理等，都积累了宝贵的经验。2017年9月11日，习近平在《致〈联合国防治荒漠化公约〉第十三次缔约方大会高级别会议的贺信》中，依据中国治理荒漠的经验，对世界荒漠治理作出了中国的方案阐述，他指出，"我们要弘扬尊重自然、保护自然的理念，坚持生态优先、预防为主，坚定信心，面向未来，制定广泛合作、目标明确的公约新战略框架，共同推进全球荒漠生态系统治理，让荒漠造福人类。中国将坚定不移履行公约义务，按照本次缔约方大会确定的目标，一如既往加强同各成员国和国际组织的交流合作，共同为建设一个更加美好的世界而努力！"②从理念、框架、义务、目标等层面，阐明了荒漠化治理应努力的方向、应采取的措施，推动了世界荒漠化的治理。

再次，加强生态保护的国际合作。国际合作是落实生态保护倡议、推进《巴黎协定》的重要前提。发展中国家、资源能源紧张、技术水平有限，在应对生态环境问题方面存在着诸多瓶颈。习近平从维护世界生态环境、构建人类命运共同体出发，积极加强对发展中国家的支持。2014年11月22日，习近平在同太平洋岛国领导人集体会晤时指出，"中方将在南南合作框架下为岛国应对气候变化提供支持，向岛国提供节能环保物资和可再生能源设备，开展地震海啸预警、海平面监测等合

① 中共中央文献研究室编：《习近平关于社会主义生态文明建设论述摘编》，中央文献出版社2017年版，第144页。
② 中共中央文献研究室编：《习近平关于社会主义生态文明建设论述摘编》，中央文献出版社2017年版，第146—147页。

作"①。2015年12月2日，习近平在考察津巴布韦野生动物救助基地时指出，"中国加强宣传教育，民间团体等也积极参与此项工作，中国野生动物保护事业群众基础不断扩大。同时，中国认真履行野生动物保护国际义务，积极参与野生动物保护国际合作。"②

2015年12月4日，习近平在约翰内斯堡出席中非领导人与工商界代表高层对话时承诺，中国将"为非洲国家培训生态保护领域专业人才，帮助非洲走绿色低碳可持续发展道路。"③2015年9月27日，习近平在出席联合国气候变化问题领导人工作午餐会时指出，"中国还将推动'中国气候变化南南合作基金'尽早投入运营，支持其他发展中国家应对气候变化。中国愿意同世界各国一道，在落实发展议程的过程中，合作应对气候变化。"④在这些思想指导下，中国不仅设立了专门应对气候变化的合作基金，向非洲、拉美、亚洲以及太平洋岛国等提供了专门资金、技术和设备，用于森林被砍伐、土地荒漠化、地震或海啸预警等问题的处理，还携手这些国家积极开展保护野生动植物的工作，同时，中国还为这些国家培育了大量生态保护的专业人才，有效地促进了这些国家生态保护工作的开展。强调与周边国家的合作。周边国家在地理上靠近中国，不仅经济、政治、文化密切联系，在共同面临着许多生态问题，如与日本、韩国共同面临的海洋污染问题，与印度、尼泊尔共同面临的雪山冰雪融化问题，与蒙古、俄罗斯共同面临的土地荒漠化问题等等，只要加强与周边国家在生态保护方面的合作，才能共同解决这些问题。

① 中共中央文献研究室编：《习近平关于社会主义生态文明建设论述摘编》，中央文献出版社2017年版，第128页。
② 中共中央文献研究室编：《习近平关于社会主义生态文明建设论述摘编》，中央文献出版社2017年版，第136—137页。
③ 中共中央文献研究室编：《习近平关于社会主义生态文明建设论述摘编》，中央文献出版社2017年版，第137页。
④ 中共中央文献研究室编：《习近平关于社会主义生态文明建设论述摘编》，中央文献出版社2017年版，第130—131页。

2016年6月22日，习近平在乌兹别克斯坦最高会议立法院的演讲时指出，"我们要着力深化环保合作，践行绿色发展理念，加大生态环境保护力度，携手打造'绿色丝绸之路'；着力深化医疗卫生合作，加强在传染病疫情通报、疾病防控、医疗救援、传统医药领域互利合作，携手打造'健康丝绸之路'；着力深化人才培养合作，中方倡议成立'一带一路'职业技术合作联盟，培养培训各类专业人才，携手打造'智力丝绸之路'；着力深化安保合作，践行共同、综合、合作、可持续的亚洲安全观，推动构建具有亚洲特色的安全治理模式，携手打造'和平丝绸之路'"①。在这一思想指导下，中国同样在资金、技术、设备、人才培训等方面，与周边国家积极合作取得了显著成效。与此同时，习近平还强调与大国在生态保护方面合作的重要性，2015年9月22日，习近平在中美省州长论坛上的讲话中指出，"两国地方环保领域交流合作理应成为中美合力应对气候变化、推进可持续发展的一个重要方面。"②

最后，对中国国内生态环境建设的要求。国内生态环境的保护既是中国向世界作出的保护生态环境措施的具体措施，也是中国参与全球生态环境治理的前提。2015年11月30日，习近平在气候变化巴黎大会开幕式上承诺，"将于二〇三〇年左右使二氧化碳排放达到峰值并争取尽早实现，二〇三〇年单位国内生产总值二氧化碳排放比二〇〇五年下降百分之六十至百分之六十五，非化石能源占一次能源消费比重达到百分之二十左右，森林蓄积量比二〇〇五增加四十五亿立方米左右。"③随后，多次强调了这一点。这些思想也逐步变为中国国内建设生态文明的措施。2017年7月24日，习近平在致第十九届国际植物学大会的贺信中指出，"中国将坚持创新、协

---

① 中共中央文献研究室编：《习近平关于社会主义生态文明建设论述摘编》，中央文献出版社2017年版，第138—139页。

② 中共中央文献研究室编：《习近平关于社会主义生态文明建设论述摘编》，中央文献出版社2017年版，第129页。

③ 中共中央文献研究室编：《习近平关于社会主义生态文明建设论述摘编》，中央文献出版社2017年版，第135页。

调、绿色、开放、共享的发展理念,加强生态文明建设,努力建设美丽中国,广泛开展植物科学研究国际交流合作,同各国一道维护人类共同的地球家园"①。在这一思想指导下,中国落实创新、协调、绿色、开放、共享的新发展理念,坚持尊重自然、顺应自然、保护自然,坚持节约资源和保护环境的基本国策,全面推进节能减排和低碳发展,迈向生态文明新时代。此外,中国启动了10个低碳示范区,100个减缓和适应气候变化项目,1000个应对气候变化培训名额的合作项目,继续推进清洁能源建设、防灾减灾、生态保护、气候适应型农业、低碳智慧型城市建设等领域的国际合作。这些措施,不仅促进了中国生态环境的保护,也为参与全球生态环境治理提供了条件和基础。

党的十八大将生态文明建设纳入中国特色社会主义事业总体布局,确立了走向社会主义生态文明新时代的目标。党的十八大以来,以习近平同志为核心的党中央继续推进生态文明建设,为保护全球生态环境作出更加积极的贡献。2013年在生态文明贵阳国际论坛2013年年会上,习近平贺信指出,走向生态文明新时代,建设美丽中国,是实现中华民族伟大复兴的中国梦的重要内容。同时,保护生态环境,应对气候变化,维护能源资源安全,是全球面临的共同挑战。他表示,中国将继续承担应尽的国际义务,同世界各国深入开展生态文明领域的交流合作,推动成果分享,携手共建生态良好的地球美好家园②。可见,中国共产党赋予生态文明建设双重意义:关乎国内事业发展与国际社会责任。中国推动生态文明建设也是对人类关怀思想的生动实践,既关照全人类的生存和发展利益,又将人置于自然万物之中,强调人与自然的平等地位、生态系统的整体性,人与自然协调发展的良性互动关系。

---

① 中共中央文献研究室编:《习近平关于社会主义生态文明建设论述摘编》,中央文献出版社2017年版,第145页。
② 贵阳建设生态文明城市年鉴编辑部编:《贵阳建设生态文明城市年鉴2014》,新华出版社2014年版,第76页。

应该肯定，生态文明已经成为继农业文明、工业文明之后人类创造和追求的新文明形态，并指引全球环境合作取得了显著成效。一是参与主体不断增多，不仅包括各国政府机构，还有许多非政府组织、企业和个人积极参与国际环境保护工作。二是国际环保规范制度逐渐完善。据联合国环境规划署统计，目前全球已有几百项关于环境问题的公约和协议。三是环保资金来源不断扩大，包括政府财政出资、企业援助基金、国际捐赠资金等①。在世界各国人民共同努力下，保护生物多样性、全球水污染治理、减少温室气体排放、国际合作治理沙尘暴、国际灾害预警系统建设等方面都取得了显著进展。但是，应该看到国际环境保护合作领域还存在许多问题。如权利、责任和义务划分不明确。以温室气体排放为例，自《京都议定书》之后，国际社会迟迟未能再签订出类似的节能减排条约。一些发达国家不愿意承担减少碳排放的义务，一些发展中国家缺乏环境治理的技术水平和经济实力。还有的环境污染问题难以界定责任归属，前几年一些邻国就出现了指责我国空气污染严重并扩散至国外的声音。还有海洋污染问题，广阔的公海领域由于缺乏国际法律规范制约和有效的国际监管，经常出现原油泄漏、工业废水废料肆意倾倒的问题。

实际上，海洋、空气、沙漠、森林，各种生物包括人类同属于自然。这里没有国际政治法则划分的国界和主权，只有共同生活在地球的生命共同体。习近平在党的十八届三中全会上提出的"生命共同体"，把山水林田湖和人作为一个有机整体。人的命脉在田，田的命脉在水，水的命脉在山，山的命脉在土，土的命脉在树。这就对生态修复工作提出了整体性要求，要对山水林田湖进行统一保护、统一修复。全球环境保护同样如此，世界各国人民必须认识到地球上生命个体的责任，以平等的态度尊重生存空间的其他生命，保护生存环境，才能保持相对完整的生态系统，维护生态系统长久健康运行。2015年习近平在气候变化巴黎大会开幕式上说，我们应该

---

① 姜春云主编：《拯救地球生物圈 论人类文明转型》，新华出版社2012年版，第450—453页。

创造一个各尽所能、合作共赢的未来。对气候变化等全球性问题，如果抱着功利主义的思维，希望多占点便宜、少承担点责任，最终将是损人不利己[①]。2017年习近平在联合国日内瓦总部演讲时指出，宇宙只有一个地球，人类共有一个家园。珍爱和呵护地球是人类的唯一选择。我们要为当代人着想，还要为子孙后代负责。要坚持绿色低碳，建设一个清洁美丽的世界。人与自然共生共存，伤害自然最终将伤及人类。空气、水、土壤、蓝天等自然资源用之不觉、失之难续。工业化创造了前所未有的物质财富，也产生了难以弥补的生态创伤。我们不能吃祖宗饭、断子孙路，用破坏性方式搞发展。绿水青山就是金山银山。我们应该遵循天人合一、道法自然的理念，寻求永续发展之路[②]。中国正在采取有力行动保护生态环境。近年来，中国的生态文明建设已经取得显著成果。国际方面，以应有的大国责任和担当精神积极参与国际环保事务，率先发布《中国落实2030年可持续发展议程国别方案》，积极履行《蒙特利尔议定书》等国际环境公约，积极倡导人类命运共同体理念，倡议加强国际合作，创新应对全球环境问题的路径。积极推动《巴黎协定》等国际公约的生效和落实。国内方面，中国正在采取有力措施推动减少碳排放，中国消耗臭氧物质的淘汰量占发展中国家总量的50%以上，成为对全球臭氧层保护贡献最大的国家[③]。中国提出并积极落实"创新、协调、绿色、开放、共享"的新发展理念，坚持尊重自然、顺应自然、保护自然，坚持节约资源和保护环境的基本国策，全面推进节能减排和低碳发展。

（四）推动全球治理

人类面临的诸多发展困境——从未间断的战争和冲突，各种自然灾害

---

① 习近平：《论坚持推动构建人类命运共同体》，中央文献出版社2018年版，第291页。

② 习近平：《论坚持推动构建人类命运共同体》，中央文献出版社2018年版，第415、416、421—422页。

③ 张浩：《开放兴邦——新时代中国特色社会主义对外开放思想》，人民出版社、研究出版社2018年版，第105—106页。

和国际突发事件频发、疾病瘟疫蔓延,部分地区严重的贫困和饥饿,以及生态环境持续——需要人类齐心协力、共同应对。

实际上,全球性问题早已引起国际社会关注,并积极采取联合行动。以国际组织为例,经过20世纪世界热战和冷战,加强国际组织在规范国际秩序上的作用已成为全球共识。综合性国际组织如联合国,负责促进各国在国际法、国际安全、经济发展、社会进步和人权等领域的交流与合作。还有许多国际组织专注某一个领域的事务,如经济领域的国际组织包括国际货币基金组织、世界银行、世界贸易组织、关税合作委员会等,社会领域的国际组织包括世界妇女儿童基金会、世界卫生组织、联合国教科文组织等,环境领域的国际组织包括绿色和平组织(Greenpeace)、地球之友(FOEI)、国际科学理事会(ICSU)等,政治安全领域的国际组织包括禁止化学武器组织(OPCW)、国际法院(ICJ)等[1]。在众多国际组织中,联合国是全球治理中最具动员和组织能力的国际组织。20世纪末,为了研究人类共同面临的风险和危机,在联合国的推动下组建了国际发展问题委员会、裁军与安全独立委员会、世界环境与发展委员会,负责对南北半球发展不平衡、加强南北合作,缓和国际安全局势,改善环境等重大问题进行研究,并向联合国提交报告。这些专题研究征询了国际各领域的专家和知名人物,把全球性风险和挑战摆上了国际会议的桌面,使得国际合作对抗风险的任务显得更加紧迫。1992年联合国组建了全球治理委员会(Committee on Government),主张通过“实践性、市民性、规范性”的全球治理,解决困惑人类的全球贫穷与环境问题,以实现人类的核心价值,包括对生命、自由、争议和公平的尊重[2]。至此,全球治理的理念在世界范围兴起,国际组织的联合行动也有了广泛动力。但是,国际组织的联合行动效力长期存在争议。一方面,国际组织章程的低水平制度化决定了国际组织的联合行动缺

---

① 于军:《全球治理》,国家行政学院出版社2014年版,第123页。
② 樊勇明:《西方国际政治经济学》,上海人民出版社2006年版,第31页。

乏制度约束力。联合国等国际组织经常被批评为"大国俱乐部",安理会的运行记录中清楚地展示了20世纪下半叶大国在世界范围内对一些事物施压的全过程[①]。联合国在最新的《未来发展》中承认,尽管世界上最重要的挑战和解决方案都是全球性的,但我们缺少全球性的未来展望和全球性决策制度。全球治理体系没有与全球日益增长的相互依存度相匹配[②]。另一方面,国际组织的行动需要大量资金和资源,其来源与数量直接关系国际行动的效力。冷战后联合国要处理的危机更加多元,内战、种族和宗教暴力、大规模侵犯人权、权力的崩溃以及人道主义危机都成为联合国维和的重要挑战。这些风险集中在落后的国家和地区,而应对这些危机又需要大量的资源与资金。这就使得一些承担大量救济义务的国家感到不公。美国一些政客要求减少美国所承担的联合国会费,政治家对世界组织的无礼和轻蔑态度在发达国家并不是个例,事实上,很难要求所有国家对联合国持续不断的捐赠付出,哪怕是最衷心的会员国都可能对持续不断的维和行动买单失去耐性[③]。国际组织的章程与其完成任务和目标的手段不相称[④],决定了国际组织的信任危机将长期存在。

这些源于不同民族、不同国家由于意识形态、风俗习惯、政治制度、国家利益等的差异以及历史遗留问题所带来的诸多分歧、矛盾甚至是冲突。而这些问题的根源又在于部分国家尤其是少数发达国家,将自身的观念、利益、需要凌驾于他国之上,采取单边主义、保护主义、霸权主义。习近平着眼于人类命运共同体的构建,在参与全球治理过程中,强调多边主义,强调尊重其他国家的政治信仰、风俗习惯、生活方式、政治制度、发展需要,坚持和平共处五项原则解决分歧与争端,求同存异,推动和谐世界建立,

---

① [美]保罗·肯尼迪:《联合国过去与未来》,卿劼译,海南出版社2008年版,第48页。

② http://107.22.164.43/millennium/2017SOF-ExecutiveSummary-Chinese.pdf(2019/7/31)。

③ http://107.22.164.43/millennium/2017SOF-ExecutiveSummary-Chinese.pdf(2019/7/31),第61页。

④ Geoffrey Underhill, Xiaoke Zhang ed., International Financial Governance under Stress, Cambridge, Cambridge University Press 2004, p.311.

致力于和平发展、共享发展、共同发展。这对克服前述矛盾与分歧，推动全球治理体系的健康发展，起到了重要引领作用。2017年1月18日，习近平在联合国日内瓦总部的演讲中回顾一百多年来人类社会发展所取得的成就和所经历的挫折，指出和平与发展是人类社会的普遍愿望，"这100多年全人类的共同愿望，就是和平与发展。"①这实质上阐述了新时代全球治理的基本目的——实现人类社会的和平与发展。同时，习近平还指出，坚持对话协商，建设一个持久和平的世界；坚持共建共享，建设一个普遍安全的世界；坚持交流互鉴，建设一个开放包容的世界。②可见，中国参与和推动全球治理的实现世界的持久和平、普遍安全、开放包容，从整体上实现世界的和谐。建设一个持久和平的世界，是建设一个尊重彼此主权、尊严、领土完整，尊重彼此发展道路和社会制度，尊重彼此核心利益和重大关切，坚持对话和协商解决主要矛盾和冲突的国际关系，实现国际关系的民主化、平等化。建设一个普遍安全的世界，是树立共同、综合、合作、可持续的安全观，以地缘冲突的解决减少恐怖主义、难民危机，以疫情监测、信息沟通、技术分享等建设传染病传播。正如习近平2019年3月26日在中法全球治理论坛闭幕式上的讲话中所指出，"我们要秉持共同、综合、合作、可持续的新安全观，摒弃冷战思维、零和博弈的旧思维，摒弃弱肉强食的丛林法则，以合作谋和平、以合作促安全，坚持以和平方式解决争端，反对动辄使用武力或以武力相威胁，反对为一己之私挑起事端、激化矛盾，反对以邻为壑、损人利己，各国一起走和平发展道路，实现世界长久和平。"③建设开放包容的世界是减少不同文化、不同信仰、不同种族的差异所产生的误解、偏见、歧视，使人类文明"美美与共"、交流互鉴、共同发展。建设开放

---

① 习近平：《共同构建人类命运共同体——在联合国日内瓦总部的演讲》，《人民日报》2017年1月20日。

② 习近平：《共同构建人类命运共同体——在联合国日内瓦总部的演讲》，《人民日报》2017年1月20日。

③ 习近平：《为建设更加美好的地球家园贡献智慧和力量——在中法全球治理论坛闭幕式上的讲话》，《人民日报》2019年3月27日。

包容的世界既是消除矛盾、建设和谐世界的基本途径,也是其结果呈现。2018年11月17日,习近平在亚太经合组织工商领导人峰会上的主旨演讲中指出,"不同文明、制度、道路的多样性及交流互鉴可以为人类社会进步提供强大动力。我们应该少一点傲慢和偏见、多一些尊重和包容,拥抱世界的丰富多样,努力做到求同存异、取长补短,谋求和谐共处、合作共赢。"①这阐明了建设开放包容世界的意义、途径以及对人类社会永续发展的重要性。

发展是解决一切问题的总钥匙。实现繁荣富强不仅是各个民族、各个地区不懈追求的目标,也是解决粮食安全、能源安全、传染性疾病、非传统性安全等问题的最有效措施。因而,坚持合作共赢,建设一个共同繁荣的世界,是中国参与和推动全球治理的重要目标。2017年5月15日,习近平在"一带一路"国际合作高峰论坛圆桌峰会上的闭幕辞中指出,"一带一路"建设把沿线各国人民紧密联系在一起,致力于合作共赢、共同发展,让各国人民更好共享发展成果,这也是中方倡议共建人类命运共同体的重要目标。②在构建人类命运共同体、推进"一带一路"建设的过程中,反对贸易保护主义、推进互联互通、共同发展等等,都旨在积极应对发展失衡、治理困境、数字鸿沟、公平赤字等问题,促进世界各国的共同繁荣。2014年7月15日,习近平在金砖国家领导人第六次会晤上的讲话中指出,"我们应该推动金砖国家在经济总量、对外贸易、国际投资等方面占全球比重继续上升,带动全球范围内的强劲、可持续、平衡增长。我们应该推动完善全球经济治理,把增加发展中国家代表性和发言权的有关共识和决定落到实处,确保各国在国际经济合作中机会平等、规则平等、权利平等。"③中国推动"一带一路",推动G20、金砖合作机制、中国——东盟合作机制完善,加

---

① 习近平:《同舟共济创造美好未来——在亚太经合组织工商领导人峰会上的主旨演讲》,《人民日报》2018年11月18日。

② 习近平:《在"一带一路"国际合作高峰论坛圆桌峰会上的闭幕辞》,《人民日报》2017年5月16日。

③ 习近平:《新起点 新愿景 新动力——在金砖国家领导人第六次会晤上的讲话》,《人民日报》2014年7月17日。

强政策沟通、资金融通、设施联通、贸易畅通、民心相通，积极实现战略对接，不仅是为了实现自身的发展，也在同时为各国经济增长注入新的增长点、形成新的增长动能、释放各国经济增长的空间，实现联动发展、共同发展。2018年11月17日，习近平在亚太经合组织工商领导人峰会上的主旨演讲中指出，"我们应该把人民福祉放在首位。世界上所有国家都享有平等的发展权利，任何人都无权也不能阻挡发展中国家人民对美好生活的追求。我们应该致力于加强发展合作，帮助发展中国家摆脱贫困，让所有国家的人民都过上好日子。这才是最大的公平，也是国际社会的道义责任。"①中国在参与和推动全球治理的过程中，不仅通过直接性措施帮助广大发展中国家减少贫困，如促进当地教育水平提高、为当地医疗提供必要支持、为当地发展提供必要资金等等，还以联合国、G20、国际货币基金组织等平台，减少发达国家和发展中国家的剪刀差，促进广大发展中国家共同分享全球化发展的果实。

应当注意的是，不能用全球治理困境否定国际组织的价值。习近平明确指出，世界的各种对抗和不公，不是因为联合国宪章宗旨和原则过时了，而恰恰是由于这些宗旨和原则未能得到有效履行。要坚定维护以联合国宪章宗旨和原则为核心的国际秩序和国际体系，维护和巩固第二次世界大战胜利成果，积极维护开放型世界经济体制，旗帜鲜明反对贸易和投资保护主义②。

全球治理的长期实践已经暴露了诸多现实问题，如治理主体行动效力弱化、全球治理格局失衡、治理目标局限等（详见第五章第三节）。根本解决途径在于变革陈旧的全球治理观。当前一些国家仍然坚持国家利益至上，企图将本国安全建立在他国不安全之上，或者奉行"你输我赢、赢者

---

① 习近平：《同舟共济创造美好未来——在亚太经合组织工商领导人峰会上的主旨演讲》，《人民日报》2018年11月18日。
② 习近平：《论坚持推动构建人类命运共同体》，中央文献出版社2018年版，第260页。

通吃"的老一套逻辑，采取尔虞我诈、以邻为壑的老一套办法[①]，结果损害全人类的未来。人类命运共同体思想中倡导的全球治理观，包括共同、综合、合作、可持续的新安全观，开放、包容、普惠、平衡、共赢的新发展观[②]，尊重自然、顺应自然、保护自然的可持续发展观，求同存异、开放包容的国际交往观。只有世界各国更新全球治理观，才能制定符合实际的全球治理方案，建立密切协作的全球治理体制，采取切实有效的全球治理行动，形成世界各国普遍参与、互补合作、协调包容的全球治理格局，切实增强全球治理实效，消除人类发展的共同困境，构建符合人类共同期盼的美好世界。

① 习近平：《论坚持推动构建人类命运共同体》，中央文献出版社2018年版，第511页。
② 习近平：《论坚持推动构建人类命运共同体》，中央文献出版社2018年版，第511—512页。

第七章

推动人类命运共同体建设

构建人类命运共同体,既是解决前述一系列全球性问题的根本,也是使人类社会实现可持续发展的关键,同时是中国不断发展的保障。以习近平同志为核心的党中央,不仅对构建人类命运共同体作了理论上的系统阐述,还从全球治理、国际秩序、"一带一路"、社会文化交流以及国际合作等层面,构建了使人类命运共同体理念、倡议、目标等得以不断落实的具体路径。通过这些路径,理念、倡议、目标等不断转化为发展成果,为前述一系列全球问题的解决提供了依托和保障。这些路径相互联系、相互影响、有机统一,既符合各国实际,又符合人类发展趋势,既秉持人类社会美好理想,又切实可行,共同推动着人类命运共同体的逐步构建。

一、参与全球治理,贡献中国智慧和方案

所谓全球治理,是"以人类整体论和共同利益论为价值导向的,多元行为体平等对话协商合作,共同应对全球变革和全球问题挑战的一种新的管理人类公共事务的规则、机制、方法和活动"[①]。詹姆斯·N.罗西瑙认为,全球治理涉及四个要素:权威;一些具体的治理任务;制度和决策规则;权威性的决定、行动和强制能力。作为理解问题的指南,这些治理的要素转化为四个问题:"谁治理?为何治理?治理者如何治理?治理产生什么结果(影响)?"[②]新时代全球治理,以马克思主义为指导,以中国的文化传统和历史经验为基础,以当前世界基本趋势、基本格局和客观现实为依据,围绕"谁治理?为何治理?治理者如何治理?治理产生什么结果(影响)?",不仅作了理论上的系统阐述,还推动了实践上的深入开展。

---

① 蔡拓:《全球治理的中国视角与实践》,《中国社会科学》2004年第1期,第95—96页。
② [美]詹姆斯·N.罗西瑙主编:《没有政府的治理》,张胜军、刘小林等译,江西人民出版社1991年版,第35页。

（一）推动全球治理的多边合作

全球治理涉及诸多世界性问题，需要多个国家和多个国际性组织参与。党的十八大以来，中国围绕全球治理，在多边主义、平等互利、共同发展等理念下，积极推动世界大国和其他相关国家以及全球性组织在全球治理中合作、共赢，积极构建人类命运共同体。

全球治理的主要对象是国际政治经济秩序、国际突出矛盾和全球性问题，不仅涉及诸多领域、诸多方面，影响广泛而且深远，也涉及众多国家和国际性组织，因而需要加强相关方合作。新时代全球治理始终"坚持多边主义，完善全球治理"①。在治理过程中，坚持主权平等、多方参与、共同治理、共同发展、共同享有，多边主义观念始终贯穿于中国参与全球治理的具体实践当中。2016年9月3日，习近平在二十国集团工商峰会开幕式上的主旨演讲中指出，"全球经济治理应该以共享为目标，提倡所有人参与，所有人受益，不搞一家独大或者赢者通吃，而是寻求利益共享，实现共赢目标。"②中国不同于以美国为首的西方国家在单边主义、霸权主义理念支配下，以少数大国的利益、价值为基础，塑造一个有利于维护自身利益的国际政治经济秩序，而是主张与西方发达国家和新兴国家共同参与和推动全球治理。这种参与也不再是以少数大国的利益和价值为基础来塑造国际政治经济秩序，而是"所有人受益"、利益共享。不仅如此，这一理论还主张广大发展中国家积极参与到全球治理当中来，提高发展中国家代表性和发言权，给予各国平等参与规则制定的权利，成为新的国际政治经济秩序的塑造者，以更好地表达他们的诉求、维护他们自身的利益。2017年5月15日，习近平在"一带一路"国际合作高峰论坛圆桌峰会上的闭幕辞中指出，"我们

---

① 习近平：《顺应时代潮流 实现共同发展——在金砖国家工商论坛上的讲话》，《人民日报》2018年7月26日。
② 习近平：《中国发展新起点 全球增长新蓝图——在二十国集团工商峰会开幕式上的主旨演讲》，《人民日报》2016年9月4日。

坚信'一带一路'建设是开放包容的发展平台,各国都是平等的参与者、贡献者、受益者。我们将以海纳百川的胸襟,坚持共商、共建、共享原则,相互尊重、民主协商、共同决策,在开放中合作,在合作中共赢"①。"一带一路"沿线国家多为发展中国家,中国积极与这些国家推动互联互通、构建合作机制、发布整体规划,等等;并将"一带一路"与俄罗斯提出的欧亚经济联盟、东盟提出的互联互通总体规划、哈萨克斯坦提出的"光明之路"、土耳其提出的"中间走廊"、蒙古提出的"发展之路"、越南提出的"两廊一圈"进行战略对接,充分体现了和广大发展中国家共同参与和推动全球治理的不断努力。

随着全球化的发展,各国之间政治、经济、文化等的交流日益频繁,一些社会组织和个人在国际交流中越来越具有独立性,并发挥着重要作用。企业尤其是一些跨国公司在经济全球化中扮演着重要角色。这就决定了一些社会组织在参与全球治理过程中的重要作用。2016年6月22日,习近平在乌兹别克斯坦最高会议立法院的演讲中指出,"中国愿同伙伴国家携手努力,推动各国政府、企业、社会机构、民间团体开展形式多样的互利合作,增强企业自主参与意愿,吸收社会资本参与合作项目,共同打造'一带一路'沿线国家多主体、全方位、跨领域的互利合作新平台。"②可见,中国积极推动企业、社会机构、民间团体作为主体参与到全球治理当中来,注重发挥它们的积极作用,并为其发挥主体作用创造制度、政策、资金等条件和前提。不仅如此,全球治理过程中,各个国家的治理理念、治理政策、治理目的都反映其公众诉求、公众利益、公众意愿,因而中国注重发挥不同国家的社会公众在全球治理的积极作用。2013年9月7日,习近平在纳扎尔巴耶夫大学的演讲中指出,构建人类命运共同体,实现互

---

① 习近平:《在"一带一路"国际合作高峰论坛圆桌峰会上的闭幕辞》,《人民日报》2017年5月16日。

② 习近平:《携手共创丝绸之路新辉煌——在乌兹别克斯坦最高会议立法院的演讲》,《人民日报》2016年6月23日。

联互通，"必须得到各国人民支持，必须加强人民友好往来，增进相互了解和传统友谊，为开展区域合作奠定坚实民意基础和社会基础。"①2016年1月18日，习近平在沙特媒体发表署名文章中指出，"我们要做往来密切、交流互鉴的友好伙伴。朋友越交越深。中方愿同沙方扩大教育、新闻、智库、青年等领域交流合作，加强各层次人文交流。欢迎更多沙特朋友到中国走一走、看一看，你们每一个人都可以成为传播中沙友好的使者。"②可见，新时代全球治理将各个国家或地区的社会公众视为全球治理的主体，将全球治理的政策、机制、措施奠立于相关国家公众的意愿、福祉、利益基础之上。总的来看，新时代的全球治理注重不同国家及其社会公众之间、不同国际性组织之间，相互合作，共同参与到全球治理当中来，形成最大合力，以实现治理效用最大化。

（二）着力应对传统和非传统风险

传统和非传统性威胁，如恐怖主义、网络安全、气候变化、重大传染性疾病等，在全球化过程中愈来愈突出，只有各国携手应对才能逐步消除，是全球治理的重要内容，也因而是人类命运共同体构建的重要内容。

随着全球化、信息化、多极化的发展，世界基本格局发生重要变化，带来了新的挑战和问题。为应对这一趋势，从整体上而言，是构建人类命运共同体，构建一个对话协商、共建共享、合作共赢、交流互鉴、绿色发展的全球发展格局和全球治理格局。2017年1月18日，习近平在联合国日内瓦总部的演讲中指出，构建人类命运共同体要坚持对话协商，建设一个持久和平的世界；坚持共建共享，建设一个普遍安全的世界；坚持合作共赢，建设一个共同繁荣的世界；坚持交流互鉴，建设一个开放包容的世界；坚持绿

---

① 习近平：《弘扬人民友谊 共创美好未来——在纳扎尔巴耶夫大学的演讲》，《人民日报》2013年9月8日。
② 《做共同发展的好伙伴》，《人民日报》2016年1月19日。

色低碳,建设一个清洁美丽的世界①。这在实质上阐明了中国参与和推动全球治理格局的整体构想和战略框架。旨在通过人类命运共同体的构建,促使新兴国家、新兴市场的发展壮大对旧有全球治理体系产生的冲击得到重新平衡,使全球治理体系能体现新的世界力量格局,积极推动全球治理向着多元、民主、平等方向变革,以更好地维护世界和平与发展。应对这一趋势,还需要处理好大国之间的关系。二战以来的全球治理体系,是以美国为首的西方国家所建构起来的,今天这一体系仍然在全球治理中发挥着重要作用。因而,与以美国为首的西方国家以及其他大国的合作是中国参与和推动全球治理体系的重要条件。2014年7月9日,习近平在第六轮中美战略与经济对话和第五轮中美人文交流高层磋商联合开幕式上的致辞中指出,"中美两国利益深度交融,历史和现实都表明,中美两国合则两利,斗则俱伤。中美合作可以办成有利于两国和世界的大事,中美对抗对两国和世界肯定是灾难。"②2016年6月6日,习近平在第八轮中美战略与经济对话和第七轮中美人文交流高层磋商联合开幕式上的讲话中指出,构建中美新型大国关系,要增强两国互信;积极拓展两国互利合作;妥善管控分歧和敏感问题;就亚太事务加强沟通和合作;厚植两国人民友谊③。这里从合作、共赢、互信、沟通等方面,阐明了中美处理两国关系的基本原则,也是两国共同应对世界挑战与矛盾的基本准则,同时适用于中国与其他大国共同全球治理中的合作。

应对环境污染、粮食安全、能源安全等传统和非传统威胁等是全球治理的重要内容。中国积极参与和推动全球治理,着重携手各国应对这些突出问题。2013年9月13日,习近平在上海合作组织成员国元首理事会第十三

---

① 习近平:《共同构建人类命运共同体——在联合国日内瓦总部的演讲》,《人民日报》2017年1月20日。

② 习近平:《努力构建中美新型大国关系——在第六轮中美战略与经济对话和第五轮中美人文交流高层磋商联合开幕式上的致辞》,《人民日报》2014年7月10日。

③ 习近平:《为构建中美新型大国关系而不懈努力——在第八轮中美战略与经济对话和第七轮中美人文交流高层磋商联合开幕式上的讲话》,《人民日报》2016年6月7日。

次会议上的讲话中提出,"成立能源俱乐部。协调本组织框架内能源合作,建立稳定供求关系,确保能源安全,同时在提高能效和开发新能源等领域开展广泛合作","建立粮食安全合作机制。在农业生产、农产品贸易、食品安全等领域加强合作,确保粮食安全。"①这点明了全球治理在能源和粮食安全方面合作的内容及其途径。与此同时,上海合作组织高度重视安全合作,建立了打击"三股势力"、毒品及跨国有组织犯罪的合作机制,定期举行联合反恐演习,积极推进有关热点问题解决,这也为成员国共同应对传统和非传统威胁提供了合作模式。这些倡议、主张、措施等,不仅仅适用于上合组织成员国,中国以"一带一路"为依托,积极与沿线国家在能源安全、粮食安全、非传统安全问题等方面也展开了积极合作。如2017年6月7日,习近平在哈萨克斯坦媒体发表署名文章中指出,共建"一带一路"合作,加快发展战略对接,将产能合作打造成中哈合作新增长极,大力发展高技术和创新合作,打造中哈民心相通工程,深入开展安全合作,密切国际和多边领域合作②。一系列环境、粮食、能源、非传统安全等问题产生的深层次根源是国际政治经济秩序的不合理。现有的国家政治经济秩序,不仅广泛存在着发达国家与发展中国家工农业贸易中的剪刀差,还存在着某些国家对发展中国家内政的粗暴干涉。因而,如何实现和平的发展、普惠的发展、联动的发展是应对上述问题的基础性措施。2017年1月17日,习近平在世界经济论坛2017年年会开幕式上的主旨演讲中提出,坚持创新驱动,打造富有活力的增长模式;坚持协同联动,打造开放共赢的合作模式;坚持与时俱进,打造公正合理的治理模式;坚持公平包容,打造平衡普惠的发展模式③。以"一带一路"为依托,不仅与沿线国家积极开展设施联通,

---

① 习近平:《弘扬"上海精神" 促进共同发展——在上海合作组织成员国元首理事会第十三次会议上的讲话》,《人民日报》2013年9月14日。

② 习近平:《为中哈关系插上梦想的翅膀》,《人民日报》2017年6月8日。

③ 习近平:《共担时代责任 共促全球发展——在世界经济论坛2017年年会开幕式上的主旨演讲》,《人民日报》2017年1月18日。

降低物流成本，加强海洋、电子商务、经贸等领域合作，还加大对"一带一路"建设资金支持，促进同各相关国家贸易和投资便利化，建设"一带一路"自由贸易网络，启动"一带一路"科技创新行动计划，开展科技人文交流、共建联合实验室、科技园区合作，等等。与此同时，还向参与"一带一路"建设的发展中国家和国际组织提供人民币援助、粮食援助，在沿线国家实施"幸福家园""爱心助困""康复助医"等项目。这些都充分体现了以和平发展、普惠发展、联动发展缩小南北差距的努力，从更深层次上解决一系列全球性问题。环境问题是全球问题的重要部分。中国不仅在国内开展生态文明建设，积极开展三北防护林建设、防沙治沙、水污染治理等，还积极参与世界性环境污染问题的治理。2015年11月30日，习近平在气候变化巴黎大会开幕式上的讲话中指出，巴黎协议应该有利于实现公约目标，引领绿色发展；巴黎协议应该有利于凝聚全球力量，鼓励广泛参与；巴黎协议应该有利于加大投入，强化行动保障；巴黎协议应该有利于照顾各国国情，讲求务实有效[①]。这里实质上阐明了为了应对不断突出的全球环境问题，世界各国应积极完善巴黎协议、深化协议落实，在实施绿色发展、广泛参与、加大投入、务实有效等方面发力，形成一个共同应对环境问题的合作机制。

经济问题不仅是国家建设和地区发展的重中之重，也是一系列全球性问题产生的深层次影响因素。当前世界经济存在着国际经济和国际金融的风险、世界经济的结构性问题、新兴市场的外部风险、贸易主义的抬头、世界经济增长的放缓等问题，积极应对这些问题、解决世界经济发展的不确定性，推动世界经济合理增长，是推动全球治理的重要内容。因而，完善全球经济治理是参与和推动全球治理的关键因素，也是推动全球化发展的必要之举。无论是人类命运共同体的构建，还是"一带一路"建设的开展，抑

[①] 习近平：《携手构建合作共赢、公平合理的气候变化治理机制——在气候变化巴黎大会开幕式上的讲话》，《人民日报》2015年12月1日。

或是中国对现有全球治理的参与，都是以经济治理为基础。2013年9月7日，习近平在哈萨克斯坦进行国事访问期间，在纳扎尔巴耶夫大学演讲时第一次提出了"丝绸之路经济带"。并进一步指出了"丝绸之路经济带"建设的主要内容，加强政策沟通；加强道路联通；加强贸易畅通；加强货币流通；加强民心相通。政策、道路、贸易、货币都是沿线国家经济发展的关键。2016年9月5日，习近平在二十国集团领导人杭州峰会上的闭幕辞中指出，创新增长方式，为世界经济注入新动力；完善全球经济金融治理，提高世界经济抗风险能力；重振国际贸易和投资这两大引擎的作用，构建开放型世界经济；推动包容和联动式发展，让二十国集团合作成果惠及全球①。2018年11月18日，习近平在亚太经合组织第二十六次领导人非正式会议上的发言中，提出了坚持推进区域经济一体化，构建开放型亚太经济；坚持创新驱动，培育增长新动能；坚持完善互联互通网络，促进包容联动发展；坚持深化伙伴关系，携手应对共同挑战②。从这里可以看出，中国参与和推动全球经济治理的着力点在以经济科技创新推动世界经济增长，以改革国际金融机构、完善国际金融监管、打击避税等措施完善全球金融治理减少和防范全球性金融风险，以国际贸易和投资的便利化、自由化促进世界经济整体增长，以设施、民心、政策的互联互通推动全球经济的联动发展。

（三）完善全球治理体系

全球治理体系是全球治理的制度凭借，是相关国家和组织参与全球治理、落实相关理念、推动相关问题逐步解决的主要平台。中国与新兴市场国家和广大的发展中国家联合，努力推动全球治理体系在体制、机制、规则等方面完善，以实现更好的治理。

现有的全球治理体系是以美国为首的西方国家所建立起来的，这一体

---

① 习近平：《在二十国集团领导人杭州峰会上的闭幕辞》，《人民日报》2016年9月6日。
② 习近平：《把握时代机遇 共谋亚太繁荣——在亚太经合组织第二十六次领导人非正式会议上的发言》，《人民日报》2018年11月19日。

系包括联合国、北约、日本和其他地区的联盟以及一系列双边或多边机制
为主，也包括以美元为基础的世界金融体系。美国依托现有的全球治理体
系，以"国际警察"身份随意干预其他国家和地区的内政，通过扶植代理
人、发动政变、军事打击等，来实现所谓的"美利坚治下的和平"。与此同
时，美国以对信息技术、半导体、军事工业等核心技术的垄断，并利用自身
在经济领域的超强地位，使其他国家听从于自身的意志和需要。这一治理
体系，不仅在美国的单边主义影响下，呈现出多种不平等性、局部的动乱
性，也越来越难以体现现有世界力量格局。但是，应该看到现有全球治理体
系，相对于一战、二战时期那种扩军备战、冲突林立、枪声不断的混乱局面
而言，至少在一定程度上维护了世界的相对稳定格局，尽管这种稳定对于
某些国家和地区来说是被迫的。同时应该看到，当代威斯特伐利亚体系已
通行全球，"它力图通过一整套国际法律和组织结构抑制世界的无序性。
这套体系旨在促进自由贸易和稳定的国际金融体系，确立可以接受的解决
国际争端的原则，并在一旦爆发战争时对交战行为施加一定的限制。由各
国组成的这一体系现在涵盖了所有文化和地区。它的各种机构为不同社会
之间的交往提供了一个中立的框架，而且这一框架在很大程度上独立于不
同的社会各自的价值观。"①美国的单边主义、霸权主义在一定程度上受到
现有国际规则的制约，美国对其他国家内政或者国际秩序的干涉与破坏，
仍然没有动摇世界和平与发展的基本趋势。这就意味着现有的以美国为首
的西方国家所主导的全球治理体系在维护贸易自由、维护世界和平、防止
大规模战争等方面，在某些程度上也有着积极的意义。

这就决定了中国参与和推动全球治理，不是将现有的全球治理体系推
倒重来、完全抛弃，而是以现有的治理体系为基础，努力和其他新兴大国一
起变革其不合理之处，使其更能反映广大发展中国家的利益，更能反映现
有世界力量格局的变化，更有助于维护世界和平与发展。正如习近平2018

① [美]基辛格：《世界秩序》，胡利平等译，中信出版社2015年版，序言部分。

年7月25日在金砖国家工商论坛上的讲话中指出："坚持多边主义，完善全球治理。良好稳定的外部环境，是所有国家发展的重要前提，对新兴市场国家和发展中国家来说更是如此。现行国际秩序并不完美，但只要它以规则为基础，以公平为导向，以共赢为目标，就不能随意被舍弃，更容不得推倒重来。"①因而，现有的合理的国际规则、合作机制、沟通平台等成为中国参与和推动全球治理的重要依托。2017年1月18日，习近平在联合国日内瓦总部的演讲中指出："纵观近代以来的历史，建立公正合理的国际秩序是人类孜孜以求的目标。从360多年前《威斯特伐利亚和约》确立的平等和主权原则，到150多年前日内瓦公约确立的国际人道主义精神；从70多年前联合国宪章明确的四大宗旨和七项原则，到60多年前万隆会议倡导的和平共处五项原则，国际关系演变积累了一系列公认的原则。这些原则应该成为构建人类命运共同体的基本遵循。"②坚持主权平等、和平共处，坚持无论大国还是小国都享有平等发展的权利和机会，这些体现了世界各国普遍诉求和近代全球治理历史经验的基本原则，也同样成为中国参与和推动全球治理的基本原则。2014年7月17日，习近平在中国—拉美和加勒比国家领导人会晤上的主旨讲话中指出："中方愿意同拉方在联合国、世界贸易组织、亚太经合组织、二十国集团、七十七国集团等国际组织和多边机制框架内，围绕全球治理、可持续发展、应对气候变化、网络安全等全球性议题和热点问题加强沟通和协作，维护广大发展中国家共同利益。"③2016年9月3日，习近平在二十国集团工商峰会开幕式上的主旨演讲中指出，"二十国集团领导人峰会已经举行10届，正处在关键发展节点上。中方主办杭州峰会的目标之一，是推动二十国集团实现从短期政策向中长期政策转型，

---

① 习近平：《顺应时代潮流 实现共同发展——在金砖国家工商论坛上的讲话》，《人民日报》2018年7月26日。

② 习近平：《共同构建人类命运共同体——在联合国日内瓦总部的演讲》，《人民日报》2017年1月20日。

③ 习近平：《努力构建携手共进的命运共同体——在中国—拉美和加勒比国家领导人会晤上的主旨讲话》，《人民日报》2014年7月19日。

从危机应对向长效治理机制转型，巩固其作为全球经济治理重要平台的地位"①。在完善全球治理过程中，中国积极参与联合国、世界贸易组织、世界卫生组织、世界知识产权组织、世界气象组织、国际电信联盟、万国邮政联盟、国际移民组织、国际劳工组织等机构的决策，依托这些组织与世界其他国家携手应对全球突出问题和矛盾。同时，中国以G20峰会、金砖国家合作机制为凭借，积极参与了联合国、金融稳定委员会、经济合作与发展组织、世界银行、国际货币基金组织、世界贸易组织等国际多边机构的经济工作，积极推动贸易便利化、自由化，促进世界经济发展的普遍受惠。

二、倡导"和平共处"，建立国际政治新秩序

霸权主义、地缘政治矛盾以及发达国家对发展中国家的相对剥夺等，是阻碍国际政治经济秩序合理化、威胁世界和平与发展的重要因素，也因而是构建人类命运共同体的重要障碍。党的十八大以来，以习近平同志为核心的党中央大力倡导和平共处，坚持国家不分大小、贫富、强弱一律平等，努力实现共同发展、共享发展，以此推动国际政治经济秩序朝着更加合理的方向发展。

（一）在多边事务中，倡导和平、发展、合作、共赢

以习近平同志为核心的党中央在参与联合国、二十国集团、世界经贸组织等全球性多边事务中，倡导和平、发展、合作、共赢，并通过维护多边主义、加强多边合作、构建集体安全、促进南南合作、减少南北差距等，推动国际政治经济秩序合理化。

现有国际政治经济秩序，是以西方尤其是以美国为主导所构建起来

---

① 习近平：《中国发展新起点 全球增长新蓝图——在二十国集团工商峰会开幕式上的主旨演讲》，《人民日报》2016年9月4日。

的，在这一秩序内，西方国家利用其经济、金融、科技、军事、软实力等方面的优势，对发展中国家进行掠夺，不仅在经济方面导致发展中国家资源、环境、财物等诸多问题，还导致高新技术差距越来越大，发展中国家不得不依附于西方国家，贸易保护主义、单边主义加剧了这一问题。在军事方面，西方国家更是借口人权、民主、法治等问题干涉发展中国家内政，甚至对其进行军事打击。与此同时，党的十八大以来，随着改革开放的深入发展、融入世界市场程度的日益加深以及中国力量的上升等，中国与世界各国的关系日益密切，参与全球治理的程度也日益深入。以习近平同志为核心的党中央不仅在参与多边事物的过程中阐述中国和平共处、建立国际政治经济新秩序的基本主张，还通过多项具体政策推动这些主张的落实。2013年3月23日，习近平在莫斯科国际关系学院的演讲中指出，世界各国相互联系、相互依存的程度加深，人类依然面临诸多难题和挑战，任何国家或国家集团都无法单独主宰世界，对此，各国应"共同推动建立以合作共赢为核心的新型国际关系，各国人民应该一起来维护世界和平、促进共同发展。"[1]同时习近平强调，中国主张世界各国共同享受尊严、享受发展成果、享受安全保障。这实质上勾勒了国家不分大小、强弱、贫富一律平等、各国人民自主选择发展道路、互不干涉别国内政、充满公平正义的国际政治经济秩序。在随后的多边事务中，习近平对此进行了更为系统的阐述。2013年3月27日，习近平在金砖国家领导人第五次会晤时指出，"我们来自世界四大洲的5个国家，为了构筑伙伴关系、实现共同发展的宏伟目标走到了一起，为了推动国际关系民主化、推进人类和平与发展的崇高事业走到了一起。求和平、谋发展、促合作、图共赢，是我们共同的愿望和责任"[2]。针对单边主义、贸易保护主义以及霸权主义愈演愈烈的趋势，以及全球传统和非传统安全威胁的存在，2017年12月1日，习近平在中国共产党与世界政党高层对话会上指

① 《习近平谈治国理政》第1卷，外文出版社2018年版，第273页。
② 《习近平谈治国理政》第1卷，外文出版社2018年版，第323页。

出，中国愿与世界各国建立一个远离恐惧、普遍安全的世界，一个远离贫困、共同繁荣的世界，一个远离封闭、开放包容的世界，一个山清水秀、清洁美丽的世界①。2018年6月10日，习近平在上合组织成员国元首理事会第十八次会议上指出，中国愿与世界各国共同合作，坚持创新、协调、绿色、开放、共享的发展观，坚持共同、综合、合作、可持续的安全观，坚持开放、融通、互利、共赢的合作观，坚持平等、互鉴、对话、包容的文明观，坚持共商共建共享的全球治理观②。相对于霸权主义、单边主义、贸易保护主义影响下的南北差距、世界贫困等，中国力主构建持久和平普遍安全、共同繁荣、开放包容、清洁美丽的世界秩序。这一秩序是对当前世界政治经济秩序不合理及其所带来的深层次问题的回应，是世界诸多国家尤其是发展中国家共同的诉求和期待，反映了人类社会发展的必然趋势和客观要求。

中国与巴西、南非、俄罗斯等为代表的新兴市场国家以及广大的发展中国家，不仅相互之间联系日益密切，对实现共同发展、改变不合理国际政治经济秩序也有着共同的态度和需要。中国利用金砖国家论坛、博鳌亚洲论坛、上海合作组织等全球或区域性组织，积极推动世界政治经济新秩序的发展。中国在与上述国家合作过程中，坚定奉行多边主义，切实遵守国际规则；坚持大小国家一律平等，大家的事商量着办，反对霸权主义和强权政治；倡导和践履共同、综合、合作、可持续的安全观，积极参与斡旋解决地缘政治热点问题；坚定支持多边贸易体制，推进全球经济治理改革，努力提高新兴市场国家和发展中国家代表性和发言权。在合作过程中，无论是创新、贸易投资、知识产权保护等问题，还是网络、外空、极地等疆域，都充分听取新兴市场国家和发展中国家意见，兼顾其利益和诉求，确保其发展空间。与此同时，在以习近平同志为核心的党中央坚强领导下，中国政府围绕着国际关系民主化，以及求和平、谋发展、促合作、图共赢的世

---

① 《习近平谈治国理政》第3卷，外文出版社2020年版，第433—434页。
② 《习近平谈治国理政》第3卷，外文出版社2020年版，第441页。

界主题,在更大范围上,依托联合国、世界经贸组织、世界银行、二十国集团等全球治理组织和多边事务组织,努力推动世界政治经济新秩序的发展。中国在参与全球治理和其他多边事务中,始终坚持平等互利、兼容并蓄的原则,尊重各国自主选择社会制度和发展道路的权利,尊重文明多样性,做到国家不分大小、强弱、贫富都是国际社会的平等成员,并通过多边合作机制、全球治理体系、"一带一路"建设等积极推动国际关系的民主化,密切同联合国等国际和地区组织的伙伴关系,以及同货币基金组织、世界银行等国际金融机构的关系,以此完善全球治理。在具体合作中,中国与新兴市场国家、周边国家、发展中国家,在核心利益上相互支持,加强防务、执法、信息安全,在"一带一路"沿线国家实施互联互通,深化粮食安全、能源安全、流行性疾病、恐怖主义等;推动地区贸易便利化、国际通道便利化,在教育、科技、文化、旅游、卫生、减灾等领域建立具体合作机制,推进具体合作政策。总的来看,中国在和平、发展、合作、共赢的基本主张下,一方面依托多边和双边机制,积极推动南北合作、加强南南合作,促进发展中国家和发达国家平衡发展;另一方面又通过政治、经济、社会、文化等诸多领域的合作,努力将这些理念不断落向实处。这些政策措施和实际行动,虽然仍未完全改变国家政治经济秩序中的不合理性,但切实促进了南北差距的改变和南南合作的发展。

(二)推动大国关系的良好发展

大国关系是当前世界政治经济秩序的决定因素,大国之前的竞争与合作、冲突与和平都事关国际格局和国际力量变化。中国积极构建和维护与美国、俄罗斯、欧洲等大国或国家组织的良好关系,努力以之推动世界和平稳定与国际政治经济新秩序的发展。

世界近代历史以来,葡萄牙、西班牙、法国、荷兰、英国等欧洲国家,通过地理大发现,掠夺殖民地和半殖民地的原料、黄金,并向这些地区倾销商品,积累了原始资本,加之这些国家政治和思想的相对多元化,推动了工商业繁荣发展,进而实现了工业革命,以军事力量的强大先后称霸全球。这些国家的崛起,形成了以欧洲为中心的现代世界体系。在这一体系内,上述国家不仅以军事力量、经济力量、科学技术等方面支配着整个世界,也以话语权影响整个世界。随着第二次世界大战的结束,欧洲强国在战争中受到严重削弱,美国开始崛起为霸权国家。美国以良好的地理优势、庞大的国内市场、更加多元的思想和政治等孕育了更具有活力的商业,推动了其技术创新能力的提升。第二次世界大战以后,其他老牌帝国衰落,美国成为支配现代世界体系的霸权国家。在战后,美国利用对世界金融体系、货币体系、在某种程度上也包括对联合国的重大影响,以及强大的科技、经济和软实力,逐步成为支配现代世界体系的主要国家。美国为了维护自身的霸权地位,利用自身的有利地位和强大力量,不仅对不顺从其战略安排的国家进行和平演变、发动颜色革命,甚至直接进行军事打击,还对可能对其霸权地位形成挑战或威胁的国家进行围堵、遏制。美国对全球霸权的追逐,是新中国成立以后中国国家安全的重要威胁,也是国际政治经济秩序存在诸多不合理的重要促成因素。因而,推动和平与发展,建立国际政治经济新秩序的关键是中国与西方国家,尤其是与美国的关系。党的十八大以来,以习近平同志为核心的党中央力主推动中美建立新型大国关系,共同致力于国际政治经济新秩序的合理化以及人类命运共同体的构建。2013年6月7日,习近平在同奥巴马共同会见记者时指出,"面对经济全球化迅速发展和各国同舟共济的客观需求,中美应该而且可以走出一条不同于历史上大国冲突对抗的新路。双方同意,共同努力构建新型大国关系,相互尊重,合作共赢,造福两国人民和世界人民。"[①]以习近平同志为核心的党中央以构建中美新型大国关系为着力点,在经贸、能源、环境、人文等领域合作,深化利益交融格局;改善和发展两军关系,推进新型军事关系;加强发展政策协

---

① 《习近平谈治国理政》第1卷,外文出版社2018年版,第279页。

调和发展战略对接，推动亚太和全球经济增长；共同维护双边网络安全。2017年4月6日，习近平在同美国总统特朗普会谈中指出，中美两国关系好，不仅对两国人民有利，对世界也有利。我们有一千条理由把中美关系搞好，没有一条理由把中美关系搞坏①。在此指导下，中国积极与美国建立安全对话、全面经济对话、执法网络安全对话、社会和人文对话合作机制，推进双边投资谈判协定，推动双边贸易发展，在基础设施、能源方面加强合作。在重大问题以及部分复杂敏感问题上，加强沟通协调，管控分歧等。但是，随着美国单边主义、贸易保护主义、霸权主义的愈演愈烈，加之新冠肺炎疫情的冲击，美国开始对华实施全面遏制政策，给中国、亚洲以及世界带来了重大安全威胁，更是冲击国际政治经济新秩序的建构。以习近平同志为核心的党中央，从维护亚洲和平与世界和平的大局出发，一方面对美国的无理要求和野蛮行径有理有节地进行驳斥和回击；一方面努力与美国展开对话、协商、谈判，避免分歧的进一步扩大，努力维护世界和平与稳定。

欧洲是以美国为主导的现代世界体系的重要支撑力量，与美国在地缘政治、意识形态、经贸往来、技术合作等方面，有着密切的关系。此外，欧洲也是巨大的消费市场、投资来源地和技术市场。中国与欧洲关系的好与坏，不仅关系到中国推动国际政治经济秩序朝向更合理方向发展的顺利与否，也关系到中国融入世界市场、利用世界市场的程度和水平，同时关系到应对美国全面遏制中国的战略布局。2014年4月1日，习近平在布鲁日欧洲学院演讲中指出，努力建设中欧的和平稳定之桥、增长繁荣之桥、改革进步之桥、文明共荣之桥，以建设更具全球影响力的中欧全面战略伙伴关系②。2019年3月26日，习近平在中法全球治理论坛闭幕式上指出，高举多边主义旗帜，充分发挥世界贸易组织、国际货币基金组织、世界银行、二十国集团、欧盟等全球和区域多边机制的建设性作用，共同推动全球发

---

① 《习近平谈治国理政》第3卷，外文出版社2020年版，第448页。
② 《习近平谈治国理政》第1卷，外文出版社2018年版，第282—283页。

展,坚持以和平方式解决争端,反对零和博弈和弱肉强食的丛林法则,使世界各国共享全球经济发展成果等①。为了落实这些战略部署,党的十八大以来,中欧不仅在全球问题上加强沟通协调,以维护全球和平稳定、推动全球合作发展,还通过加强双边投资协定、探索自贸区建设以及加强人员、企业、资金、技术等合作,推动中欧和世界共同实现经济增长,并加强在宏观经济、公共政策、区域发展、农村发展、社会民生等领域的深层次合作,此外,积极促进中欧文化交流,管控意识形态不同和文化差异所带来的分歧。俄罗斯与中国既有着支撑两国合作的社会文化基础,也有着现实的合作需要。两国都是发展中大国,都面临共同的全球气候问题和不合理的国际政治经济秩序,等等。中俄的合作,不仅是两国稳定的重要保障,也是世界稳定的重要保障。因而,中俄双方都重视双边关系的发展。2013年3月23日,习近平在莫斯科国际关系学院的演讲中指出,建设新形势下的中俄关系,需要坚定不移发展面向未来的关系;坚定不移发展合作共赢的关系;坚定不移发展两国人民友好关系②。党的十八大以来,为推动双边关系发展,以习近平同志为核心的党中央,全面提升中俄战略伙伴关系,以和平力量的壮大推动国际秩序和国际体系朝向公正合理方向发展,在两国重大核心利益上相互支持,在联合国、上海合作组织、亚信、金砖国家、中俄印、二十国集团等国际和地区组织中,相互协作,积极推动国际和地区热点问题政治解决进程,促进全球治理体系完善;扩大双边贸易,增加两国在能源资源、基础设施、高新技术等方面的合作,扩大在融资、能源、航空航天、高技术、高铁、农业等领域的合作,努力实现发展战略对接;加强两国民间交流和文明互鉴等,举办中俄国家年、语言年、旅游年、青年友好交流活动,加强两国媒体、学术往来,增强两国民众好感。这些措施对平衡全球战略变化,抑制不稳定因素增加,共同维护

---

① 《习近平谈治国理政》第3卷,外文出版社2020年版,第461—462页。
② 《习近平谈治国理政》第1卷,外文出版社2018年版,第275—276页。

世界和平与稳定起到了重要作用。

(三)坚持与周边国家和睦相处、维护区域和平稳定

周边国家与中国在地缘政治、经贸往来、文化往来等方面联系密切，是中国建立区域新秩序的关键参与者，也是中国推动全球政治经济新秩序发展的重要合作者。

周边外交在中国发展大局和外交大局中都起着重要作用，因为，"无论从地理方位、自然环境还是相互关系看，周边对我国都具有极为重要的战略意义。"①中国与周边国家既有着经济、政治、文化、社会、生态等方面的密切联系，也有着意识形态、地缘政治等矛盾，尤其是，中国与越南、日本、印度等周边国家有着领土争端，随着国际力量和国际格局的变化，美国制定了印太战略，激化中国与周边国家矛盾，拉拢周边国家对抗中国，中国与周边国家的和睦与否，切实关系到中国周边甚至整体国际环境的和平与稳定。2013年10月24日，习近平在周边外交工作座谈会上指出，中国周边外交战略的目标是，"服从和服务于实现'两个一百年'奋斗目标、实现中华民族伟大复兴，全面发展同周边国际关系，巩固睦邻友好，深化互利合作，维护和用好我国发展的重要战略机遇期，维护国家主权、安全、发展利益，努力使周边同我国政治关系更加友好、经济纽带更加牢固、安全合作更加深化、人文联系更加紧密。"②在这一思想指导下，中国秉持亲、诚、惠、容的理念，坚持与邻为善、以邻为伴，坚持睦邻、安邻、富邻，坚持平等互利、共同发展、共享发展，与周边国家深化互利共赢格局、推进区域合作安全。具体而言，一是以经济、贸易、科技、金融等为内容，加强与周边国家互利合作，以"一带一路"建设为契机，加强基础设施建设，推进区域经济一体化，进而深化区域经济合作，等等。二是完善相关安全合作机制，深化区域

---

① 《习近平谈治国理政》第1卷，外文出版社2018年版，第296—297页。
② 《习近平谈治国理政》第1卷，外文出版社2018年版，第297页。

和次区域安全合作，实现全面安全、共同安全、合作安全。三是通过宣传工作、公共外交、民间外交等途径，深入开展旅游、科教、地方合作等交往，构建区域合作的社会文化基础。四是统筹国内国际，使中国的发展利益与周边国家发展利益相融合。

上述理念、方针、政策等，在与不同的双边和多边关系中，依据相关国家在经济、政治、文化等方面的不同情况有着不同的内容。2013年9月7日，习近平在纳扎尔巴耶夫大学演讲中指出，中国坚持走和平发展道路，坚定奉行独立自主的和平外交政策。尊重各国人民自主选择的发展道路和奉行的内外政策，绝不干涉中亚国家内政。中国不谋求地区事务主导权，不经营势力范围，始终尊重中亚各国的国家主权、领土完整、安全稳定等核心利益[1]。在这一思想指导下，中国积极构建中国与中亚各国的战略伙伴关系，与中亚各国进行政策沟通，实现发展战略对接、推进区域合作规划、制定经济融合发展的政策和法律；加强道路联通，完善跨境交通基础设施，构建联结东亚、西亚、南亚的交通运输网络；加强贸易畅通，推动投资便利化，降低贸易和投资成本，提高区域经济循环速度和质量；加强货币流通，推动和扩大本币兑换和结算，加强金融合作；加强民心相通，深化人民友好往来，增加相互了解和传统友谊。2013年10月3日，习近平在印度尼西亚国会演讲中指出，中国愿与印度和其他东盟国家成为兴衰相伴、安危与共、同舟共济的好邻居、好朋友、好伙伴，成为中国—东盟命运共同体。为此，中国愿意坚持讲信修睦、合作共赢、守望相助、心心相印、开放包容等[2]。为了实现这些目标，党的十八大以来，中国尊重东盟各国发展经济、改善人民生活的实践探索，与东盟缔结睦邻友好条约，支持东盟在区域合作中发挥主导作用；扩大对东盟国家开发，深化中国—东盟自贸区，加强与东盟的互联互通建设，共同建设21世纪"海上丝绸之路"；加强安全合作，深化防

① 《习近平谈治国理政》第1卷，外文出版社2018年版，第288页。
② 《习近平谈治国理政》第1卷，外文出版社2018年版，第292—294页。

灾救灾、网络安全、打击跨国犯罪等合作，以中国—东盟防长会议机制为平台，加强安全问题对话；加强青少年、专家学者、社会团体等组织和个人的往来；与东盟诸国实现文化文明的交流互鉴。这些措施不仅深化了中国与周边关系的联系，促进了中国与周边国家共同发展，还以此促进了亚洲的和平稳定，增加了世界和平的力量，促进了南北差距的减小和南南合作的发展。

（四）推进南南合作、减少南北差距

南北差距是国际政治经济秩序不合理的结果。推动这一秩序的完善首要的是推动南南合作和南北差距的缩小。以习近平同志为核心的党中央，以"一带一路"建设为契机，通过政策沟通、设施联通、贸易畅通、资金融通、民心相通等，积极促进南南合作，着力减少南北差距。

广大的发展中国家是世界和平力量的重要支持者，都面临自身的发展问题，都面临传统和非传统安全威胁，都需要全球政治经济秩序更加合理。中国是发展中国家的一员，与广大的发展中国家关系密切，在发展、安全、减少贫困、坚持多边主义、反对单边主义和霸权主义等方面，有着共同的利益需要。发展与广大发展中国家的关系，是实现和平与发展、推进全球治理、构建人类命运共同体的重要前提和基础。因而，中国始终重视同广大发展中国家的关系。中国对发展中国家的基本主张是国家不论大小、强弱、贫富一律平等，秉持公道、伸张正义，反对以大欺小、以强凌弱、以富压贫，反对干涉别国内政，尊重非洲各国发展模式、发展道路和文明文化的多样性。为了贯彻这些主张，在金融、农业、交通等领域，中国不断加强与亚非拉国家的合作，并加强与这些国家的文化交流、文明互鉴，促进民间交往与民间信任。这些措施对促进南南合作、南北差距缩小起到了重要作用。在百年大变局下，以美国为首的西方以及部分周边国家，开始从政治、经济、科技、军事、意识形态等方面全面围堵和遏制中国，对中国、对亚

洲、对世界的和平与稳定产生了重要影响。在此背景下，发展与广大发展中国家的关系，对扩大中国战略机遇期，维护世界和平与稳定，更为重要。改革开放以来，中国与拉美国家在经贸、人文等领域的往来日益频繁，对实现和平与发展，建立国际政治经济新秩序有着共同的期待。2013年6月5日，习近平在墨西哥参议院演讲中指出，中国愿与拉美各国建立平等互利、共同发展的全面合作伙伴关系，在政治上，支持彼此重大核心利益，在经济上深化互利经贸合作伙伴关系，在人文上，坚持美人之美、美美与共[①]。在此指导下，中国与拉美各国在联合国、多边和双边机制中，阐述共同国际立场，在国家重大核心利益上相互支持，实施发展战略对接。中国以"一带一路"建设为契机，深化中拉双边贸易发展，在教育、科技、文化、体育、旅游等方面加强与拉美各国的合作。这些措施积极推动了中拉关系的全面发展和世界稳定力量的增强，为促进和平与发展，建立国际政治经济新秩序提供了重要基础。

中国与阿拉伯国家友谊源远流长，在争取民族独立斗争和人民解放中并肩奋斗、患难与共，有着良好的合作基础。2014年6月5日，习近平在中阿合作论坛第六届部长级会议开幕式上指出，中国愿以"一带一路"建设为契机，不断深化全面合作、共同发展的中阿战略合作关系[②]。在此后过程中，中国在尊重阿拉伯国家文化传统、尊重阿拉伯国家宗教信仰、尊重阿拉伯国家发展道路的选择的基础上，积极推动阿拉伯国家基础设施建设，在能源、贸易、投资方面建立持久合作机制，深化在核能、航天卫星、新能源等领域的合作，在旅游、航空、新闻出版等领域同样不断合作。相继建立和完善了中国—海湾阿拉伯国家合作委员会自由贸易区，中国—阿联酋共同投资基金，亚洲基础设施投资银行，等等。2015年12月4日，习近平在中非合作论坛约翰内斯堡峰会开

---

① 习近平：《促进共同发展 共创美好未来——在墨西哥参战院的演讲》，《人民日报》2013年6月7日。

② 《习近平谈治国理政》第1卷，外文出版社2018年版，第314页。

幕式上指出,中国愿同非洲将新型战略伙伴关系,提升至全面战略合作伙伴关系①。为了落实这一倡议,在国际方面,中非双方在重大核心利益上相互支持,在国际事务中相互支持,共同促进全球治理体系朝着更加公正合理的方向前进,共同维护发展中国家利益。中国支持非盟落实《2063年议程》、联合国2030年可持续发展议程以及非洲各国发展战略相互对接。同时,中国向非洲提供无偿军事援助,协助萨拉赫、亚丁湾、几内亚湾等区域安全维护和反恐努力。在经济上,围绕产业促进、设施联通、贸易便利、绿色发展、能力建设等,不仅积极产业合作、工农业发展和基础设施建设,为非洲培育新的经济增长点,还在货物贸易、服务贸易、电子商务、投资合作等方面,建立切实可行的体制机制,使合作更可持续。具体而言,在产业方面,中国向非洲实施多个农业援助项目,提供数十亿人民币的人道主义粮食援助,并向非洲派遣了大量的农业专家、青年科研人才,加强与非洲国家的本币结算、发展基金、产能合作基金合作,等等。在设施联通方面,中非合作编写了《中非基础设施合作规划》,在能源、交通、信息通信、跨境水资源等方面加强合作,支持非洲单一航空市场建设。在贸易便利方面,中国扩大进口非洲资源和非资源类产品,支持非洲参加中国进口博览会,加强市场监管和海关方面的合作,支持非洲大陆建立自贸区,推动中非电子商务合作,等等。在绿色发展方面,中国为非洲建设数十个绿色发展和生态环保项目,加强在应对气候变化、海洋合作、荒漠化防治、野生动植物保护等方面的合作,加强环境政策对话和环境问题联合研究,等等。在积极协助非洲消除贫困、建立公共卫生体系方面,支援非洲建立疾控中心、中非友好医院,开展公共卫生交流和信息合作,在新冠肺炎、血吸虫病、艾滋病、疟疾等流行疾病防控加强合作,为非洲培养更多专科医生,向非洲派遣医疗队,等等。在社会文化方面,促进中非交流互鉴、交融共存,扩大文化艺术、教育体育、智库媒体、妇女青年等人员交流往来。

---

① 《习近平谈治国理政》第2卷,外文出版社2017年版,第456页。

三、实施"一带一路"，致力于共同发展

发展是解决南北问题的关键，是实现全球治理的内容，是将人类命运共同体的一系列理念、目标、倡议具体落实下来的基础和保障。"一带一路"是中国致力于推动世界和平与发展的重大措施。为了顺利推进这一战略部署，中国建立了基本的战略框架和体制机制，出台了相关的政策及其配套措施，使经贸往来、基础设施、社会文化、能源资源、金融制度等方面的合作，有具体的制度、规范、文件、政策等可以确保具体实施，并取得良好效果。

建立"六廊六路多国多港"合作的基本架构。六廊是中蒙俄、新亚欧大陆桥、中国—中亚—西亚、中国—中南半岛、中巴、孟中印缅合作走廊，六路是铁路、公路、水路、空路、管路、信息高速。多个重要国家为合作重点，构建若干海上港口作为支点，积极推动中巴、孟中印缅两个经济走廊建设。通过"六廊六路多国多港"建设，畅通中亚、西亚、俄罗斯、波罗的海一线，畅通中亚、西亚、波斯湾、地中海一线，联结欧洲经济圈；畅通东南亚、南亚、印度洋一线，联结东亚经济圈。如前所述，"一带一路"建设不是另起炉灶、推倒重来，而是实现战略对接、优势互补。因而，"六廊六路多国多港"合作的基本架构，重要目的是使"一带一路"建设与俄罗斯的欧亚经济联盟、东盟的互联互通总体规划、哈萨克斯坦的"光明之路"、土耳其的"中间走廊"、英国的"英格兰北方经济中心"等战略规划相衔接。通过这一基本架构，在自愿、平等、互利的基础上，将沿线国家建成一个互利合作网络，积极推动陆海空通道网络构建、促进投资贸易便利化、人文交流广泛深入、政治互信和经济联系的双重发展，等等，是人类社会走向命运联结、联动发展、共享发展。

确立重点合作领域。"一带一路"建设涉及多个领域、多个层面，既有短期可快速开展的领域，也有需要长期逐步实现之处。根据相关国家或地区的实际情况、客观条件、现实需要，有选择地进行重点领域的合作是推进"一带一路"的必要之举。2013年9月8日，习近平在纳扎尔巴耶夫大学的演讲中，提出从政策沟通、道路联通、贸易畅通、货币流通、民心相通五个方面，以点带面，从线到片，逐步形成区域大合作，共同建设"丝绸之路经济带"①。这五个方面构成了"一带一路"建设的重点。政策沟通是加强政府之间在宏观经济政策、发展战略、重大项目等进行对接，促进"一带一路"沿线国家区域合作、政治互信、利益融合。道路联通是加强在基础设施建设规划、技术标准、网络完善、设备运营等方面的合作。习近平指出："'一带一路'建设国际合作要继续把互联互通作为重点，以重大项目和重点工程为引领，推进公路、铁路、港口、航空、油气管道、电力、通信网络等领域合作，打造基础设施联通网络。"②因而，基础设施建设是目前"一带一路"建设的重中之重。通过加强沿线国家在铁路、公路、港口、航空、管道、光缆等方面的合作，畅通有无、弥补缺失，促进国际通关、换装、多式联运有机衔接，提升多方面信息化合作。贸易畅通是通过消除贸易壁垒、改善营商环境、加快自贸区建设等，促进沿线国家贸易往来。着重降低非关税壁垒、提升贸易自由化便利化、拓宽贸易领域、优化贸易结构、拓展投资领域、推动新兴产业合作、优化贸易产业链分工布局，不断深化沿线各国贸易合作水平、推动贸易合作深度发展和持续发展。货币流通是通过完善货币体系、投融资体系和信用体系，加强金融风险管控，为"一带一路"建设提供金融保障。民心相通是通过文化交流、人才交流合作、人员往来等，厚植双多边合作的民意基础。以此构建一个"以'一带一路'沿线各国发展规划对接为基础，以贸易和投资自由化便利化为纽带，以互联互通、产能合

① 习近平：《弘扬人民友谊 共创美好未来——在纳扎尔巴耶夫大学的演讲》，《人民日报》2013年9月8日。
② 习近平：《在"一带一路"国际合作高峰论坛圆桌峰会上的闭幕辞》，《人民日报》2017年5月16日。

作、人文交流为支柱,以金融互利合作为重要保障,积极开展双边和区域合作,努力开创'一带一路'新型合作模式"①。

建立合作机制。有些学者将国际秩序定义为"管理国际社会所有(或者几乎所有)成员的多领域具体事务的广泛制度框架",而国际规则是"更加专业划定制度安排,它涉及明确界定的活动、资源或者地理区域,而且经常仅仅涉及国际社会成员的一些子集团。"②从这里可以看出,国际性制度、规则可以促进国际秩序的形成、为国际行为提供基本的行动框架、为国际成员的合作提供必要的制度平台。在"一带一路"建设过程中,构建了一系列多边、双边合作机制,为积极推动国际合作、协调相关行为、落实共同政策等,提供了重要的制度平台。一是建立多层次、多领域的双边沟通磋商渠道。通过与沿线国家签署备忘录或合作规划,增强双边合作;共同商定"一带一路"建设的整体方案和路线图,加强战略和政策对接;以建立不同层次的委员会为基础,建立双边协商机制。二是建立多边合作机制。多边合作机制是推进"一带一路"的重要依托。2013年金砖国家领导人在南非发表《德班宣言》,致力于将金砖国家发展成为全球经济和政治领域的诸多重大问题进行日常和长期协调的全方位机制。金砖国家合作机制逐步向一个含括多领域、多层次的经济治理框架发展演变。围绕这一方向,在中国的积极参与和推动下,2014年7月,金砖国家签署金砖国家开发银行协议,为金砖国家和其他发展中国家的基础设施建设和其他发展项目提供融资,并进一步促进国际金融机制和国际金融机构的完善。2014年7月,金砖国家建立1000亿美元的应急储备安排协议,以帮助成员国缓解资本压力、防范金融风险、促进全球金融安全。

促进IMF改革。在金砖国家合作机制中,中国始终发挥着关键性作用。

---

① 习近平:《携手共创丝绸之路新辉煌—在乌兹别克斯坦最高会议立法院的演讲》,《人民日报》2016年6月23日。

② Oran R. Young, International Cooperation:Building Regimes for Natural and the Erwironment(Ithaca,NY Cornell University Press,1989),p.13.

不仅合作机制的规则、制度、框架、政策等方面，发挥着建设性的作用，在应急储备出资额、基础设施开发等方面也起着主导的作用。2016年9月，在丝绸之路工商领导人（西安）峰会·丝绸之路国际总商会合作发展大会上，来自相关国家的40多个商协会共同发布了《西安宣言》，旨在探索沿线国家在项目、产品、产能、技术等方面的合作机制。2017年6月19日，上海合作组织成员国元首理事会第十七次会议在哈萨克斯坦首都阿斯塔纳举行，上海合作组织与"一带一路"相对接。会议签署了《上海合作组织反极端主义公约》，在打击恐怖主义、极端主义方面，促进了区域安全，为国际社会提供了新的合作模式。除此之外，还积极发挥上海合作组织（SCO）、中国—东盟"10+1"、亚太经合组织（APEC）、亚欧会议（ASEM）、亚洲合作对话（ACD）、亚信会议（CICA）、中阿合作论坛、中国—海合会战略对话、大湄公河次区域（GMS）经济合作、中亚区域经济合作（CAREC）等现有多边合作机制作用。三是发挥论坛或博览会的沟通协调作用。继续发挥沿线各国区域、次区域相关国际论坛、展会以及博鳌亚洲论坛，举办中国与亚欧、南亚、阿拉伯、俄罗斯等国家和地区的博览会和论坛，推进欧亚经济论坛、中国国际投资贸易洽谈会、前海合作论坛等。办好丝绸之路（敦煌）国际文化博览会、丝绸之路国际电影节和图书展，以及建立"一带一路"国际高峰论坛。这些共同构成了中国与"一带一路"沿线国家进行互联互通、开展战略对接、合作共赢的机制依托。

签署双边和多边文件。为了落实"一带一路"的战略部署，将"一带一路"的各项规划、倡议转向实际的行动，与沿线国家签订了多个双边或多边文件。这些文件以"六廊六路多国多港"为基础，深化经贸、政治、科技、文化、设施等合作，积极推动这些领域的发展。在新亚欧大陆桥方面，2016年10月8日，举办了第六次中欧经贸高层对话，积极推动了互联互通平台建设、"一带一路"倡议与欧洲发展战略对接、中欧投资协定谈判，等等。2016年12月，中澳自贸协定正式生效。这些措施为联结欧洲经济圈、打通中欧经济联动发展通道、缩小中欧经贸往来的成本、巩固中欧各领域合作成果，等等，都奠定了良好基础。在中国—中亚—西亚、中蒙俄方面，2017年4月20日，中国、白俄罗斯、德国、哈萨克斯坦、蒙古、波兰、俄罗斯七国铁路部门正式签署《关于深化中欧班列合作协议》，为中欧班列的有序运行提供了重要保障。中俄签署了《关于欧亚经济伙伴关系协定联合可行性研究的联合声明》，《声明》从战略对接、贸易深化、战略性项目合作等方面落实"一带一路"倡议与欧亚经济联盟建设对接合作的重要共识，这深化了两国经贸往来，促进了区域经济发展。2016年12月，中国和海合会第九轮自贸区谈判在沙特阿拉伯首都利雅得举行，双方积极探讨推进货物贸易、服务贸易、双向投资以及贸易便利化等举措。2016年10月13日，中土两国建立外长磋商机制，探讨了如何深入对接"一带一路"和"中间走廊"协议。中国—中亚—西亚、中蒙俄经济走廊覆盖国家众多、涉及领域广泛、战略位置重要，是"一带一路"建设的重点关注方向。这些文件对合作内容、合作途径、合作原则、落实措施等都作了探讨、明确和规定，这不仅为中亚、西亚、中蒙俄作为内陆地区带来巨大的经济、贸易、科技发展契机，改变了其因深处内陆地区在经贸发展方面的限制，也有助于加强这些地区相关国家的政治互信，并为推动亚欧联动发展的战略构想提供重要的现实条件。在中国—中南半岛、中巴、孟中印缅合作走廊方面，2017年7月，中新两国开启了中国—新西兰自由贸易协定第二轮升级谈判，围绕贸易壁垒、服务贸易、电子商务等展开了磋商，进一步巩固和发展了中新合作。2015年6月中匈签署共建"一带一路"政府间谅解备忘录。2016年9月，中国与越南签署《中国与越南多措并举务实推动全方位友好合作》。2016年10月26日，中亚区域经济合作（CAREC）第十五次部长级会议在巴基斯坦首都伊斯兰堡举行，会议还通过了中亚区域经济合作学院《政府间协定》文本。大湄公河次区域经济合作第二十一次部长级会议在泰国清莱举行，会议讨论了大湄公河次区域（GMS）优先合作领域、GMS与"一带一路"对接机制、产业合作模式，等等。2016年12月，区域全面经济伙伴关系协定（RCEP）在印尼召开，将加强国际信息共享、提升中小企业能力、创造更多发展机遇，等等。2016年11月，举办了中国—东盟国际产能合作论坛，探讨了产能合作的模式、机制和渠道。中国—中南半岛、中巴、孟中印缅合作走廊的经贸往来、科技合作、人文交流等次数频繁、规模较大、效益显著，这些文件的签署，使合作交流向高层次、宽领域、深程度进一步拓展。同时，这些文件有助于相关国家克服因领土、历史、文化等因素所形成的矛盾，走向一个团结、互助、互信、共同繁荣的亚洲。

加强政策落实。政策是通过一系列具体措施落实和推进"一带一路"建设的重要促进因素。自"一带一路"倡议提出以来，各个部门和机构相继出台了政治、经济、文化、环境等领域的诸多措施，对推进和保障"一带一路"建设起到了重要作用。这些政策措施主要体现在几个方面，一是对"一带一路"基本内容、战略规划、实践路径、基本原则等的明确和规范。2013年11月，党的十八届三中全会通过了《中共中央关于全面深化改革若干重大问题的决定》，要求推进丝绸之路经济带、海上丝绸之路经济带建设，加强同周边国家互联互通。为落实这些规划，2014年制定了《丝绸之路经济带和二十一世纪海上丝绸之路建设战略规划》，2015年对外发布了《推动共建丝绸之路经济带和二十一世纪海上丝绸之路的愿景与行动》，进一步明确了丝绸之路经济带和21世纪海上丝绸之路建设的基本原则、框架思路、合作重点、合作机制、具体行动等。2016年9月13日，《建设中蒙俄经济走廊规划纲要》明确了三方合作的具体内容、资金来源和实施机制，规划了在设施、产业、能源、科技文卫、农业等方面的合作，积极推动三者边境贸易、矿产开发、过境运输的发展。2017年3月，国防科工局发展改革委《关于加快推进"一带一路"空间信息走廊建设与应用的指导意见》，要求加强与国际相关卫星系统合作，与沿线国家共同打造若干分布式卫星应用中心和空间信息服务平台，提高空间信息走廊的运行服务能力。借此助推基础设施建设企业"走出去";促进资源类企业及重大装备"走出去";支持现代服务业"走出去"。二是为"一带一路"建设的国有和民营企业以及个人创造良好条件的政策规范。国家税务局先后出台了赴"一带一路"沿线国家投资的税收指南、投资指南、对外投资政策文件汇编、对外投资行为规范。国家的金融部门出台了一系列支持国有和民营企业参与"一带一路"沿线国家投资的政策文件,如人民币跨境结算、兑换等业务的政策。这些政策措施不仅调动了国有和民营企业以及其他组织或单位参与"一带一路"建设的积极性,也为其提供了指导、规范、条件和便利。三是出台了一系列促进"一带一路"建设的配套性措施。这些措施主要集中在扩大对外开放、建设自由贸易区、拓宽外商投资领域等方面,如2017年制定了《关于印发自由贸易试验区外商投资准入特别管理措施(负面清单)(2017年版)的通知》。

"一带一路"建设以来,先后在上海、辽宁、浙江、河南、湖北、重庆、四川、陕西、广西、山东、江苏等地,设立贸易自由区。广东、浙江、福建、上海等地先后出台了与"一带一路"建设相配套的方针政策,并采取了进一步扩大对外开放和积极利用外资的一系列有效措施。

四、促进文明交流互鉴,实现美美与共

全球化的发展使世界在经济利益和政治安全上的联系日益紧密,但文化层面很难弥合差异,形成真正的共同体意识。文化、宗教、信仰差异造成不同族群价值观念的巨大差异,由此直接或间接导致人类历史上无数次的生灵涂炭:中世纪的宗教战争、20世纪的法西斯主义种族灭绝暴行、长达半个世纪两大阵营的冷战对峙,以及蔓延至今的极端民族主义、极端宗教主义恐怖袭击活动等。联合国教科文组织总部大楼前的石碑上刻着这样一句话:"战争起源于人之思想,故务需于人之思想中筑起保卫和平之屏障。"只有在世界各国人民心中消除隔阂、偏见、仇视,播撒和平理念的种

子,世界和平与发展才能得到保障。党的十八大以来,习近平多次在国际场合呼吁树立平等、互鉴、对话、包容的文明观,以文明交流超越文明隔阂,以文明互鉴超越文明冲突,以文明共存超越文明优越①。

(一)文明的多样性

文明涉及一个民族包括价值观、世界观、道德准则、思维模式、风俗习惯、物质文化和精神文化等全面生活方式的内容②。由多样化的生物因素和地理环境之间的交互作用产生,因此无论从时间还是空间上考察人类文明,从来都是多元文明共存的繁盛景象。英国历史学家汤因比归纳出21个文明社会,包括古代埃及、苏美尔、米诺斯、玛雅、安第斯和古代中国社会这六个直接从原始社会起源的文明社会,以及15个生发出的子体文明社会,如远东社会脱胎于古代中国社会,米诺斯社会与古代先社会之间有一种不严格的子体关系,而基督教社会和东正教社会是古代希腊社会的子体③。美国历史学家卡罗尔·奎格利在《文明的演变:历史分析导论》中列举了16个文明:包括西方的古典文明及由此产生的东正教文明、西方文明和伊斯兰文明,东方从华夏文明中产生的中华文明和日本文明。阿达·博兹曼认为在世界进入现代之前有5种文明:西方文明、印度文明、中国文明、拜占庭文明和伊斯兰文明。马图·梅尔克列举了12种文明,包括已经消失的美索不达米亚文明、埃及文明、克里特文明、古希腊罗马文明、拜占庭文明、中美洲文明、印度文明、伊斯兰文明和西方文明④。尽管不同学者对人类文明史上文明类型的划分不完全一致,但都认同文明的多样性,人类文明在诞生之初就具有丰富多样的特征,不同的族群、不同的文明在长期积淀的社

---

① 《习近平谈治国理政》第3卷,外文出版社2020年版,第441页。
② 文扬:《让"文明平等互鉴"超越"文明冲突"——由亚洲文明对话大会说起》,《人民论坛》2019年第15期,第9页。
③ 阿诺尔德·汤因比:《历史研究》,石础缩编,浙江人民出版社1989年版,第2—9页。
④ 文扬:《让"文明平等互鉴"超越"文明冲突"——由亚洲文明对话大会说起》,《人民论坛》2019年第15期,第7页。

会生活方式和习惯中酝酿,随着人类历史变迁,来自内部的分歧或者外部的征服,有的文明消亡,也不断有新的文明诞生。

不同文明随着经济全球化的发展而频繁交往,从对异域文化的猎奇和欣赏,到民族优越感怂恿的文明歧视,不同文明之间的摩擦和冲突日趋频繁而激烈。那么多元文明可能随着经济全球化的发展而趋同吗? 2007年因北京故宫开设了美国的星巴克咖啡屋而激起强烈的社会反响,说明许多中国人已经有了维护中华文明正统的文化自觉,甚至有一种经济全球化进程中文化全球化的忧患意识。实际上,已经有学者论述了文化全球化的不可能。政治经济全球化的发展或许加深人类在经济利益和共同安全方面的联系,但文化差异很难弥合。即使是跨国公司也难以推进文化同一化,反而在战略空间使其产品和服务适应于当今世界广泛存在的不同政治、文化和宗教体系①。美国著名快餐店肯德基在中国开发的老北京鸡肉卷、中式盖浇饭等迎合本土口味的菜品,正是跨国公司适应不同文化体系而调整商业战略的现实举措。

人类历史发展到今天,文明的多样性已经成为现代社会的本质特征,诚如罗尔斯所言,现代民主社会不仅具有一种完备性宗教学说、哲学学说和道德学说之多元化特征,而且具有一种互补相容然而又合乎理性的诸完备性学说之多元化特征②。既不能否认文明多元性,也不能用强制手段消除多元文明以实现一元化统一的文明形态,这在理论上、实践上都不具有合理性。只有正视文明多元的现实,才能以更加客观、理性的态度探寻文明相处之道。

(二)文明的交往与冲突

多样性历来是世界文明和文化的基本特征。多样性意味着差异,差异

---

① [英]阿兰·鲁格曼:《全球化的终结——对全球化及其对商业影响的全新激进的分析》,常志霄等译,生活·读书·新知三联书店2001年版,第10页。
② [美]罗尔斯:《政治自由主义》,万俊人译,译林出版社2011年版,第4页。

需要交往，交往促进发展①。纵观人类历史，没有一种文明能够在封闭的环境中独自发展繁荣，那些能够存续和发展的文明总是在跨文化交往中，在相互的融汇与学习中不断丰富和发展的。文明的多样性决定了跨文化交往。随着不同文明交往不断深入，文明的冲突似乎不可避免。

不少论者认为，当前国际社会普遍存在的摩擦和争端的根源应当归结于不同文明的冲突，影响较大的有亨廷顿的"文明冲突论"。他指出冷战后的当代世界政治的一个主轴是西方的力量和文化与非西方的力量和文化的相互作用。他对世界各国文明进行分类，分为中华文明、日本文明、印度文明、伊斯兰文明、西方文明、东正教文明、拉美文明，以及可能存在的非洲文明，这些文明决定了世界的格局②。根据亨廷顿的论述，未来世界的和平与发展抑或矛盾与冲突不仅取决于权力和经济因素，不同的文明将发挥重要作用。共享某种文明或者能够达成文化共识的国家将更容易团结合作，相反，不相容的文明在制造冲突上将比意识形态分歧的威力更大。"文明冲突论"在2001年"9·11"事件发生后引起更大的世界反响。伊斯兰文明和西方文明的冲突以恐怖主义袭击的形式外化成为紧迫而现实的威胁。随后美国发动伊拉克战争和阿富汗战争，正式拉开基督教文明和伊斯兰文明的冲突帷幕，文明的冲突似乎已经从理论进入现实，成为21世纪国际政治交往的基调。

许多文明冲突论的支持者也支持"主导文明"的观点。他们把达尔文的进化论应用到人类文明发展史研究，按照这一类观点，文明在历史发展轴线上就有了先后顺序，并且直接对应落后与先进。古老的文明尽管历史悠久，但新生的文明从进化论来看必然更加先进，文明程度更高，古老文明自然应当被新生文明取代，至少应当学习新生文明。以中华文明为代表的东方文明就是一种古老文明，与此相对，基督教文明为代表的西方文明就显得年轻得多。近代以来，西方文明的发展和扩张势头十分强劲，东方文明

① 姚介厚等：《世界文明通论 国外文明理论研究》上，福建教育出版社2010年版，第3页。
② [美]亨廷顿：《文明的冲突》，新华出版社2013年版，第7页。

在科学、技术等方面的落后严重冲击了东方人民的文化自信，一度也认为西方文明更加先进。19世纪末20世纪初，一些寻求救国道路的中国知识分子甚至将现代化与全盘西化画上等号，改革开放以来随着中国国家实力迅速崛起，已经越来越多中国人重拾文化自信。但在世界范围看，"主导文明"仍然有广泛影响，持西方中心论的人们将经济上的发达与落后格局直接同文化上的文明与野蛮等同起来，这种赤裸裸的文明歧视，让人联想到20世纪西方盛行的种族歧视。种族优越心态支撑下的奴隶贸易和殖民战争曾给人类带来巨大灾难，尽管在二战结束后国际政治正确的话语场域中再无容身之地，但人们应该警惕它的改头换面——文明优越心理，福山提出"历史终结论"时引起的世界共鸣，说明西方中心主义的文明优越观仍然十分普遍。

或许这种担忧是多余的，因为随着工业文明的发展，世界已经出现了批判西方文明的声音。早在19世纪，文化悲观主义者就批评着西方工业文明推动的现代社会是一个物欲横流、礼崩乐坏、人文理念匮乏的社会，从而使现代人产生一种失去家园、漂泊无依的感觉，人们内心充满恐惧，彼此间相互疏离，"道德体系出现了混乱"，西方文明已经没有必要继续生存下去了[①]。还有一些论者倒没有唱衰西方文明，他们尽量秉持客观的立场去评判世界文明的多样性，也是对西方文明主导论的有力反驳。例如汤因比在《历史研究》中指出文明是有生命的、流动的，有些文明之所以停滞不前，是因为需要停下来恢复元气，而不是永远死去了。一旦恢复元气，它们就会焕发出新的活力[②]。这样看来，汤因比的文明发展观超越了进化论，倒有些历史循环论的意味，至少东方文明不会永远落后，西方文明也不可能永远先进。还有斯宾格勒的《西方的衰落》、马尔库塞的《单向度的人》等近代著名西方论著都不看好西方文明，并以忧郁的文风探讨人类文明的未来，

---

① [美]阿瑟·赫尔曼：《文明衰落论——西方文化悲观主义的形成与演变》，张爱平等译，上海人民出版社2007年版，第7页。

② 汤因比：《〈历史研究〉导读》，天津人民出版社2009年版，第18—19页。

马丁·雅克给出了明确答案——中国文明将在人类文明的发展中发挥重要作用。他指出中国是文明国家,这是完全不同于西方民族国家的概念,中国国家的合法性蕴藏于中国的历史之中。中国的文明国家模式将对其他国家产生吸引力。不过,马丁·雅克似乎走向了另一个极端,他认为中国今后可能在东亚以某种形式复活朝贡体系,中国人的种族优越感可能会导致对现有国际秩序的挑战。中国学者张维为则更为客观,他认为马丁·雅克仍然没有克服文明冲突的观点,中国实际上是一个把民族国家和文明国家融为一体的"文明型国家"①,中国既保留了传统的历史文化资源,又吸收了现代的政治制度,这才是当今世界上中华文明能够脱颖而出的优势所在。

(三)以文明交流互鉴化解文明冲突

2014年,习近平在联合国教科文组织总部的演讲时指出,文明交流互鉴是推动人类文明进步和世界和平发展的重要动力。要推动文明交流互鉴,需要秉持正确的态度和原则。第一,文明是多彩的,人类文明因多样才有交流互鉴的价值。第二,文明是平等的,人类文明因平等才有交流互鉴的前提。第三,文明是包容的,人类文明因包容才有交流互鉴的动力②。这就回应了文明多样不一定导致文明冲突,指出了一条加强文明交流互鉴化解文明冲突的道路。

文明多样性是人类文明发展的成果,是人类宝贵的精神财富。不同文明之间的交往应该坚持平等、谦虚的态度,文明没有高低、优劣之分,只有平等对待各种文明,才能克服傲慢和偏见,体会不同文明的奥妙。每一种文明都是劳动和智慧的结晶,要以包容开放的心态加强文明交流互鉴,才能提供文明发展的动力。当今时代有一种以物质文明水平来评价文明的高下错误倾向。实际上,文明不可以价值高低来评判。它是哲学、历史、宗教、政治等时

---

① 张维为:《文明型国家》,上海人民出版社2017年版,第17页。
② 习近平:《论坚持推动构建人类命运共同体》,中央文献出版社2018年版,第76—78页。

代精神的反映，文明具有历史性，它无所不包，人类改造世界的一切物质成果和精神成果都属于文明，可以说，在人类社会进步和人类自身发展过程中创造的一切物质文化、制度文化、精神文化都是文明的范畴①。因此，今天如果有人去评价文明的高下，一定没有整体把握文明的内涵，而仅从物质文明去评价先进与落后。随着经济全球化发展，世界在物质文明方面的差异正在迅速减少，不少有海外生活经历的西方人都感叹东方的新加坡、中国香港以及韩国、日本等现代化都市，从物质条件上同西方几乎没有多少差别。国际酒店、建筑物、商业区、消费品和娱乐设施，无不在展示各国西方现代性的进展。而我们所说的文明多样性，显然不是物质文明层面，而是一个国家或地区长期历史积淀下来的文化环境，包括人际关系、价值观与信仰、风俗习惯、社会机构、语言、礼节与节日，以及家庭在社会中的地位②。文化才是文明的"灵魂、血液、精髓、核心、本质和缩影"，而政治、经济成分只是"一个文明状态的表面的、非本质的、微不足道的现象和它活动的媒介"③。因此要摒弃以物质文明高下为衡量标准的西方文明主导观。

在化解文明冲突、追求人类共同体利益的目标下，中华文明有许多值得借鉴之处。在与"异文化"交流方面，中华文明以"各美其美、美人之美、美美与共""和而不同"的"君子之风"对待不同文明；在处理人与自然的关系方面，中华文明反对"无止境的物尽其用"，主张"天人合一""中和位育"④。可以说，中华文明是唯一经历三代文明历程一直延续下来的古老文明，在漫长的历史进程中积累了丰富的文明交往经验，具有很高的现实指

---

① 姚介厚等：《世界文明通论 国外文明理论研究》上，福建教育出版社2010年版，第3—4页。

② [英]马丁·雅克：《当中国统治世界：中国的崛起和西方世界的衰落》，张莉、刘曲译，中信出版社2010年版，第82页。

③ 王少如、沈肖译：《汤因比论汤因比——汤因比与厄本对话录》，上海三联书店1997年版，第116页，转引自姚介厚等：《世界文明通论 国外文明理论研究》上，福建教育出版社2010年版，第2页。

④ 费孝通：《"全球化"新的挑战：怎样为确立文化关系的"礼的秩序"做出贡献？》，《科学对社会的影响》2007年第2期，第54—55页。

导意义。正如习近平所说,中国人很早就懂得了"和而不同"的道理,我们应该推动不同文明相互尊重、和谐共处,让文明交流互鉴成为维护世界和平的纽带,我们应该从不同文明中寻求智慧、汲取养分,为人们提供精神支撑和心灵慰藉,携手解决人类共同面临的各种挑战[1]。

党的十八大以来,中国积极主动推动中外文化交流,打造了众多主题文化活动。2014年习近平在巴西举行的中国—拉美和加勒比国家领导人会晤上倡议于2016年举行"中拉文化交流年"[2],这是中国政府第一次在拉美地区举办的覆盖范围广、持续时间长、层次水平高的多边文化交流活动,涵盖墨西哥、阿根廷、巴西、智利、秘鲁等近30个拉美国家(包括部分未建交国)[3]。随着"一带一路"合作的实施,中外文化交流呈现快速化、多元化、品牌化发展趋势。自2015年起,中国已经举办中国—中东欧、中国—东盟、中国—欧盟等10余个文化年、旅游年活动。打造"丝路之旅""千年运河""阿拉伯艺术节"等近30个中国国际文化和旅游品牌。还举办了丝绸之路(敦煌)国际文化博览会、丝绸之路国际艺术节、海上丝绸之路国际艺术节等以"一带一路"为主题的综合性文化节会[4]。这些活动通过音乐、舞蹈、戏剧、博物馆、艺术展等一系列中外文化艺术成就和创意产业成果的展示,增进文明交流互鉴和中外民心相通。

五、促进国际合作,实现各国互利共赢

人类命运共同体理念的国际传播和广泛实践,将根本改变现行国际秩序,建立公正、合理的国际政治经济新秩序,使各国在广泛的国际交往中互

---

① 习近平:《论坚持推动构建人类命运共同体》,中央文献出版社2018年版,第81页。
② 习近平:《论坚持推动构建人类命运共同体》,中央文献出版社2018年版,第149页。
③ 梁凯音等编:《对外开放新理念与中华文化走出去经典案例选编》,对外经济贸易大学出版社2017年版,第93页。
④ 吕文利:《"一带一路"五年来 中外文化交流成果丰硕》,http://world.people.com.cn/n1/2018/1127/c1002-30423785.html(2020年12月27日)。

惠互利,真正实现世界共同发展繁荣。反过来,广泛的国际交流合作有助于促进人类命运共同体在理念和实践的发展。因此,推动人类命运共同体建设,必须加强国际合作,并且以人类命运共同体意识指导的国际合作必然兼顾各国利益,实现共赢。

(一) 倡导人类命运共同体意识

人类命运共同体意识是一种反对霸权主义和强权政治,在追求本国利益时兼顾他国合理关切,在谋求本国发展中促进各国共同发展的国际交往理念。当前,冷战思维、零和博弈等陈旧观念给国际合作设置了诸多障碍。少数大国长期占据国际优势地位,许多新兴经济体和发展中国家缺乏国际话语权,在现行国际制度规则下,一些国家利益诉求得不到有效表达,一些国家核心利益难以得到保障的情况时有发生。人们或许还记得那张著名的新闻图片,叙利亚驻联合国大使坐在联合国总部大楼里,双手攥在一起低垂着头看起来孤独又无助,因为当英法联军对叙利亚实行军事打击,他在联合国据理力争,却改变不了祖国遭遇战争的命运。有人用"弱国无外交"来说明事实,但这无助于解决问题。承认"弱国无外交"就是承认现行不公正、不合理的国际经济政治秩序。我们不能认同国际社会"弱肉强食"的丛林法则,不能崇拜权力、屈服于霸权。每个国家和民族,不分大小、强弱,应当在国际社会中享有平等的权力和地位。这才是人类命运共同体理念倡导的国际关系。

世界是多元的,那么分歧和摩擦就难以避免。我们倡导人类命运共同体意识,就是倡议各国在处理矛盾和分歧时不要简单诉诸武力,而应该加强沟通协商。政治谈判是解决冲突的根本之道①。只要利益相关各方将彼此的诚意、善意和政治智慧带到谈判桌上,再大的冲突都能化解,再厚的坚冰都能打破。长期以来,中国坚持求同存异、以谈判和协商化解国际分歧。

---

① 习近平:《论坚持推动构建人类命运共同体》,中央文献出版社2018年版,第417页。

改革开放以来,中国的发展历程也遭遇过一些国际挑衅、霸权主义和强权政治的威胁,但我们秉持"韬光养晦、有所作为"的外交方针,坚持求同存异、构建对话不对抗、结伴不结盟的伙伴关系,坚持沟通,真诚相处,逐渐化解或搁置国际分歧,开辟了广阔的国际发展空间。在人类命运共同体意识指导下,各国应该坚持对话协商,建立平等均衡的新型全球发展伙伴关系,共建持久和平、共同繁荣的世界。

(二)加强国际合作

普世风险增加、传统和非传统国际突发事件频发的时代背景下,人类共同面临诸多发展困境和安全威胁。国际社会必须以尊重和保障全人类安全和发展为目标,摒弃陈旧的国际权力观、义利观,秉持开放、融通、互利、共赢的合作观,拒绝自私自利、短视封闭的狭隘政策[1]。共同应对各种挑战和困境。

第一,凝聚团结互信的力量。彼此真诚信任、相互理解支持是国际通力合作的前提。习近平明确指出,解决合作中的问题,我们讲一个"诚"字[2]。尽管世界各国存在历史、文化、政治、发展程度等多维度的差异,利益诉求也各不相同,但在共同的安全和发展需要面前可以达成一致。只要我们坦诚面对合作各方面临的具体情况具体问题,本着相互尊重、求同存异的精神,尊重别国的文化和价值取向,不干涉他国内政,不输出本国模式,放下民族优越感和历史包袱,着眼于彼此核心利益和重大关切,换位思考,就能增进相互理解,促进和睦团结,不断增强国际社会的凝聚力和向心力。

第二,筑牢国际合作的基础。安全和发展是世界各国的普遍利益诉求。安全方面的国际合作已经在实践中积累了丰富的经验,我们应该继续加强国际联合反恐行动、打击跨国犯罪、强化执法安全、信息安全、科技伦

---

① 《习近平谈治国理政》第3卷,外文出版社2020年版,第441页。
② 习近平:《论坚持推动构建人类命运共同体》,中央文献出版社2018年版,第20页。

理安全等方面的国际合作。上海合作组织已经为国际私法交流合作搭建了平台,我们应该继续探索国际安全合作模式,扩大国际安全合作规模。为促进各国发展繁荣的国际合作实践成果丰硕。最初为应对国际金融危机而产生的国际组织、机构长期以来为恢复和繁荣世界经济发挥了积极作用。中国也在自身发展的基础上不断提升促进国际经济合作的水平。"一带一路"、亚投行、进博会、中外经贸合作示范区等项目证明,中国正在履行维护世界和平与发展,促进世界共同繁荣的历史承诺。2018年习近平宣布将在上海合作组织银行联合体框架内设立300亿元人民币等值专项贷款[①],为加快国际经贸一体化、促进区域贸易繁荣作出积极贡献。

第三,拓展国际合作的空间。在中国大力倡导人类共同体理念的同时,世界也出现了逆全球化思潮,保护主义和民粹主义的负面效应日益显现,对传统国际合作如国际组织、国际经贸合作平台等都产生了不同程度的冲击。针对这些现象和问题,一方面我们加强国际经济、政治合作。要坚定不移发展开放型世界经济,加快国际经贸一体化。在开放中分享机会和利益、实现互利共赢,旗帜鲜明反对保护主义。随着中国综合国力提升,在国际社会应该承担相应的大国责任。应该加强在联合国、世界贸易组织、二十国集团、金砖国家等国际和多边机制内的协调和配合,凝聚发展中国家力量,积极参与全球治理,为发展中国家争取更多制度性权力和话语权[②]。此外,要倡导变革全球治理体系,坚持与时俱进,打造公正合理的治理模式,使世界各国不分大小、强弱、贫富,平等地参与决策、享受权利、履行义务[③]。另一方面,除了加强国家、政府层面的国际合作,还要为社会组织、个人的国际交流创造条件。应当鼓励民间国际交往,通过频繁的人员往来增进理解互信,提高人民的全球意识和国际化观念。

---

① 《习近平谈治国理政》第3卷,外文出版社2020年版,第442页。

② 习近平:《弘扬传统友好 共谱合作新篇——在巴西国会的演讲》,http://news.cntv.cn/2014/07/17/ARTI1405583051019584.shtml(2020年12月18日)。

③ 习近平:《论坚持推动构建人类命运共同体》,中央文献出版社2018年版,第406页。

结束语

改革开放以来，中国共产党在总结历史经验教训的基础上，根据时代发展的具体实际，逐步形成了与各国政党交往的四项基本原则，即"独立自主、完全平等、互相尊重、互不干涉内部事务"。按照这个原则，目前中国共产党与世界上160多个国家的400多个政党和政治组织保持着经常性的联系。党的十八大以来，习近平提出了推动"构建人类命运共同体"的理念，这个理念在国内外产生了广泛影响，得到了广泛的支持。这个理念不仅为我国外交发展提供了科学的思想指导，也为当代世界政党关系新格局的形成提供了重要原则。

一、人类命运共同体理念可以超越世界不同政党的认识、文化、利益等方面的差异，可以最大化减少不同政党之间的分歧，可以大大促进各个政党之间的互鉴、互动、互助、互补、互信、互惠，从而增加世界政党的合力。世界各个政党的一些具体政治取向、文化基础、国家利益、政策主张各有差异，但是在全球化日益加强的今天，这些政党必须要在适当地尊重一些差异的基础上顺应世界发展的趋势，共同遵守一些对于大家都有利的规则，共同应对大家所面对的难题，只有这样各个政党才能获得共赢，人类才能获得共赢。习近平所倡导的人类命运共同体的理念就可以有效克服世界不同政党之间在认识、文化、利益等方面的差异，使他们在一些事关人类发展的大问题上形成共识，使得世界政党之间合力增加、人类的和谐系数增加。

二、人类命运共同体理念可以推动各国政党和政府致力于解决影响人类发展的若干问题，解决人类共同关心的一些问题，共同推动世界的和平与发展。习近平在2017年全球政党大会主旨讲话中，指出的"远离恐惧、普遍安全；远离贫困、共同繁荣；远离封闭、开放包容；山清水秀、清洁美丽"为主要内容的世界各国人民所向往的这种美好生活，就是世界各国政党共同需要面对的问题。这几个问题的解决只有世界多数政党和政府接受人类命运共同体的理念后才有实现的可能，他们只有接受了这样的理念才有可能努力在实践中形成政策、化为措施。一个开放的、安全的、富裕的、美丽的世界才是真正的和平与发展的世界。

三、人类命运共同体理念是中国共产党向世界政党建设提供中国智慧和中国方案的体现。中国共产党提出按照构建人类命运共同体的理念来引导世界政党发展，实际上就是为世界政党建设提供了中国智慧和中国方案，主观上展现出中国共产党深刻博大的人文情怀、政治情怀，客观上对于推动世界和平发展必将作出应有的贡献。同时，这个理念的提出，也可以减少由于历史和意识形态等因素所形成的国际上一些势力和人士对于中国政府和中国共产党的偏见，为世界各国人民和政党更准确、更全面认识中国共产党以及中国政府、中国发展提供了思想资源，大大增强了中国政府和中国共产党在国际上的话语权和影响力。

后　记

　　本书是天津市"中国共产党建党100周年研究计划"系列丛书之一。本书从人类文明交往史的角度论述了人类社会从最初的相互隔绝到相互联系、再到构成人类命运共同体的历史发展过程。具体而言,本书首先从宏观上展现了人类历史进程中,从远古社会的相互隔绝到区域性联系的加强,从地理大发现到全球化不断深入,这一进程中既有经济、技术、文化等方面的进步,也有战争、杀戮、贫困、瘟疫,等等,人类命运充满了不确定性。中国共产党成立以来,既秉持马克思主义实现一切人自由发展的社会理想,也延续了中华文明崇尚和平、寻求独立、尊重差异的价值理念,大大壮大了世界的和平力量。新时代以来,中国共产党积极参与全球治理,围绕着"一带一路"建设,坚持与沿线国家进行互联互通、共同发展、贡献发展,推动人类命运共同体不断深入发展。

　　本书由程美东负责设计研究思路、提出写作大纲并审阅修订全部书稿;各章分工如下:

　　第一章　程美东

　　第二章　张伟

　　第三章　张伟

　　第四章　孙佩

　　第五章　孙佩

　　第六章　张伟(第一节、第二节),孙佩(第三节)

第七章　张伟（第一节、第二节、第三节），孙佩（第四节、第五节）

结束语　程美东

由于水平所限，本书存在诸多不足之处，敬请学界同仁批评指正！

程美东

2021年6月